भ्रष्टाचार विरोध : विभ्रम और यथार्थ

(भ्रष्टाचार विरोधी आन्दोलन के वर्ग-चरित्र का विश्लेषण)

भ्रष्टाचार विरोध : विभ्रम और यथार्थ

(भ्रष्टाचार विरोधी आन्दोलन के वर्ग-चरित्र का विश्लेषण)

प्रेम सिंह

वाणी प्रकाशन

वाणी प्रकाशन
4695, 21-ए, दरियागंज, नयी दिल्ली 110 002

शाखा

अशोक राजपथ, पटना 800 004

फ़ोनः +91 11 23273167 फ़ैक्सः +91 11 23275710

www.vaniprakashan.in
vaniprakashan@gmail.com

BHRASHTACHAR VIRODH : VIBHRAM AUR YATHARTH
by Prem Singh

ISBN : 978-93-5072-857-4
Social Science

प्रथम संस्करण

मूल्य : ₹ 395

शुभम् ऑफ़सेट, दिल्ली-110 032 में मुद्रित

वाणी प्रकाशन का लोगो मक़बूल फ़िदा हुसेन की कूची से

जस्टिस राजेंद्र सच्चर और प्रोफेसर
अनिल सदगोपाल को सादर समर्पित

दो शब्द

डॉ. प्रेम सिंह समाजवाद के पक्ष में और नवउदारवाद के विरुद्ध लगातार राजनैतिक संघर्ष और चिन्तन का काम करने वाले साथी हैं। पूँजीवाद और भारत के शासक वर्ग के गठजोड़ के विरुद्ध डॉ. प्रेम सिंह वही काम कर रहे हैं जो पचास और साठ के दशकों में डॉ. लोहिया ने किया था। उनकी पहचान समाजवादी आस्था की जमीन से नवउदारवाद की गम्भीर और समग्र समीक्षा करने वाले प्रखर पब्लिक इंटेलेक्चुअल के रूप में स्थापित हो चुकी है। उनके लेखन में आने वाले कई सूत्र, पद, शीर्षक, व्याख्याएँ एवं स्थापनाएँ चर्चा और कई बार विवाद का विषय बनते हैं। यह खुशी की बात है कि यह महत्त्वपूर्ण सभ्यता-समीक्षा हिन्दी भाषा में हो रही है। डॉ. प्रेम सिंह ने अपने लेखन से हिन्दी को विचार और संघर्ष की भाषा के रूप में एक बार फिर से प्रतिष्ठित किया है।

पिछले करीब दो सालों से देश में बड़े पैमाने पर भ्रष्टाचार विरोधी आन्दोलन फैला। डॉ. प्रेम सिंह ने आन्दोलन और उसका संचालन करने वाली 'टीम अन्ना' पर 'युवा संवाद' के अपने कॉलम 'समय संवाद' में कई बड़े लेख लिखे। फौरी तौर पर क्रमशः लिखे गये इन लेखों में डॉ. प्रेम सिंह ने भ्रष्टाचार विरोधी आन्दोलन, उसके संचालकों, मीडिया, भाजपा सहित अन्य ज्यादातर राजनीतिक दलों और आन्दोलन का विरोध करने वाली यूपीए सरकार के सम्मिलित चरित्र की गांधीवादी-समाजवादी जमीन से जाँच-पड़ताल की है। आन्दोलन को परखने के और भी नजरिए हो सकते हैं। लेकिन अभी तक किसी अन्य नजरिए से इतनी विस्तृत जाँच-पड़ताल सामने नहीं आयी है। कई पत्रिकाओं और इंटरनेट साइटों ने इन लेखों को 'युवा संवाद' से लेकर प्रकाशित किया है। कई लोगों का कहना था कि लेख अंग्रेजी में होते तो ज्यादा असर पड़ता। लेखक इससे सहमत नहीं है। उसके मुताबिक अच्छा यह होगा कि भारत की दूसरी भाषाओं में इनका अनुवाद हो।

शुरू में आन्दोलन में शामिल होने वाले बहुत से लोगों, विशेषकर नौजवानों, ने ये लेख पढ़ कर आन्दोलन से अपना नाता तोड़ लिया। कुछ समर्थकों ने सावधानी बरतना शुरू कर दिया। कुछ कहने लगे कि हमें तो केवल भ्रष्टाचार

विरोध के मुद्दे से वास्ता है, टीम अन्ना से नहीं। उलटा भी हुआ। कई गांधीवादी, समाजवादी और मार्क्सवादी ज्यादा कट्टरता से आन्दोलन और उसके संचालकों का बचाव करने में जुट गये। उनमें से कुछ इस आन्दोलन के बहाने बनने वाली राजनीतिक पार्टी के साथ भी जुटे हुए हैं। डॉ. प्रेम सिंह ने इसके बाद की स्थितियों पर भी विचार किया है। उनकी मान्यता में यह आन्दोलन नवउदारवादी व्यवस्था के तहत उसके बचाव के लिए था ताकि वास्तविक विरोध को पीछे धकेला जा सके। नवउदारवादी ताकतें अपनी रणनीति और मकसद में पूरी तरह कामयाब हुई हैं। दूसरी, तीसरी आजादी और क्रान्ति की तमाम वाचाल घोषणाओं के बावजूद शिक्षा के निजीकरण-विदेशीकरण और खुदरा में विदेशी निवेश जैसे फैसलों के साथ नवउदारवाद मजबूती से आगे बढ़ चुका है।

डॉ. ए के अरुण

सम्पादक, 'युवा संवाद'

अनुक्रम

भ्रष्टाचार विरोध : विभ्रम और यथार्थ

नागरिक समाज की चिन्ता?

"भारतीय समाज के पास अभी तक कोई राजनीतिक मानस नहीं है। जातियों, राजनैतिक परिवर्तनों से अक्षुण्ण जीवनयापन आदि का लम्बा अतीत उस पर मजबूती से हावी है।" (राममनोहर लोहिया, 'एंड पावर्टी', 1950)

देश में बेकाबू हो चुके भ्रष्टाचार से चिन्तित नागरिक समाज (सिविल सोसायटी) के कुछ नुमान्इदों, जिन्हें नागरिक समाज एक्टिविस्ट कहा जाता है, ने मिलकर इंडिया अगेंस्ट करप्शन (आईएसी) की स्थापना की है। उसमे शामिल नामों की सूची देख कर सामान्य नागरिक को आश्चर्य हो सकता है कि नागरिक समाज की भ्रष्टाचार को लेकर गहरी चिन्ता परस्पर उलट हस्तियों को एक मंच पर ले लायी है। यहाँ तक कि एक-दूसरे की विरोधी होने का दावा करने वाली मुख्यधारा राजनीतिक पार्टियों के नेताओं को भी और जनान्दोलनकारियों को भी।

दिल्ली में जन्तर-मन्तर पर 5 अप्रैल 2011 को इंडिया अगेंस्ट करप्शन के तत्वावधान में उसके वरिष्ठ सदस्य सामाजिक कार्यकर्ता अन्ना हजारे ने आमरण अनशन शुरू किया, जिसे अगले ही दिन से मध्यवर्ग का अच्छा-खासा समर्थन मिलना शुरू हो गया। माँग थी कि सरकार सरकारी लोकपाल विधेयक की जगह, आईएसी के चुनिंदा नागरिक समाज एक्टिविस्टों द्वारा तैयार जन लोकपाल विधेयक को स्वीकार करे और उसके आधार पर संसद के आगागी मानसून सत्र में कानून बनाये। तत्काल एक संयुक्त समिति बनाने, जिसमें अध्यक्ष समेत आधे सदस्य नागरिक समाज के हों, की माँग भी साथ में रखी गयी।

भ्रष्टाचार पर लगाम लगाने के उद्देश्य से तैयार किया गया लोकपाल विधेयक पिछले चार दशक से ज्यादा से लम्बित चला आ रहा था। जब इस बिल को लटके 6 साल हो गये थे तो पटना के गाँधी मैदान में जेपी ने बिल के कानून न बन पाने पर अपनी चिन्ता जाहिर की थी। उस दिशा में जल्दी और प्रभावी कार्रवाई करने के लिए आईएसी के नुमाइन्दे पिछले करीब साल भर से सरकार पर दबाव बना

रहे थे और जनमत जुटा रहे थे। इसी साल गाँधी के शहादत दिवस 30 जनवरी को उन्होंने दिल्ली के रामलीला मैदान में रैली का आयोजन किया था और वहाँ से जन्तर-मन्तर तक जुलूस निकाला था। हालांकि आयोजक और वक्ता वही सब लोग थे जिन्होंने 5 अप्रैल को जन्तर-मन्तर पर अन्ना हजारे का कार्यक्रम रखा, समर्थन और मीडिया कवरेज के हिसाब से रैली प्रभावशाली नहीं रही। 7 मार्च 2011 को अन्ना हजारे जन लोकपाल विधेयक तत्काल स्वीकार करने के तकाजे के साथ प्रधानमन्त्री से मिले और माँग पूरी न होने की स्थिति में आमरण अनशन करने का अपना निर्णय उन्हें बताया। जाहिर है, उनकी और उनके साथियों की उसके बाद भी प्रधानमन्त्री कार्यालय से बातचीत चलती रही होगी। प्रधानमन्त्री से मिलने और अनशन पर जाने के बीच दोनों पक्षों के बीच हुई बातचीत का ब्योरा हमें नहीं मिल पाया। प्रधानमन्त्री ने इस मामले में कांग्रेस के किन नेताओं से क्या बातचीत की अथवा विपक्ष से क्या सलाह की, इसका ब्योरा भी हमें उपलब्ध नहीं है। उस दिशा में मीडिया की कोई दिलचस्पी देखने को नहीं मिली।

अन्ना हजारे ने सामाजिक कार्यकर्ता के रूप में अपना कैरियर आपातकाल के दौरान अपने गाँव रालेगांव सिद्धी में शराब-विरोधी अभियान चला कर शुरू किया था। जाहिर है, आपातकाल से उन्हें कोई विरोध नहीं था। उनका 'तरुण मंडल' पियक्कड़ों और शराब बेचने वालों को पेड़ से बांधने और पीटने की सजा भी देता था, जिसके बारे में हजारे कहते हैं कि मां भी अपने बच्चों की भलाई के लिए उन्हें जबरदस्ती कड़वी दवाई पिलाती है। गाँव वालों को साथ लेकर उन्होंने रालेगांव सिद्धी को आदर्श हरित गाँव के रूप में विकसित किया। उनके प्रयोग की तरफ शोधकर्ताओं और विदेशी विद्वानों का ध्यान गया और उन्हें काफी प्रशंसा मिली। हमें उनके काम के बारे में ज्यादा विस्तार से डॉ. राजीव लोचन ने बताया जो 1991-94 में भारतीय उच्च अध्ययन संस्थान, शिमला में हमारे साथ फेलो थे। उन्होंने अपनी शोध परियोजना में अन्ना हजारे के काम को शामिल किया था और अध्येताओं की संगोष्ठी में अपना पत्र पढ़ा था। वे रालेगांव सिद्धी में अन्ना हजारे से मिल कर आए थे। हमने उस समय हजारे के प्रयोग और उसकी विधि के बारे में थोड़ा पता करने की कोशिश की थी।

प्राप्त जानकारी के बाद हजारे और उनके कामों में हमारा आकर्षण नहीं नहीं बन पाया। हमें लगा था कि फौजी अनुशासन से एक गाँव को तो 'ठीक' किया जा सकता है, उस विधि से पूरे देश को ठीक करने के लिए तानाशाही की जरूरत होगी, जो आमतौर पर फौजी ही होती है। हमने थोड़ी कोशिश उनकी समाज, धर्म, संस्कृति, राष्ट्र, शिक्षा, स्त्री, दलित, अल्पसंख्यक संबंधी धारणाओं पर नजर डालने की भी की थी। वैचारिकता से उनका नाता नजर नहीं आया। हमें लगा कि 'सबकी सहमति' से बनाये जाने वाले 'सर्वमान्य नियम व कानून' लोकतंत्र, धर्मनिरपेक्षता

और सामाजिक न्याय जैसी आधुनिक धारणाओं से प्रेरित नहीं हैं; न ही गाँधी से, जिन्होंने आधुनिकता की एक देसी समझ बनाने की कोशिश की थी। हमें उनके आदर्श गाँव का मॉडल विचारधारात्मक रूप से, लोहिया का शब्द लें तो, 'पीछे देखू' लगा था। इधर नेट (एचटीटीपी://कम्युनलिज्मडॉटब्लॉगस्पॉटडॉटकॉम) पर मुकुल शर्मा का एक अच्छा लेख 'अन्ना हजारे एंड हिज पॉलिटिक्स : अथॉरिटेरियन, हायरारकिकल एंड लेडन विद डॉमीनेंट आईडियॉलोजी' पढ़ने को मिला, जिसमें बताया गया है कि हजारे के प्रयोग में प्राधिकार (अथॉरिटी) की मान्यता मूलभूत है। शायद तभी वे प्राधिकारवादी लोकपाल चाहते हैं।

जब हमने हजारे के बारे में जाना वे भ्रष्टाचार विरोधी जन आन्दोलन (बीवीजेए) की शुरूआत कर चुके थे। महाराष्ट्र में भ्रष्टाचार के खिलाफ उन्होंने दो बार आमरण अनशन भी किया था। इसके अलावा उन्होंने महाराष्ट्र में प्रभावी सूचना अधिकार कानून बनवाने में महत्त्वपूर्ण भूमिका निभाई। उनके सामाजिक महत्व के कामों के लिए उन्हें पदमश्री (1990) और पदमभूषण (1992) सहित कई पुरस्कार मिल चुके हैं। उनमें मैगसेसे पुरस्कार और विश्व बैंक का जिट गिल मेमोरियल अवार्ड भी शामिल है। हालांकि एक बार उनका 'होम करते हाथ जल' चुका है। सुप्रीम कोर्ट के पूर्व न्यायधीश पीबी सावंत ने एक न्यायिक जाँच में हजारे को अपने ट्रस्ट में 2 लाख रुपयों की हेरा-फेरी का दोषी पाया था। हाल में उनके खिलाफ दिल्ली हाईकोर्ट में दायर की गयी जनहित याचिका में वही आरोप दोहराया गया है। याचिकाकर्ता को शायद नहीं मालूम कि आईएसी दो-चार लाख के भ्रष्टाचार के खिलाफ नहीं, करोड़ों-अरबों के स्कैमों के खिलाफ आंदोलनरत है!

हजारे ने अपनी छवि अराजनीतिक और सादगी पसंद गांधीवादी कार्यकर्ता की बनाई है। वह छवि जन्तर-मन्तर पर उनके काम आई। आयोजकों ने यह भलीभांति समझ लिया कि सादगी और अस्तेय जैसे गुणों की छवि वाले व्यक्ति को आगे करके ही भ्रष्टाचार के खिलाफ अभियान की विश्वसनीयता बनाई जा सकती है। अब जिस तरह से 'भ्रष्ट तत्वों' द्वारा 'बदनीयती' और 'दुष्प्रचार' के तहत शांति भूषण और प्रशान्त भूषण पर सीडी और संपत्ति के आरोप लगाए हैं, उसे देख कर पता चलता है कि आमरण अनशन के लिए अन्ना हजारे का चुनाव कितना जरूरी था। उन्होंने अनशन के पहले दिन से ही मंच से बताना शुरू कर दिया था कि वे एक मंदिर की कोठरी में रहते हैं और उन्होंने कोई संपत्ति-संग्रह नहीं किया है। वे गर्व से कहते हैं कि उन्होंने समाज की भलाई के कामों के लिए करोड़ों रुपयों का इंतजाम और खर्च किया है, लेकिन उनका कोई बैंक बैलेंस नहीं है। दिन-रात संपत्ति संग्रह की हविस से परिचालित समाज में हजारे जैसे लोग गरीब नहीं, महात्मा कहलाते हैं। उस दौर में और भी, जहाँ संपत्ति-संग्रह की दौड़ में निवृत्तिमार्गी माने

जाने वाले महात्माओं ने प्रवृत्तिमार्गी दुनियादारों से आगे निकलने की होड़ लगा रखी है। ऐसे में लोगों की नजर से यह सच्चाई ओझल रह जाना आश्चर्यजनक नहीं है कि ऐसे 'महात्माओं' के बैंक वर्ल्ड बैंक से लेकर भारत की सरकारों के खजाने तक व्याप्त होते हैं, जहाँ मेहनतकशों की गाढ़ी कमाई लूट कर जमा की जाती है। जब चाहो, जितनी चाहो, रकम निकाल लो।

यह अकारण नहीं है कि हजारे वर्ल्ड बैंक से लेकर एनजीओ चलाने वालों और सरकारों के भी प्यारे हैं। उनका मानना है कि सरकारों को अपनी योजनाएं प्रभावी रूप में लागू करने के लिए एनजीओ कार्यकर्ताओं को प्रशिक्षित करना चाहिए। भारत की सरकारें आजकल यही चाहती हैं। सभी नवउदारवादी देश को खुशहाल बनाने के सरकारों के एनजीओपरस्त रास्ते का स्वागत और समर्थन करते हैं। सभी गांधीवादी भी करने लग जाएं तो सरकारें और नेता खुश होंगे ही। आपको ध्यान होगा, नवउदारवाद विरोधी वयोवृद्ध गांधीवादी साथी सिद्धराज ढड्डा को सरकार ने पदम पुरस्कार देने की घोषणा की थी। उन्होंने वह स्वीकार नहीं किया था। वे कर ही नहीं सकते थे, क्योंकि वे नवउदारवाद विरोधी थे, जोकि एक गांधीवादी होगा ही। किसी राजनीतिक पार्टी के सदस्य वे भी नहीं थे। देश की आजादी के तुरंत बाद वे राजस्थान सरकार में उद्योग राज्य मंत्री रहे। लेकिन जल्दी ही सर्वोदय आन्दोलन से जुड़ गये और 98 साल की उम्र पर्यंत अराजनीतिक ही रहे। कहने का आशय है कि अराजनीतिक होने से ही कोई अच्छा या बुरा नहीं होता है। अलबत्ता, अराजनीतिक होना अक्सर सरकारी होना हो जाता है। यह दोनों हाथों में लड्डू होने जैसी स्थिति है। जिस राजनीति को बुरा बता कर अराजनीतिक होते हैं, उसी के साथ भी होते हैं। आगे हम देखेंगे कि प्रचलित राजनीति के परोक्ष समर्थन की यह प्रवृत्ति नई राजनीति के उदभव में एक बड़े अवरोध का काम करती है।

हजारे के अनशन पर बैठने पर दिल्ली और दिल्ली के बाहर से लोग जन्तर-मन्तर पहुंचने लगे। जिस तरह एक के बाद एक घोटाले सामने आए और प्रधानमन्त्री समेत सरकार ने लीपापोती का रवैया अपनाया, लोगों में उसके खिलाफ आक्रोश जमा हुआ था। मीडिया भी फुर्सत में था। जो हजारे अभी तक अपने गाँव और प्रदेश में ही ज्यादा जाने जाते थे, मीडिया की मार्फत उनकी छवि पूरे देश और विदेश तक प्रसारित हो गयी। रामलीला मैदान में भ्रष्टाचार विरोधी रैली की असफलता से डरे आयोजकों को विश्वास हो गया कि इस बार चोट सही निशाने पर बैठी है। आयोजक और मीडिया दोनों जोशो-खरोश से मैदान में जम गये। इलैक्ट्रोनिक मीडिया के लगभग सभी चैनल लाइव कवरेज देने लगे और प्रिंट मीडिया के वे अखबार भी, जो भ्रष्टाचार के नए और पहले से कहीं विकराल स्रोत नवउदारवाद के पक्के झंडाबरदार हैं, 'भ्रष्टाचार विरोधी आन्दोलन'

की खबरों से लबालब भर गये। भ्रष्टाचार को खत्म कर डालने का जैसे बिगुल बज गया। लगा पूरा देश भ्रष्टाचार के विरुद्ध कमर कस कर खड़ा होने जा रहा है। एक सामान्य अनशन-धरना को 'आन्दोलन' बनते देर नहीं लगी!

दूसरे दिन शाम तक जन्तर-मन्तर पर हजारों का जमावड़ा हो गया। घरों पर बैठे लोग भी टीवी चैनलों की मार्फत अनशन-स्थल से जुड़ गये। देश के कुछ अन्य शहरों से भी हजारे के समर्थन की खबरें आने लगीं। गाजे-बाजे निकल आए और लोग भ्रष्टाचार विरोध के मद में मस्त दिखाई दिए। 'भ्रष्टाचार के विरुद्ध आंदोलन' की खबरों से चैनलों की टीआरपी आसमान छूने लगी। कुछ दिन पहले विश्व कप क्रिकेट की जंग में 'इंडिया' की जीत के जश्न की तरह, मीडिया ने भ्रष्टाचार की जंग जीतने का भारी जश्न मना डाला। वही लोग थे, वही मीडिया था। 'आजादी की दूसरी लड़ाई', 'जेपी के बाद सबसे बड़ा आन्दोलन', 'भ्रष्टाचार के खिलाफ इंडिया की जंग की जीत में कुछ ही पलों का फासला' जैसे जुमलों के हांके के आगे सरकार पनाह मांगती नजर आई।

मीडिया की पूर्ण समर्थक भूमिका से ऐसा माहौल बना कि बहुत-से सामाजिक-नागरिक संगठनों, लेखकों-कलाकारों-बुद्धिजीवियों, युवाओं, स्वतंत्रता सेनानियों, प्रोफेशनलों, फिल्मी सितारों, स्कूली बच्चों, सामान्य मध्यवर्गीय नागरिकों, यहाँ तक कि कई बाबाओं का समर्थन जन्तर-मन्तर पर हाजिर हो गया। आरएसएस के प्रवक्ता राम माधव समर्थन का लिखित पत्र लेकर हजारे की हाजिरी में हाजिर हो गये। जुटान देख कर जैसे मीडिया जोश में आता है, उसी तरह नेता भी उत्साहित होते हैं। राजनैतिक पार्टियों और नेताओं को लगा कि उन्होंने हजारे के अनशन का समर्थन नहीं किया तो मीडिया और राजनीति में पिछड़ जाएंगे। ओमप्रकाश चौटाला भी भ्रष्टाचार के खिलाफ अनशन को अपना समर्थन देने जन्तर-मन्तर पहुंच गये। वामपंथी और विकल्पवादी भी पीछे नहीं रहे। हमें एकबारगी डबका हुआ कि इस बहाव में घने जंगलों से नक्सलवादी भी समर्थन की चिठ्ठी न दाग दें। कांग्रेस ने शुरू में हजारे को आरएसएस का एजेंट बताया, लेकिन अगले ही दिन समर्थन का रुख स्पष्ट कर दिया। मुख्यधारा राजनीति के अंतर्गत मुख्य विपक्षी पार्टी होने के नाते भाजपा सत्तारूढ़ पार्टी के भ्रष्टाचार पर बयानबाजी और धरना-प्रदर्शन करने में लगी थी। वह चाह रही थी कि भ्रष्टाचार बड़ा चुनावी मुद्दा बन जाए। उसका अभियान के साथ सबसे पहले जुटना स्वाभाविक था। भाजपा के समर्थन से वह सरकार न बिदक जाए, जिससे बात करने अथवा टूटने के बाद अनशन शुरू किया था, आयोजकों ने नेताओं को मंच पर बैठने से यह कह कर मना कर दिया कि 'आन्दोलन' अराजनीतिक है। इससे समर्थकों के जोश में और भी वृद्धि हुई।

सरकारी लोकपाल विधेयक का मसौदा तैयार करने वाले मंत्री-समूह से शरद

पवार के हटने पर जैसे साक्षात भ्रष्टाचार ही हट गया। ये वही शरद पवार हैं जो विश्व कप की जीत के जश्न में बतौर आईसीसी अध्यक्ष मीडिया और मध्यवर्ग को बड़े भले इंसान लग रहे थे। उस समय कोई कहने की हिम्मत दिखाता कि क्रिकेट भारत में भ्रष्टाचार का बड़ा खेल है और शरद पवार लंबे समय से उसके एक बड़े 'खिलाड़ी' – यही मीडिया और भारत का 'महान' मध्यवर्ग उसे देशद्रोही कह कर दौड़ा लेता। थोड़ा-सा और पीछे जाएं तो देख सकते हैं कि आज भ्रष्टाचारी का कलंक ढोने वाले कॉमनवैल्थ खेलों की तैयारी समिति के अध्यक्ष सुरेश कलमाडी खेलों के दौरान मीडिया और मध्यवर्ग के हीरो थे। 'ईमानदार' प्रधानमन्त्री और उनकी दिल्ली सरकार की मुख्यमंत्री के तो थे ही। हमने धरनों-प्रदर्शनों, परचों, पुस्तिकाओं, लेखों, प्रैस वार्ताओं, संगोष्ठियों की मार्फत देश को कॉमनवैल्थ खेलों में होने वाले भ्रष्टाचार की सच्चाई बताने की लाख कोशिश की, लेकिन न मीडिया साथ आया, न मध्यवर्ग। (देखें, 'यह देश है लूटने वालों का', युवा संवाद, सितंबर 2010)

टीवी देखते हुए या अखबार पढ़ते हुए अभियान पर कोई भी प्रश्नात्मक टिप्पणी करना उसी तरह भर्त्सना को आमंत्रित करना था जिस तरह राममंदिर आन्दोलन और उसकी फलश्रुति बाबरी मस्जिद ध्वंस की आलोचना में कुछ बोलने पर परिवारी-पड़ोसी बंधुओं के कोप का भाजन होना होता था। हमें भी प्रियजनों द्वारा झिड़का गया और जन्तर-मन्तर जाने के लिए ठेला गया। लेकिन हम नहीं जा पाए। अलबत्ता गम्भीर सोच में जरूर पड़ गये कि जिस देश में नागरिक समाज से लेकर राजनीतिक पार्टियों तक इतने भ्रष्टाचार विरोधी हैं, चाहे भावना के स्तर पर ही, वहाँ इतना भ्रष्टाचार कैसे हो जाता है? हमने यह भी सोचा कि 1990 के बाद से आज तक हुए सिलसिलेवार घोटालों के बावजूद भ्रष्टाचार को यौवन प्रदान करने वाले नवउदारवाद का उत्तरोत्तर समर्थन करते जाने वाले लोग अचानक भ्रष्टाचार के खिलाफ क्यों खड़े हो गये हैं? हमें यह भी लगा कि भ्रष्टाचार मिटाने के लिए स्वयं और सर्वोच्च शक्तिसंपन्न लोकपाल लाने के लिए मतवाले हुए लोगों को क्या एक क्षण के लिए भी यह लगता है कि देश में बेहैसियत और गरीब जनता के लिए मौजूदा कानून ही इतने सख्त हैं कि एक बार फंसने पर कोई साबुत नहीं बचकर नहीं निकलता? साथ ही लगा कि मानो भ्रष्टाचार एक ऊपरी बला है, जिसे एक सख्त कानून के सींखचे में बंद कर दिया जा सकता है?

हम कई बार कह चुके हैं कि भारतीय जीवन के प्रत्येक आयाम पर नवउदारवाद का जो शिकंजा कसा है, उसके लिए केवल राजनीतिक अभिजन जिम्मेदार नहीं हैं। भ्रष्टाचार की जाँच, रोकथाम और दंड देने के लिए बनी संस्थाएं और कानून अगर सत्यानाश हो गये हैं तो उसकी जिम्मेदारी नागरिक समाज पर भी उतनी ही आयद होती है। नवउदारवाद को चलाए रखने के लिए एक चलन चल

निकला है – मौजूदा संस्थाओं और कानूनों को प्रभावी, पारदर्शी और जवाबदेह बनाने के सतत उद्यम की ओर से पीठ फेर कर, नई संस्था अथवा नया कानून बनाने का ऐलान कर दिया जाता है। एनजीओ भी लगातार नए कानून बनवाने के लिए दबाव बनाते रहते हैं।

हमने यह भी सोचा कि जब सोनिया गाँधी की राष्ट्रीय सलाहकार समिति का एक समूह उन्हीं सब नागरिक समाज एक्टिविस्टों के साथ मिल कर, जो संयुक्त समिति में शामिल किए गये, जन लोकपाल विधेयक के मसौदे पर बैठकें और चर्चा कर रहा है, तो फिर अचानक आमरण अनशन की नौबत क्यों आ गयी? जैसा कि सोनिया गाँधी ने हजारे के 19 अप्रैल के पत्र के जवाब में अपने 20 अप्रैल के पत्र में लिखा है, खुद हजारे ने उस समूह में प्रस्तावित विधेयक के केवल दो बिंदुओं पर मतभेद होने की बात स्वीकार की। तो क्या वे दो मतभेद वहीं नहीं सुलझाए जा सकते थे? या नहीं सुलझा लिए जाने चाहिए थे? राष्ट्रीय सलाहकार समिति में तो नागरिक समाज की और भी कई महत्त्वपूर्ण हस्तियां शामिल हैं, जो निश्चित ही मतभेद सुलझाने में प्रभावी भूमिका निभातीं और शायद विधेयक को और अधिक कारगर बनाया जा सकता। अगर मंशा केवल भ्रष्टाचार को रोकने के लिए एक प्रभावी लोकपाल संस्था बनाने की थी, तो वह काम समिति में ज्यादा अच्छा हो सकता था। तब शायद वह सब झमेला भी नहीं खड़ा होता, जिसमें हजारे अपने बयानों के चलते और संयुक्त समिति के दो सबसे प्रभावशाली सदस्य शांति भूषण व प्रशान्त भूषण सीडी और संपत्ति के चलते फंस गये हैं।

हमने यह भी सोचा कि भारत का नागरिक समाज राजनैतिक निरक्षरों की भीड़ बनता जा रहा है। वह तमाशा दर तमाशा में जीता है और एक तमाशा बन कर रह गया है। अलग-अलग क्षेत्र में अन्यथा प्रतिभाशाली माने जाने वाले नागरिक समाज के ज्यादातर नुमाइन्दे, राजनीतिक चेतना से लगभग शून्य नजर आते हैं। उनमें संविधान, कानून और प्रशासन के गहरे जानकार भी शामिल हैं। हम आगे देखेंगे कि उनकी राजनीतिक समझदारी, अगर कोई है, घूम-फिर कर उसी 'बुरी' राजनीति से अनुशासित होती है, जिसके बरक्स अपने को अराजनीतिक बता कर वे गौरवान्वित अनुभव करते हैं। टीवी, ट्वीटर और फेसबुक पर अभियान का अंध-समर्थन करने वाले 'राजनीति विरोधियों' में शायद ही किसी ने समर्थन की तेजी के साथ विधेयक के दोनों मसौदों का अध्ययन करके अपना मत बनाया हो। हजारे की भी मीडिया प्रदत्त छवि पर ही वे रीझ गये। जैसे आयोजकों का सरकार पर दबाव था कि पहले जन लोकपाल विधेयक स्वीकार करो और उसी का कानून बनाओ, उसी तरह समर्थकों का हल्ला था कि बिना किसी किंतु-परंतु के अभियान का समर्थन करो और भ्रष्टाचारियों को मिटाओ। ऐसे में उनसे भ्रष्टाचार की जटिल समस्या पर गंभीरतापूर्वक सोचने की उम्मीद ही नहीं की जा सकती।

आयोजकों की असली मंशा और उसमें प्रधानमन्त्री कार्यालय के साझे को लेकर हम कोई टिप्पणी फिलहाल नहीं करना चाहते। अपने को अभियान की समीक्षा तक ही सीमित रखते हैं। लेकिन जल्दी ही वह घड़ी आ सकती है जब हकीकत खुलने पर भ्रष्टाचार के मुद्दे पर उद्वेलित हुए लोग अपने को ठगा हुआ महसूस करें। भले ही हमारे कुछ साथी कहें कि देश इस कदर गरमा गया है कि 'इंडियन एक्सप्रैस' जैसे अखबार कितना भी पंक्चर करने की कोशिश कर लें, अब यह आन्दोलन रुकने वाला नहीं है। हमारा भी मानना है कि आन्दोलन लम्बा चलेगा, क्योंकि देश में भ्रष्टाचार पैदा करने वाली राजनीति के खिलाफ नई राजनीति नहीं चल पा रही है। अभी तो लगता है कि मुख्यधारा राजनीति के बरक्स जो थोड़ी-बहुत राजनीति देश में खड़ी हो पाई है, वह भी टीम हजारे के आन्दोलन के पीछे लग रही है। लेकिन लम्बा चलने पर भी भ्रष्टाचार की रोकथाम और समाप्ति की दिशा में कुछ हो पाएगा, ऐसा नहीं लगता।

आगे बढ़ने से पहले हम बता दें, इस अभियान के बारे में हम आशावादी नहीं हैं। अलबत्ता उसकी समीक्षा जरूर करना चाहते हैं। एक अपेक्षा भी करते हैं कि अभियान के साथ अथवा बाद, भ्रष्टाचार की जटिल समस्या पर देश में गम्भीर चिन्तन और चर्चा शुरू हो जाए। यह 1968 में सोचे गये लोकपाल विधेयक से भी पहले से लम्बित काम है, जो भारत के नागरिक समाज को करना है। किशन पटनायक ने 1988 के अपने एक लेख 'भ्रष्टाचार की पड़ताल' में लिखा है, ''आजादी के बाद से सबसे अधिक चर्चा का विषय भ्रष्टाचार है। गरीबी, बेरोजगारी, महंगाई, सीमा सुरक्षा या क्रिकेट से भी अधिक चर्चा का विषय भ्रष्टाचार है। देश का कोई भी वर्ग नहीं है जो इससे विचलित नहीं है। फिर भी हमारे बुद्धिजीवियों ने इसको एक खोज का विषय नहीं बनाया।'' (भारतीय राजनीति पर एक दृष्टि, पृ. 175, राजकमल प्रकाशन, दिल्ली, 2006) यह अफसोस की बात है कि चार दिन के अनशन के बाद, आरोप-प्रत्यारोपों को जाने दें, नागरिक समाज के नुमान्इदों में जो धारासार बहस चल रही है, किशन पटनायक के ही शब्द लें, वह ''भ्रष्टाचार की व्यापकता और उसके कारण तथा प्रतिकार से संबधित'' नहीं है। (वही)

भारत में भ्रष्टाचार कानून तोड़ कर ही नहीं होता, कानून को गच्चा देकर भी होता है। देश के संसाधनों की लूट को सरकारें कानूनी जामा पहना देती हैं। गैट से लेकर विदेशी विश्वविद्यालय कानूनों तक कानूनी भ्रष्टाचार का सिलसिला दशकों से अक्षुण्ण चल रहा है। गजानन माधव मुक्तिबोध साठ के दशक में लिखते हैं, ''बुजुर्गों ने, सत्ताधारियों ने, समाजसंचालकों ने, आर्थिक शक्ति से संपन्न वर्गों ने, समाज के प्रत्येक स्तर पर प्रकट और अप्रकट, सूक्ष्म और स्थूल, भ्रष्टाचार का विधान कर रखा है। इस भ्रष्टाचार के कई रूप हैं। कभी वह कानून के रूप में

प्रकट होता है, कभी कानून की आड़ में गैर-कानूनी रूप में। कानून या नियम तो आर्थिक शक्ति से संपन्न प्रभावशाली लोगों की सुविधा के लिए हैं।'' (एक साहित्यिक की डायरी, पृ. 34-35, भारतीय ज्ञानपीठ, दिल्ली, 1989) मुक्तिबोध का जिक्र हमने साभिप्राय किया है। उन्होंने अपनी महाकाव्यात्मक कविता 'अंधेरे में' में शासकवर्ग के एकजुट भ्रष्टाचारी चरित्र और चेहरे का अंतर्बाह्य स्पष्ट रूप में दिखाया है। उस चरित्र और चेहरे में मुक्तिबोध के बाद, खासकर पिछले दो दशकों में, जिस तेजी से निखार आया है, उसी तेजी के साथ वह भ्रष्टाचार के खिलाफ ताल ठोंक रहा है। अपने भ्रष्टाचार विरोध की 'सच्चाई' पर एक शब्द भी आलोचना का नहीं सुनना चाहता। पलटवार कर आलोचकों को भ्रष्टाचारी ताकतें बताता है। उसका यह आत्मविश्वास गौरतलब है।

यहाँ एक बार फिर हम किशन पटनायक को उद्धृत करना चाहेंगे। अप्रैल 2001 के अपने 'असहाय सत्य' लेख में वे लिखते हैं, ''उदारीकरण भ्रष्टाचार की शुरुआत नहीं करता है, लेकिन जब उदारीकरण के द्वारा विकासशील समाज के सारे स्वास्थ्य-प्रदायक तंतुओं को कमजोर कर दिया जाता है तब भ्रष्टाचार न सिर्फ बढ़ता है बल्कि नियंत्रण के बाहर हो जाता है। भारत में उदारीकरण का यह चरण आ चुका है। जब अधिकांश नागरिकों के जीवन में भविष्य की अनिश्चितता आ जाती है, चंद लोगों के लिए धनवृद्धि और खर्चवृद्धि की सीमा नहीं रह जाती, वर्गों और समूहों के बीच की गैर-बराबरियां निरंतर बढ़ती जाती हैं, सार्वजनिक संपत्तियों को बेचने की छूट मिल जाती है, उच्च संवैधानिक पदों पर बैठे लोगों को देश के बाहर से निर्देश लेने होते हैं, जायज तरीकों से मिलने वाली आय और नाजायज कमाई की मात्रा में आकाश-पाताल का अंतर होता है, तब भ्रष्टाचार को रोकेगा कौन?''(राजनीति पर एक दृष्टि, पृ. 194)

जैसा उत्साह और आशा भ्रष्टाचार विरोधी दर्शा रहे हैं, बल्कि कह रहे हैं कि भ्रष्टाचार विरोधी 'जनजागरण' ने लोकतंत्र संवर्द्धन की दिशा भी दिखा दी है, उसे यथार्थ मानें तो किशन पटनायक को विभ्रम का शिकार मानना होगा। लेकिन ऐसा नहीं है। ग्रामीण रोजगार, सूचना का अधिकार, शिक्षा का अधिकार, जंगल का अधिकार आदि कानून और कार्यक्रमों के बावजूद न देश के संसाधनों की लूटपाट में कमी आयी है, न शिक्षा के निजीकरण-बाजारीकरण की मुहिम में। बल्कि पूंजीवादी-उपभोक्तावादी व्यवस्था की तरफ बढ़ते जाने का रास्ता और लक्ष्य उत्तरोत्तर स्वीकृत और स्पष्ट होते गये हैं। साथ में यह भी कि पूंजीवादी उपनिवेशवाद के दौर में शुरू किया गया मानव आबादियों के सफाए का सिलसिला अगले सौ-एक सालों में अपनी पूर्णता हासिल कर लेगा। 'सर्वाइवल ऑफ दि फिटेस्ट' अब प्राकृतिक सिद्धांत न होकर, साभ्यतिक सिद्धांत बन चुका है।

16 अप्रैल 2011 के 'इकॉनॉमिक एंड पोलिटिकल वीकली' (ईपीडब्ल्यू) में वी कृष्ण अनंत का अभियान के समर्थन में 'लोकपाल बिल कैंपेन: डेमोक्रेटिक एंड कंस्टीट्यूशनल' लेख छपा है। आश्चर्य है ईपीडब्ल्यू जैसी गम्भीर और शोधपरक पत्रिका में इतना सपाट लेख प्रकाशित हुआ है। सीबीआई के पूर्व निदेशक आरके राघवन का लेख 'हजारे मूवमेंट एंड दि डेल्ही ड्रामा' 22 अप्रैल के 'दि हिंदू' में आया है। लेख हजारे के समर्थन में प्रवचन और उद्‌बोधन की शैली में लिखा गया है। यह अक्सर होता है कि अखबारों में कुछ लेख पदनामों की 'मेरिट' पर छपते हैं। जैसे 21 अप्रैल के 'इंडियन एक्सप्रैस' में शीला दीक्षित के बेटे और उसी नाते सांसद संदीप दीक्षित का भ्रष्टाचार पर लेख प्रकाशित हुआ है। भ्रष्टाचार का खेल सिद्ध हो चुके कॉमनवैल्थ खेलों के वे बीचोंबीच थे। फिर भी भ्रष्टाचार पर उनका प्रवचन छपा है।

सरसरी तौर पर देखने से ही लग जाता है कि राघवन साहब का लेख उनके पदनाम और 'दि हिंदू' की अभियान-समर्थक लाइन के चलते छपा है। लेख हमें इसलिए रोचक लगा कि एक तो उसमें नेक (गुड) और बद (बैड) की दो आत्यंतिक कोटियां बनाई गयी हैं। आधुनिक-पूर्व युगों में भी नेकी-बदी का ऐसा कड़ा विभाजन नहीं होता था, लेकिन राघवन उत्तर-आधुनिक युग में व्यक्तियों और प्रसंगों को स्याह-सफेद खांचों में में रख कर देख रहे हैं। लेख में, जाहिर है, हजारे और अभियान के समर्थकों को अच्छा ही अच्छा बताया गया है। संयुक्त समिति के दो सदस्यों पर 'कीचड़ उछालने' वाले तो बद हैं ही, हजारे, संयुक्त समिति के किसी अन्य सदस्य, अभियान, विधेयक, यहाँ तक कि मीडिया को किसी भी रूप में प्रश्नांकित करने वाले भी बदी की कोटि में डाले गये हैं।

रोचकता की दूसरी बात हमें यह लगी कि भारत के ज्यादातर अफसरान के भीतर अपनी श्रेष्ठता और परिपूर्णता पर रीझा हुआ एक छुटकू तानाशाह बैठा होता है, जो मेहनतकश जनता की गाढ़ी कमाई की लूट से मिली सुख-सुविधाओं पर फला-फूला होता है। जैसे अफसर पूरा ठीक होता है और सबको ठीक कर देता है, उसी तरह का प्रक्षेपण राघवन ने हजारे में किया है- उनकी निगाह में वे नीतिमयता के एकमात्र स्तंभ हैं और उनका जन लोकपाल विधेयक भ्रष्टाचार के रावण को फूंक देने वाला अचूक बाण। राघवन को राजनीतिक दखल बिल्कुल नहीं चाहिए। हजारे के उस कथन पर कि जन लोकपाल कानून संसद ही बनाएगी और वे उसे मानेंगे, राघवन ने हजारे को आगाह किया है कि सांसदों-विधायकों का भरोसा बिल्कुल न करें। राघवन के मुताबिक हजारे की यह आशा 'अनरियलिस्टिक' है कि सांसद-विधायक जन लोकपाल कानून का समर्थन करेंगे। तानाशाही का नशा देखिए, बिना संसद के ही एक विधेयक कानून बन जाएगा! नौकरशाहों की तानाशाही से तनी गर्दन

नेताओं के सामने ही झुकती है। पहले अंग्रेजों के सामने झुकती थी। राघवन साहब सेवा में रहते राजनीति और नेताओं के खिलाफ नहीं बोल पाए। वे अब हजारे की मार्फत अपना राजनीति और राजनेता–द्वेष निकाल रहे हैं।

नागरिक समाज : सीमाएं और अंतर्विरोध

अभियान के प्रति जो कुछ विवादी स्वर उभरे, वे ज्यादातर कमजोर हैं। हम उन पर चर्चा करेंगे, लेकिन पहले इस अभियान के चरित्र/प्रकृति और वर्ग–आधार को समझना मुनासिब होगा। दरअसल, अभियान के उद्देश्य, तरीके और उसमें शामिल मुख्य व्यक्तियों और उनके वक्तव्यों के बारे में जो सवाल उठाए गये हैं, वे इसीलिए कमजोर पड़ते हैं कि आन्दोलन के चरित्र को सही परिप्रेक्ष्य में नहीं समझा गया है। विरोध की प्रतिक्रियाएं फुटकर और तात्कालिक किस्म की हैं। इसीके चलते कुछ नेताओं और टिप्पणीकारों द्वारा लोकतांत्रिक प्रक्रिया और संस्थाओं की दुहाई भी प्रामाणिक नहीं बन पाई है। 'लोकतंत्र संवर्द्धक' और 'लोकतंत्र विनाशक' की अतियों के बीच संतुलन साधने के कतिपय प्रयास भी लीपा–पोती ही ज्यादा लगते हैं। जिस तरह से, जैसा कि आगे देखेंगे, भ्रष्टाचार के खिलाफ जंग और जीत के दावों में दम नहीं है; उसी तरह उसके विरोधी और सामंजस्यवादी स्वरों में भी कमजोरी है।

देश की राजनीति में जब राजनैतिक विपक्ष नहीं बचता है, या बहुत कमजोर होता है, तो प्रचलित व्यवस्था से पैदा होने वाली समस्याओं और संकटों को लेकर नागरिक समाज अपनी सीमा से बढ़ कर सक्रिय व आंदोलित होता है। भारत में पिछले 20 सालों से यही स्थिति चल रही है। इस बीच सभी पार्टियों की मिली–जुली सरकारें सत्ता में आ चुकी हैं, लेकिन सभी ने मनमोहन सिंह के एजेंडे यानी नई आर्थिक नीतियों के नाम से शुरू किए गये नवउदारवाद को ही आगे बढ़ाया है। मार्क्सवादी पार्टियों से कुछ अलग हट कर उम्मीद थी, लेकिन उनके नेताओं ने सिंगूर–नंदीग्राम प्रकरण में आधिकारिक तौर पर घोषित कर दिया कि पूँजीवाद ही विकास का रास्ता है। यह सही है कि यह स्थिति बनने के अंतर्राष्ट्रीय कारण और दबाव भी हैं, लेकिन राष्ट्रीय स्तर पर भी नागरिक समाज में उस पर एक सर्वानुमति बनती गयी है।

नागरिक समाज को चिन्हित करें तो कह सकते हैं कि किसी भी देश का नागरिक समाज मोटे तौर पर मध्यवर्गीय होता है। हालांकि एक वर्ग होने के बावजूद, वह एकरूप उपस्थिति नहीं होता; उसमें आर्थिक भिन्नता के स्तरों – निम्न, मध्य और उच्च– के अलावा सांस्कृतिक–धार्मिक–भाषिक–भौगोलिक आदि भिन्नता के स्तर भी विद्यमान होते हैं। नागरिक समाज की एक पहचान यह भी होती है कि वह अपनी आजीविका के लिए शारीरिक नहीं, दिमागी काम करता

है। इसी नागरिक समाज के कुछ लोग राजनीतिक पार्टियों का नेतृत्व सम्हालते हैं। नागरिक समाज के जो लोग सीधे राजनीति में नहीं जाते, परंतु समाज में बतौर जागरूक नागरिक भूमिका निभाने के अभिलाषी होते हैं, उनकी दो कोटियां बनती हैं। पहली कोटि किसी राजनीतिक विचारधारा और पार्टी विशेष की संगति में या उससे संबद्ध संगठन/संस्थाएं चलाने वालों की होती है। इस लिहाज से देश में मार्क्सवादी पार्टियों और भाजपा से संबद्ध सबसे ज्यादा संगठन हैं। दोनों पार्टियों के समर्थकों/सदस्यों की ज्यादातर समय सत्ता में रहने वाली कांग्रेस से सांठ-गांठ रही है। उन्हें लगता है कि वे कांग्रेस की कीमत पर अपने लक्ष्य- कम्युनिस्ट साम्यवादी क्रान्ति और संघी हिंदू राष्ट्रवाद- की मजबूती बढ़ा रहे हैं। जबकि ताकत कांग्रेस की ही ज्यादा बढ़ती रही है।

दूसरी कोटि राजनीति से परहेज बरतने वाले नागरिकों की होती है। आमतौर पर उन्हें ही नागरिक समाज एक्टिविस्ट कहा जाता है। ऐसे नागरिकों के भी अपने राजनीतिक रुझान होते ही हैं। इस कोटि में विभिन्न मुद्दों और समस्याओं पर नागरिक संगठन, संस्थाएं, मंच, ट्रस्ट, सहकारी संस्थाएं और एनजीओ बना कर काम करने वाले नागरिक होते हैं। नवउदारवादी नीतियों से होने वाली तबाही के शिकार आदिवासी, किसान, कारीगर, असंगठित मजदूर, दुकानदार, छोटे व्यापारी समूहों के हितों की रक्षा के लिए सक्रिय अनेक जनांदोलन भी नागरिक समाज के नुमाइंदे ही चलाते हैं। हिंसक जनांदोलनों का संचालन भी उन्हीं के हाथ में होता है। अलबत्ता उनकी अपनी राजनैतिक विचारधारा और संगठन होते हैं। कुछ नागरिक समाज एक्टिविस्ट अपने काम में नाम और ईनाम पाने के बाद सरकारों और राजनीतिक पार्टियों के सलाहकार भी बन जाते हैं। उनका नाम सरकार की समितियों और पैनलों में होता है। हालांकि अराजनीतिक होने का उनका आग्रह तब भी बना रहता है।

यह नहीं भूलना चाहिए कि पूरी दुनिया में नागरिक समाज से मुराद अक्सर पुरुष समाज से होती है, जबकि भारत सहित दुनिया में बहुत-सी स्त्रियां नागरिक समाज एक्टिविस्ट के रूप में सक्रिय हैं। भारत का मध्यवर्ग ज्यादातर अगड़ी सवर्ण जातियों से बना है, लिहाजा, नागरिक समाज एक्टिविस्ट भी, पुरुष और स्त्री दोनों, ज्यादातर अगड़ी सवर्ण जातियों के होते हैं। भारत में जिसे नागरिक समाज कहेंगे, उसमें विशाल निम्नवर्ग और निम्नमध्यवर्ग नहीं आता। भारत में मध्य और उच्चमध्यवर्ग को मिला कर जो नागरिक समाज बनता है, वह देश का शासक वर्ग भी होता है। शासकवर्ग के रूप में एक होने के साथ, वह ऊपर बताई गयी भिन्नताओं के आधार पर कई तरह की मान्यताओं, धारणाओं और रुझानों का समुच्चय होता है। हालांकि इससे यह सच्चाई निरस्त नहीं होती कि वह शासकवर्ग के रूप में एक(जुट) होता है।

निम्नमध्यवर्ग की, जिसमें पिछड़ी और दलित जातियों तथा आदिवासियों की मध्यवर्ग की तुलना में ज्यादा संख्या होती है, बलवती लालसा होती है वे मध्यवर्ग के दायरे में अपनी जगह बना पाएं। आरक्षण के चलते दलित और आदिवासियों को मध्यवर्ग में सीमित प्रवेश मिलता रहा है। लेकिन वे मध्यवर्ग के चरित्र में बदलाव नहीं ला सकते, क्योंकि वे अगड़ी सवर्ण जातियों वाले मध्य और उच्चमध्यवर्ग की जीवनशैली का अनुकरण करते हैं। इस अनुकरण में सबसे पहले श्रम और दो कदम पीछे के गरीब अतीत को हेय समझा जाता है। विशेषकर दलित, अगड़ों के अनुकरण की प्रवृत्ति और अस्मितावाद के द्वंद्व में फंसे रहते हैं। इसके चलते वे नागरिक समाज द्वारा चलाए जाने वाले अभियान या आन्दोलन की तरफ कभी खिंचते हैं, कभी पीछे हटते हैं। कुल मिला कर भारत का नागरिक समाज, कई तरह की भिन्नताओं के बावजूद, शासकवर्ग के रूप में एकजुट होता है। यह उसका वर्ग-स्वार्थ पर आधारित वर्ग-चरित्र है।

इस रूप में नागरिक समाज और उसके एक्टिविज्म की, जाहिर है, अपनी सीमाएं और अंतर्विरोध होते हैं। वह जितना ही ज्यादा सीमाओं को लांघने का उपक्रम करता है, उतना ही ज्यादा अंतर्विरोधों का शिकार होता जाता है। जब तक अलग-अलग मुद्दों पर अलग-अलग काम होता है, परेशानी खड़ी नहीं होती। न आपस में, न सरकारों को। लेकिन किसी व्यापक मुद्दे पर एक साथ आने की बात आते ही नागरिक समाज एक्टिविज्म की सीमाएं और अंतर्विरोध जल्दी ही उभर कर सामने आ जाते हैं। अगर अंदरखाने कुछ मीजान बना कर कोई अभियान शुरू कर दिया जाता है, तो उसमें तुरंत दरारें नजर आने लगती हैं। बहस आपस में ज्यादा होने लगती है और आन्दोलन भटक जाता है। सरकारों को यह स्थिति माफिक आती है। वे मुद्दों को अपने ढंग से साधने की गुंजाइश निकाल लेती हैं। उस क्रम में नागरिक समाज एक्टिविस्ट भी सध जाते हैं। क्योंकि उन्हें आर-पार की राजनैतिक लड़ाई तो लड़नी नहीं होती है।

नागरिक समाज के किसी अभियान और उससे होने वाले काम का मूल्यांकन अक्सर नागरिक समाज के परिप्रेक्ष्य से न किया जाकर, राजनीतिक परिप्रेक्ष्य से किया जाने लगता है। उस प्रयास में नागरिक समाज के चरित्र की अंतर्भूत सीमाओं और अंतर्विरोधों पर अक्सर ध्यान नहीं दिया जाता। हजारे और उनके सहयोगियों द्वारा चलाए गये और नागरिक समाज द्वारा समर्थित भ्रष्टाचार विरोधी अभियान के समर्थन और आलोचना की बहस उसके नागरिक समाजीय चरित्र को नजरअंदाज करके चल रही है।

भारत का समूचा नागरिक समाज संवैधानिक मूल्यों - लोकतंत्र, स्वतंत्रता, संप्रभुता, धर्मनिरपेक्षता, सामाजिक न्याय, समाजवाद - से बंधा नहीं है। नागरिक समाज में संवैधानिक मूल्यों को लेकर एका और ईमानदारी होती तो न नवसाम्राज्यवाद

यहाँ पैर पसार पाता, न सांप्रदायिक दंगे होते। एक ही देश में ऐयाशी और बदहाली के दो ध्रुवांत नहीं बनते। नागरिक समाज में अंधराष्ट्रवाद, तानाशाही, सांप्रदायिकता, क्षेत्रवाद, जातिवाद, वंशवाद, अलगाव जैसी भावनाएं/धारणाएं पैठी हैं तो वे नागरिक अभियानों में उभर कर आएंगी ही। दूसरे, जैसा कि हमने ऊपर कहा, जब राजनीतिक विपक्ष अनुपस्थित होता है तो नागरिक समाज जाने-अनजाने राजनीतिक बयानबाजी करने लगता है। इस अभियान में भी यह देखा जा सकता है। केवल समर्थकों में ही नहीं, नेतृत्व में भी आप देख सकते हैं कि एक छोर पर संवैधानिक मूल्यों को जानने और मानने वाले शांति भूषण, संतोष हेगड़े, प्रशान्त भूषण आदि हैं, तो दूसरे पर सब भ्रष्टाचारियों को फांसी देने को उतावले बाबा रामदेव, जो राजनीति को भी ठीक कर देने का दावा ठोंकते हैं।

आईएसी के नुमान्इदों में एक चेतन भगत नाम का लोकप्रिय लेखक बताया जाने वाला शख्स भी है। काफी पहले हमने 'दैनिक भास्कर' अखबार में उनका नरेंद्र मोदी की प्रशंसा में अत्यंत सतही लेख देखा था। जाहिर है, लेख अंग्रेजी से अनुवाद करके छापा गया था। पूछने पर बताया गया कि वे बहुत चर्चित लेखक हैं। उन्होंने हजारे की राजनीतिक बयान को लेकर हुई फजीहत के बावजूद हाल में गुजरात चैंबर्स ऑफ कॉमर्स एंड इंडस्ट्रीज के मंच से नरेंद्र मोदी की उनके सामने खुली चाटुकारी करते हुए उनसे राष्ट्रीय स्तर पर भूमिका निभाने की फरियाद की। उनके मुताबिक, राष्ट्रीय स्तर पर अच्छे नेताओं का अभाव है। आईएसी में शामिल संवैधानिक मूल्यों में निष्ठा वाले नागरिक समाज एक्टिविस्टों को यह सुनिश्चित करना होगा कि उनका जन लोकपाल कानून लाने का अभियान सांप्रदायिक फासीवाद समेत किसी भी तरह की तानाशाही का आसान वाहक न बन जाए। भीड़तंत्र, चाहे कुछ देर के लिए सही, तानाशाही की ही एक अभिव्यक्ति होता है और लंबे समय तक बना रह सकता है।

लोकपाल में हजारे सहित ज्यादातर सदस्य और समर्थक भ्रष्टाचारियों का नाश करने वाला एक 'तानाशाह' देख रहे हैं। भारत के मध्यवर्ग के मानस में कभी किसी तानाशाह के आने और सबको ठीक कर देने की बलवती इच्छा बैठी रहती है। यह सही है कि राजनीतिक विपक्ष और चेतना के अभाव में नागरिक समाज के अभियान प्रमुखता और ताकत प्राप्त करेंगे। उनका लक्ष्य भी यही बनता जा रहा है। वे वैकल्पिक राजनीति के प्रयासों के साथ जुड़ने को तैयार नहीं हैं। बल्कि विकल्पवादियों को अपने पीछे लगा कर चलना चाहते हैं। ऐसे में नवउदारवाद की तानाशाही ही चलते रहनी है, जिसका सांप्रदायिक फासीवाद से मूल विरोध नहीं है।

टीम के अन्य सक्रिय सदस्य स्वामी अग्निवेश के बारे में हम पहले एक स्तंभ में जिक्र कर चुके हैं। दूत का काम करने वाले स्वामी अग्निवेश सरकारी

देशभक्त हैं। वे आड़े समय सरकारों के काम आते हैं। जब गाँधी की समाधि पर कुत्ता घुमाने के विरोध में कई वरिष्ठ सर्वोदयियों ने अमेरिकी राष्ट्रपति जॉर्ज बुश के साथ होने से मना कर दिया था, तो स्वामी जी ही सरकार के काम आए थे। अरविंद केजरीवाल जैसे लोगों की नागरिक समाज में भरमार है। एक मंच से किरण बेदी ने अरविंद केजरीवाल को छोटा गाँधी कहा। शायद उनके दिमाग में रहा हो कि 'बड़े गाँधी' ने अंग्रेजों से स्वराज मांगा था, केजरीवाल अपने नेताओं से माँग रहे हैं, तो गाँधी से कुछ छोटे ही कहलाएंगे। हालांकि 'अंग्रेज अच्छे थे' कहने की एवज में उन्हें गाँधी से बड़ा भी माना जा सकता है!

आपको याद होगा पिछले आम चुनाव में केजरीवाल की एनजीओ ने 'स्वराज अभियान' के तहत पूरी दिल्ली को विशाल होर्डिंगों से पाट दिया था। सोनिया गाँधी, मनमोहन सिंह, अडवाणी जैसे बड़े नेताओं से होर्डिंगों पर लिख कर पूछा गया था कि क्या वे वोट के बदले स्वराज देंगे? चुनावों के बाद कांग्रेसनीत यूपीए की एक बार फिर सरकार बन गयी और, जाहिर है, नवउदारवाद की रफ्तार बढ़ गयी। भाजपानीत राजग की सरकार बनती तब भी 'स्वराज' नहीं आना था। सुना है, अभियान के नाम पर एनजीओ की झोली में काफी धन बरसा था। एक तरफ सरकारों की ड्रामेबाजी, दूसरी तरफ एनजीओबाजों की - आप क्या करेंगे? गाँधी की वृद्धावस्था में गोली मार कर हत्या कर दी गयी थी। क्या लगातार उनका अपमान करना भी जरूरी है? 'धर्म से लेकर राजनीति तक को गरीबों से शुरू करना चाहिए'- उनके इस 'अपराध' की सजा और कितनी दी जानी है? अलग-अलग और एकजुट अपनी श्रेष्ठता के गुमान में डूबा नागरिक समाज यह तय करे और बताए। ऐसे पाखंडियों से वे लोग अच्छे हैं जो गाँधी को सीधे गोली मारने या गाली देने में विश्वास करते हैं।

आईएसी में दो बाजारवाद के बाबा रामदेव और रविशंकर भी शामिल हैं। दोनों की हविस का कोई अन्त नहीं है। बाबा रामदेव अपने उगाहे धन को ट्रस्ट का धन बताते हैं। वे सीधे बाजारवाद की पैदाइश हैं तो उनका ट्रस्ट 'आदर्शवादी' दौर के हजारे के ट्रस्ट से उतना बड़ा होना ही है कि वे स्विटजरलैंड/आयरलैंड में जमीन और अमेरिका में कम्पनी खरीदें। कुछ महीने पहले हमने बाबा रामदेव से 'जनसत्ता' में पत्र लिख कर दो सवाल पूछे थे। उनके इस बयान पर कि धर्मगुरुओं को भी अपने धन का हिसाब देना चाहिए, हमने पूछा था, 'धर्मगुरुओं, जिन्हें धर्म का धन मिला है, के पास इतना धन क्यों होना चाहिए कि हिसाब देने की नौबत आए?' उनके स्विस बैंकों में जमा देश का काला धन वापस लाने के अभियान पर हमने पूछा था, 'वे उद्योगपतियों, नौकरशाहों, नेताओं, दलालों, बिल्डरों आदि से जो धन लेते हैं, क्या वह सदाचार की कमाई होता है?' उनका या उनके शिष्यों का जवाब अभी तक नहीं आया है।

दोहरे श्री रविशंकर महाराज भी रामदेव की तरह मूलतः धर्म के धंधे में हैं, जो भारत में कभी मंदा नहीं पड़ता। उनकी माया का भी कोई पार नहीं है। इन ट्रस्टबाजों ने एनजीओबाजों को भी पीछे छोड़ दिया है। पहले के बाबाओं को धर्म का धंधा करने के लिए यूरोप और अमेरिका जाना पड़ता था। वे अब भी जाते हैं, लेकिन भारत में भी उन्हें एक विशाल मध्यवर्ग मिल गया है। इस मध्यवर्ग के पास धन और धन की निरंतर भूख है, लेकिन उसे खाने की भूख ठीक से नहीं लगती और नींद भी ठीक से नहीं आती। कल्पना कीजिए रामदेव और रविशंकर के बाद आने वाले बाबाओं का क्या वैभव होगा? जो सीधे 'गॉडमैन' हैं, उनके धन-वैभव का जलवा साईं बाबा के ट्रस्ट में देखने को मिलता है। धर्म के धंधे को भी कई बार आंच आ जाती है, इसलिए रामदेव उसे राजनीति के धंधे से जोड़ने में लगे हैं। अगर वे कामयाब होते हैं तो योगी आदित्यनाथ जैसों से भी ज्यादा सांप्रदायिक सिद्ध हो सकते हैं।

हजारे की हकीकत

आइए, अभियान के नायक अन्ना हजारे पर थोड़ी चर्चा करते हैं। उन्होंने अपनी छवि गांधीवादी की बनाई हुई है। मीडिया में उन्हें सीधे गांधीवादी, गांधीवादी सामाजिक कार्यकर्ता अथवा गांधीवादी विचारक लिखा जाता है। लेकिन उनके विचारों, अगर कोई हैं, और तरीके का गाँधी के विचारों और तरीके से मेल नहीं बैठता। गाँधी ने कभी स्टेज पर तस्वीरें और माइक लगा कर अनशन नहीं किया। न ही कभी किसी को फांसी पर लटका देने और उनका मांस गिद्धों और कुत्तों को खिलाने का आह्वान किया। वैसे भी मुहावरा चील-कौओं को खिलाने का चलता है। गिद्धों और कुत्तों को खिलाने में प्रतिहिंसा का ज्वार स्वतः सिद्ध हो जाता है। सबसे बड़ी बात यह थी कि गाँधी अन्यायकारी व्यवस्था से लड़ने के साथ उसमें अपनी हिस्सेदारी खत्म करने का आह्वान भी करते थे। उसके लिए आत्मशोध और आत्मपरिष्करण की जरूरत होती है। हमने देखा कि जिस मध्यवर्ग ने यह हल्ला मचाया कि उसका भ्रष्ट व्यवस्था और उसे चलाने वाले भ्रष्ट नेताओं से मोहभंग हो गया है, कहीं भी यह संकेत नहीं आने दिया है कि ऐसी व्यवस्था में सहभागिता से भी उसका मोहभंग हुआ है?

दरअसल, पूंजीवादी-उपभोक्तावादी व्यवस्था, जिसके गाँधी हठ की हद तक विरोधी थे, उन्हें अपने में शामिल करने के कई उपाय करती है। इसमें जाने-अनजाने गांधीवादी भी सहयोग करते हैं। हमारे युग की इस परिघटना पर गौर करने की जरूरत है कि गाँधी को नवउदारवादियों, जो संप्रदायवादी भी हैं, और संप्रदायवादियों, जो नवउदारवादी भी हैं, की मिली-जुली विचारधारात्मक संरचना में उंड़ेलने (ट्रांसफ्यूज करने) की लगातार कोशिश की जा रही है। ज्यादातर

मार्क्सवादियों, समाजवादियों, अंबेडकरवादियों, स्त्रीवादियों, यहाँ तक गांधीवादियों से दुत्कारे गये गाँधी के साथ नवउदारवादियों और संप्रदायवादियों का यह बर्ताव आसान हो जाता है। इस अभियान में भी गाँधी के साथ वैसा ही सुलूक हो रहा है। लेकिन कोई गाँधी-समर्थक यह देखने और कहने को तैयार नहीं है।

कहने को हजारे अपने को 'गाँधी के चरणों की धूल' भी नहीं मानते, लेकिन साथ ही उनका आग्रह है कि गाँधी के साथ शिवाजी भी चाहिए। अपने समय में शिवाजी अच्छे थे और आज भी उनसे सामाजिक और सांप्रदायिक सौहार्द की प्रेरणा ली जा सकती है। लेकिन प्राचीन अथवा मध्यकाल के किसी भी पात्र अथवा प्रसंग से आधुनिक काल में लोकतंत्र, धर्मनिरपेक्षता और समता के मूल्य ही प्रेरणा की कसौटी हो सकते हैं। ये मूल्य हमारे संविधान में निहित हैं। हमें उनसे भी बेहतर मूल्यों की चिन्ता और तलाश रहनी चाहिए, लेकिन संवैधानिक मूल्यों में आस्था की जमीन से ही वह संभव है। यह कहना गलत नहीं होगा कि हजारे के पास शिवाजी शिवसेना के संस्थापक बाल ठाकरे की मार्फत आए हैं। खबरों के अनुसार उन्होंने संदीप पांडे से बाल ठाकरे के एक संस्करण राज ठाकरे की उत्तर भारतीयों को प्रताड़ित करने के लिए प्रशंसा की है। कहना न होगा, ठाकरों, मोदियों और उनकी पार्टियों का भारत के संविधान के साथ कपट का रिश्ता है। और गाँधी के साथ तो उनका कोई रिश्ता बैठ ही नहीं सकता। हजारे की उपमाएं और प्रतीक चौंकाने वाले हैं : 'भ्रष्टाचारियों को फांसी दे देनी चहिए', 'उनका मांस गिद्धों और कुत्तों को खिला देना चाहिए', 'अभियान का विरोध करने वाले भ्रष्ट ताकतों के समर्थक हैं', 'फलों से लदे पेड़ों पर ही लोग पत्थर फेंकते हैं'...! इनका गाँधी की बोली-भाषा से दूर का भी रिश्ता नहीं है।

यहाँ ध्यान दिया जा सकता है कि हजारे भ्रष्टाचार के खिलाफ अभियान में गाँधी के साथ शिवाजी की जगह अंबेडकर अथवा लोहिया या दोनों का संदर्भ भी ला सकते थे। दोनों ने न केवल गाँधी के विचार और तरीके की गम्भीर समीक्षा की है, आजाद भारत में भ्रष्टाचार पैदा करने वाली व्यवस्था के खिलाफ अथक संघर्ष भी किया। लेकिन हजारे और उनके सहयोगी जानते हैं कि भ्रष्टाचार के खिलाफ जंग फिर वास्तविक यानी राजनीतिक हो जाएगी - विभ्रम का जो तिलिस्म रचा गया है वह टूट जाएगा। इसीलिए राजनीति से यह नागरिक समाज रिश्ता नहीं रखना चाहता। ऐसा करने में वह गाँधी का रिश्ता राजनीति से काट कर, उन्हें अपनी तरह का 'सामाजिक कार्यकर्ता' बना देता है।

गाँधी के विचार और रास्ते को गलत मान कर अस्वीकृत किया जा सकता है। आजादी के बाद से ऐसा है भी। खुद पहले प्रधानमन्त्री ने ही उन्हें और उनके सपनों के भारत को नकार दिया था। लेकिन जो विचार और रास्ता गाँधी का नहीं है, उसे उनका बताना जाने-अनजाने कपट फैलाना है। हमने पिछले आम चुनाव

में पूर्वी दिल्ली क्षेत्र से चुनाव लड़ा था। केजरीवाल की तरह होर्डिंग तो हम एक भी नहीं लगा पाए, लेकिन एक परचा बांटा था, जिस पर परिचय में 'गांधीवादी समाजवादी' लिख दिया था। उसका हमें आज तक अफसोस और पश्चाताप है। हम जो हैं वही रह कर अपना काम करें, काम में जान होगी तो करने वाले को लोग जान ही जाएंगे। न भी जानें, काम तो बचेगा ही। लोगों को भ्रमित करने की क्या जरूरत है? नेता बखूबी वह काम कर रहे हैं।

मोदी और नीतीश की प्रशंसा में हजारे ने कहा कि उनके ग्रामीण विकास के कार्यों के लिए वे उन्हें 50 प्रतिशत अंक देते हैं। बाकी के 50 प्रतिशत अंक तब देंगे जब वे जन लोकपाल विधेयक को समर्थन देंगे। सवाल है कि यदि उन्होंने पूरे 100 अंक पहले ही बांट दिए हैं तो बाद में इस सफाई का क्या औचित्य रह जाता है कि वे सांप्रदायिकता का विरोध करते हैं। जाहिर है, हजारे सांप्रदायिकता का निर्गुण विरोध कर रहे हैं, जिसमें गुजरात में नरेंद्र मोदी के नेतृत्व में हुए मुसलमानों के नरसंहार का कृत्य शामिल नहीं है। उनकी यह सफाई तो ठीक हो सकती है कि सभी धर्मों के नुमाइन्दे अभियान के संस्थापक, समर्थक और भागीदार हैं। धरने में आर्क बिशप और मुफ्ती साहब की मौजूदगी का हवाला भी ठीक है। लेकिन सवाल तो खुद हजारे का है। ठीक है आप अनापेक्षित समर्थन पाकर जोश में आ गये थे। उस जोश में आपको सबसे पहले प्रशंसा के पात्र नरेंद्र मोदी ही नजर आए? मान लेते हैं आप सांप्रदायिक मोदी को पसंद नहीं करते हैं। नवउदारवादी मोदी को तो पसंद करते हैं? जब नवउदारवाद के जनक मनमोहन सिंह को करते हैं तो उनके बच्चे मोदी को भी करेंगे ही। हमारे जैसे लोग तब भी आपका विरोध करेंगे। लोगों को यह बताने का प्रयास करेंगे कि नवउदारवाद के समर्थन के साथ भ्रष्टाचार का विरोध एक विभ्रम है, जो आईएसी, हजारे, मीडिया और मध्यवर्ग मिल कर फैला रहे हैं। इसकी कीमत केवल और केवल गरीबों को चुकानी है; उन आदर्शवादी युवाओं और नागरिकों को चुकानी है जो वाकई सच्ची प्रेरणा से समर्थन में निकल कर आए।

दरअसल, समस्या वही है। हजारे नागरिक समाज एक्टिविस्ट हैं, जहाँ नवउदारवादी विकास और मोदी को पसंद करने वालों की कमी नहीं है। मोदी और नीतीश का या अन्य भी किसी सरकार का ग्रामीण विकास का मॉडल गाँधी के ग्राम स्वराज की अवधारणा के विपरीत है। दरअसल, ग्रामीण विकास की कोई समुचित सोच सरकारों के पास है ही नहीं। विकास के नवउदारवादी मॉडल के तहत गांवों को शहर बनाने की जिद में स्लम बनाया जा रहा है। यह जो नरेगा मार्का ग्रामीण विकास और पंचायतीराज मार्का ग्रामीण सशक्तिकरण चल रहा है, इसका गाँधी के आधुनिक औद्योगिक सभ्यता के वैकल्पिक दर्शन से रिश्ता नहीं है।

रिश्ता सामाजिक न्याय से भी नहीं है। कुछ समाजवादी साथियों ने नीतीश कुमार की बिहार विधानसभा चुनाव में दोबारा जीत पर कहा कि उन्होंने सामाजिक न्याय का अगला चरण पूरा किया है। यानी उन्होंने आरक्षण को अति दलितों और अति पिछड़ों तक पहुंचाया है। साभाजिक न्याय की संकल्पना मुख्यतः लोहिया और अंबेडकर की है। दोनों ने कहीं यह नहीं कहा है कि उच्च पूँजीवाद की पींगों के साथ सामाजिक न्याय का मकसद पूरा हो सकता है। दोनों ही उसे समाजवादी व्यवस्था और समाज की दिशा में ले जाने वाली एक जरूरी और सकारात्मक पहल मानते हैं, जहाँ मंजिल हासिल करने पर आरक्षण की जरूरत नहीं रहेगी। विभ्रम में जीने और फैलाने वालों को व्यवस्था पकड़ लेती है और आगे बढ़ाती है ताकि यथार्थ सामने न आने पाए।

दरअसल, हजारे का अपनी भूमिका से ज्यादा बढ़-चढ़ कर बात करने से गांधीवादी होने का लिफाफा फटना ही था; सादगी के लिफाफे की तरह, जिसके भीतर एक दिन में करोड़ों का वारा-न्यारा करने वाले प्रोफेशनल, एनजीओबाज और बाबा बैठे हों। इतिहास की विद्वान मृदुला मुखर्जी ने 'इंडियन एक्सप्रैस' (23 अप्रैल) के अपने लेख में हजारे को स्वतंत्रता आन्दोलन के हवाले से गांधीवादी कसौटी पर अच्छी तरह 'कस' दिया है। लेकिन उनकी कमजोरी यही है कि वे मनमोहन सिंह और सोनिया गाँधी को उस कसौटी पर कभी नहीं कसेंगी। जबकि वे हजारे से ज्यादा गांधीवादी होने का ढोंग करते हैं। तब वे अपने को बुद्धिजीवी बना लेंगी। अगर कहीं वाकई गाँधी विचार की प्रेरणा से कुछ राजनीतिक काम हो रहा हो, तो उसकी तरफ उनका ध्यान नहीं जाएगा। तब वे प्रगतिशील बन जाएंगी, जो, उनकी नजर में गाँधी कभी नहीं हो सकते।

हजारे ने सोनिया गाँधी को पत्र लिखा है कि भ्रष्ट ताकतें जन लोकपाल विधेयक के काम को पटरी से उतारना चाहती हैं, वे सुनिश्चित करें कि ऐसा न हो। वे अपने, मनमोहन सिंह और सोनिया गाँधी के आगे कुछ भी नहीं देख पा रहे हैं। यह खुली सच्चाई भी नहीं कि जिन दिग्विजय सिंह और कपिल सिबल को भ्रष्ट ताकतें बता रहे हैं, उनकी मेंटर और कोई नहीं सोनिया गाँधी ही हैं। क्या सोनिया गाँधी और मनमोहन सिंह सदाचारी हैं? कॉमनवैल्थ खेलों के भ्रष्टाचार का भांडा जब अपने वजन से खेलों के पूर्व ही फूट गया तो मनमोहन सिंह ने शुंगलु कमेटी का गठन किया था। यह कहते हुए कि खेल हो जाने दो, फिर देखेंगे। शुंगलु कमेटी की रपट आयी है तो उसमें फंसी दिल्ली की मुख्यमंत्री उसकी सिफारिशों की जाँच कराने पर तुल गयी हैं। मनमोहन सिंह और सोनिया गाँधी ने इस मामले में अभी तक जबान नहीं खोली है। जबकि 21 अप्रैल को 'सिविल सोसायटी डे' पर बड़े अफसरान के सामने मनमोहन सिंह ने भाषण किया कि देश के लोग अब भ्रष्टाचार बरदाश्त नहीं करने वाले हैं। यानी अफसरों का भ्रष्टाचार!

हजारे को सोनिया का जवाब मिल गया है कि वे ईमानदारी की पक्षधर हैं, और दुष्प्रचार की राजनीति के खिलाफ। यह पत्र पाकर हजारे की खुशी का ठिकाना नहीं है। उधर युवराज अपने को ईमानदारी का ऐसा समर्पित सिपाही बता रहे हैं जो, अन्ना हजारों की तरह ऊपरी नहीं, सड़ चुकी व्यवस्था का अंदरूनी इलाज करने में जुटा है। मजेदारी देखिए, वे अन्ना हजारों की तरह हीरो बनना नहीं चाहते। ड्रामे के इस अंश का ध्वन्यार्थ हुआ, 'इस देश में हम ही ईमानदार और हम ही हीरो हैं। अन्ना हजारे टाइप लोग हमसे बढ़ कर ईमानदार और हीरो बनने की कोशिश न करें। वह मंहगी पड़ेगी।' इसमें अपनी तरफ से जोड़ा जा सकता है, 'हम ऐसी कोशिश करने वाले असलियों को नहीं बख्शते, नकलियों की क्या बिसात है!'

हजारे को शिकायत है कि उनकी भ्रष्टाचार के खिलाफ मुहिम को भ्रष्टाचार नहीं मिटाने देना चाहने वाली ताकतों द्वारा अन्य मुद्दों के साथ उलझाया जा रहा है। यह फिर उनकी लोकतंत्र-विरोधी मनोवृत्ति को दर्शाता है। लोकतंत्र में सबको अपनी बात कहने का अधिकार है। लेकिन उनकी ही बात बड़ी करें। लड़ाई भ्रष्टाचार के खिलाफ है तो फिर मंच पर भारत माता से लेकर उसके सपूतों की तस्वीरें लगाने की क्या जरूरत थी? गाँधी ने तो कभी तस्वीरें नहीं लगाईं। आप उनके सपनों का भारत बनाने के लिए तो अनशन पर नहीं बैठे थे। न ही आपके किए उस दिशा में कुछ हो सकता है। वह काम तो जब होगा राजनीति से ही होगा। तस्वीरें लगानी ही थीं तो उन लोगों की लगाई गयी होतीं जिन्होंने उपनिवेशवादी दौर में कायम की गयी इस भ्रष्ट व्यवस्था का आजादी के बाद निरंतर विरोध किया। या जिन्होंने नवउदारवाद, जो भ्रष्टाचार की दानवी कोख सिद्ध हुआ है, का शुरू से सुचिंतित और सतत विरोध किया। क्या हजारे और उनकी टीम को एक भी नेता, विचारक या नागरिक ऐसा नहीं मिला? क्या उनकी भारतमाता ऐसी अनुर्वर है?

भारतमाता की तस्वीर के वहाँ क्या मायने हैं? क्या वह धरतीमाता है, जिसका आंचल धूल भरा और मैला है? जो क्षत-विक्षत अपने करोड़ों बदहाल बच्चों की पालना में जार-बेजार है? अन्ना हजारे और उनके समर्थक बताएंगे करोड़ों में खेलने वाले हर क्षेत्र के प्रोफेशनल, नौकरशाह, नेता, एनजीओबाज किस भारतमाता के सपूत हैं? आरएसएस की भारतमाता का विरोध करने वालों से भी पूछा जाना चाहिए है कि उनकी अपनी भारतमाता कौन-सी है? है भी या नहीं? अभियान के दौरान हजारे के भीतर बैठा सावरकर वाया ठाकरे बार-बार बाहर आया है। वही उनसे राज ठाकरे, नरेंद्र मोदी और उनके हमजोली नीतीश कुमार की प्रशंसा कराता है। ग्रामीण विकास एक बहाना है। गांवों के विकास की चिन्ता होती तो वे उन लोगों का नाम लेते जिन्होंने किसानों-आदिवासियों को बचाने के संघर्ष में अपना जीवन खपा दिया; जिनमें से कई अब हमारे बीच नहीं हैं।

बहस की सीमा

जो बहस चल रही है उसमें कोई यह नहीं समझ रहा है कि सत्ता ने, पिछले दो दशकों में नवउदारवाद विरोधी जितनी भी सच्ची ताकत किसी न किसी रूप में जुटी थी, उसे उसी के अखाड़े में कड़ी पटखनी दे दी है। दयनीय हालत यह है कि गतिरोध के शिकार कई महत्त्वपूर्ण जनांदोलन और वैकल्पिक राजनीति के दावेदार हजारे की गाड़ी में सवार होकर गति पाने का भ्रम पाले हुए हैं। वे यह भी नहीं देख पा रहे हैं कि जिन भ्रष्ट और दुष्प्रचारी तत्वों से हजारे के अभियान को बचाने की कोशिश में लगे हैं, हजारे उन्हीं के बुलावे पर यूपी जा रहे हैं। दिग्विजय सिंह ने उन्हें महाराष्ट्र नहीं बुलाया। क्योंकि वहाँ नवउदारवादी विकास ठीक पटरी पर चल रहा है, भले ही वह पिछले दशक का सबसे भ्रष्ट राज्य रहा हो। उन्होंने हजारे को यूपी बुलाया है, ताकि नवउदारवाद की पिछड़ी गति से राज्य को मुक्ति दिलाई जा सके। यूपी में नवउदारवादी गति के पिछड़ने का कारण जानना कठिन नहीं है- जब मुलायम सिंह होते हैं तो उन्हें समाजवाद को नवउदारवादी शीशे में उतारने का और जब मायावती होती हैं तो उन्हें दलितवाद को, वाया ब्राह्मणवाद, नवउदारवाद के शीशे में उतारने का महत्त्वपूर्ण काम करना होता है। कांग्रेस के पास ऐसा कोई कार्यभार नहीं है। वह आएगी तो यूपी का तेजी से नवउदारवादी विकास होगा। यूपी जीतना सोनिया गाँधी का सबसे बड़ा सपना है। उसे अगर अमर सिंह पूरा करेंगे तो ईमानदारी के समर्थन और दुष्प्रचार की राजनीति के विरोध की घोषणाओं के बावजूद वे उन्हें 10 जनपथ बुलाएंगी। वे बिल्कुल यह ध्यान नहीं देंगी कि भूषणों पर कीचड़ उछालने वाले अमर सिंह से महत्त्वपूर्ण जनांदोलनकारी कितने खफा हैं?

संयुक्त समिति में कोई भी दलित, महिला और अल्पसंख्यक नहीं होने पर आपत्ति उठाई गयी है। इसमें दो बातें ध्यान दी जा सकती हैं। पहली, यह आपत्ति सरकार के प्रति उठाई जानी चाहिए, जिसके साथ विपक्षी पार्टियों के प्रतिनिधि भी शामिल करने की माँग हो, न कि नागरिक समाज एक्टिविस्टों के प्रति। उनका वर्ग-चरित्र हमने ऊपर बता दिया है, जिसमें दलित, महिला और अल्पसंख्यक विरोध की कमी नहीं गिलती है। दूसरी, अब जिन्हें आरक्षण अथवा विशेष अवसर के तहत व्यवस्था/सत्ता में भागीदारी मिलती है, वह मौजूदा पूंजीवादी-साम्राज्यवादी व्यवस्था/सत्ता में भागीदारी करने के लिए है, न कि एक ऐसी समाजवादी व्यवस्था कायम करने के लिए, जिसमें ये विभेद और विषमताएं न रहें। निजी क्षेत्र में आरक्षण की माँग यह स्पष्ट करती है कि दलित, पिछड़ा और अल्पसंख्यक नेतृत्व नवउदारवाद के साथ है। यह तर्क कि जो मिलता है वह तो ले लिया जाए, अभी तक के अनुभव के आधार पर, नवउदारवादी नीतियों और उन्हें चलाने वाली सरकारों को ही मजबूत करता है।

अनशन के दौरान राजद के रघुवंश प्रसाद सिंह और सपा के मोहन सिंह ने लोकतंत्र और संसद की प्रतिष्ठा का सवाल उठाया। उनकी बात लोगों को पसंद नहीं आई। क्योंकि उनसे पलट कर पूछा जा सकता है कि अमेरिका में अमेरिकियों द्वारा अमेरिका के लिए बनाये गये भारत-अमेरिका परमाणु करार को संसद में जिस तरह से पारित कराया गया, उसके बाद संसद की कौन-सी गरिमा या प्रतिष्ठा की बात वे कर रहे हैं? ये दोनों महाशय उस धत्कर्म में अपनी पार्टियों सहित भागीदार थे। उसी तरह कल उन जनान्दोलनकारियों और विकल्पवादियों की बात भी सुनने से लोग इनकार कर सकते हैं, जो इस अभियान और उससे जुड़े नुमाइंदों का हर हालत में समर्थन कर रहे हैं। एनएपीएम के तत्वावधान में कुछ संगठनों और महत्त्वपूर्ण नागरिक समाज एक्टिविस्टों के शांति भूषण और प्रशान्त भूषण के समर्थन में जारी बयान का गलत संदेश जा सकता है। जब नागरिक समाज के लोग बढ़-बढ़ कर नेताओं, नौकरशाहों, उद्योगपतियों, कम्पनियों पर भ्रष्टाचार के आरोप लगाते हैं तो उन्हें आरोप सहने का धैर्य भी रखना चाहिए। उन्हें विश्वास करना चाहिए कि देश की गरीब जनता भी कुछ देखती और समझती है।

जहाँ तक दुष्प्रचार का सवाल है, नेता भी हमेशा निहित स्वार्थों द्वारा किए गये दुष्प्रचार की शिकायत करते हैं। हम समझते हैं दोनों मशहूर, हैसियतमंद और काबिल अधिवक्ता अपना बचाव करने और पक्ष रखने में पूरी तरह सक्षम हैं। बयान जारी करने वाले साथियों ने कहा ही है कि प्रशान्त भूषण ने कई महत्त्वपूर्ण मामलों में जनहित याचिकाएं दायर की हैं और वे संकट में जनांदोलनकारी संघर्षकर्ताओं की सहायता करते हैं। लेकिन उनकी सहायता का बदला यह बयान नहीं होना चाहिए था। हम भी चाहते हैं कि शांति भूषण और प्रशान्त भूषण संयुक्त समिति में रहें। जब नेताओं को आरोपों के चलते नहीं हटना पड़ता तो नागरिक समाज एक्टिविस्ट ही क्यों हटेंगे? लेकिन अगर वे दोनों संयुक्त समिति में नहीं भी रहेंगे तो कोई विशेष अंतर नहीं पड़ने वाला है। जन लोकपाल विधेयक उन्होंने ही तैयार किया है। आगे की सहायता वे बाहर से भी कर सकते हैं। मकसद तो जन लोकपाल विधेयक है, दुष्प्रचारकों से उलझना नहीं।

शांति भूषण और प्रशान्त भूषण ने जब संयुक्त समिति के सदस्यों के तौर पर अपनी संपत्ति का ब्योरा दिया तो साथ में कहना चाहिए था कि भ्रष्टाचार की व्यवस्था में, भले ही कानून-सम्मत ढंग से, यह संपत्ति हमारे पास जमा हुई है। यह हमारी गाढ़ी कमाई नहीं है, शासक वर्ग का प्रमुख सदस्य होने के नाते हमारे हिस्से आयी है। मकान और प्लाट खरीदने के लिए जो भूषण परिवार ने किया है, वह सभी प्रोफेशनल और संपत्तिवान लोग करते हैं। हम जैसे वेतनभोगी भी मकान-प्लॉट खरीदने-बेचने में वही करते हैं। भारत के नागरिक समाज ने अपने को प्रोपर्टी डीलरों और बिल्डरों के हाथ बेच दिया है।

बयान जारी करने वाले साथियों का मानना है कि जन लोकपाल विधेयक अभियान लोकशक्ति की प्रभावशाली अभिव्यक्ति है, जिस पर चर्चा न करके लोकशक्ति के उभार से नाखुश कुछ तबके भारत के दो सर्वोत्तम जनहित अधिवक्ताओं का 'चरित्र हनन' करने में लगे हैं। निश्चित ही यह नहीं होना चाहिए। लेकिन बयान जारी करने वालों ने अभी तक खुद विधेयक के उन लोकतंत्र विरोधी प्रावधानों के बारे में अपनी राय नहीं दी है, जिनकी तरफ, औरों की जाने दें, केएम पणिक्कर ने ध्यान आकर्षित किया है। (देखें, 'जन लोकपाल: एन अल्टरनेटिव व्यू', 'दि हिंदू', 19 अप्रैल) अपने मौजूदा रूप में जन लोकपाल विधेयक आभिजात्यवादी-वर्चस्ववादी सोच का प्रतिफल है। हम अभियान की समीक्षा कर रहे हैं, लोकपाल अथवा जन लोकपाल विधेयक की नहीं। लोकपाल के चुनाव के लिए जिन विभूतियों की फेहरिस्त- भारत रत्न, नोबल, मैगसेसे पुरस्कार पाने वाले, उच्चतम और उच्च न्यायालयों के दो वरिष्ठतम न्यायधीश, मानवाधिकार आयोग के अध्यक्ष, भारत के नियंत्रक और महालेखा निरीक्षक, प्रमुख चुनाव आयुक्त, लोकपाल बोर्ड के निवर्तमान सदस्य और संसद के दोनों सदनों के अध्यक्ष- दी गयी है उनमें केवल लोकसभा अध्यक्ष ही लोकतांत्रिक प्रक्रिया से चुन कर आते हैं।

प्रशान्त भूषण का कहना है कि तथाकथित निर्वाचित प्रधानमन्त्री और गृहमंत्री कमजोर सीवीसी नियुक्त कर देते हैं। यानी निर्वाचित होना ईमानदारी और जवाबदेही की कोई गारंटी नहीं है। आज की भारत की राजनीति की हालत में यह सही प्रतीत होता है। लेकिन इससे यह कहां सिद्ध हो जाता है कि जो निर्वाचित नहीं हैं, वे ईमानदार होते हैं? खटका प्रशान्त भूषण को भी है। वे लिखते हैं, "लोकपाल सदस्यों को मिसकंडक्ट करने पर सुप्रीम कोर्ट की पाँच सदस्यीय खंडपीठ हटा सकती है।" ('जन लोकपाल बिल : एडरेसिंग कंसंर्स', 'दि हिंदू' 15 अप्रैल 2011) क्या यह ज्यादा सही नहीं होगा कि मिसकंडक्ट करने पर प्रधानमन्त्री और गृहमंत्री को ही हटाया जाए। उसके लिए सत्याग्रह भी है और चुनाव भी हैं। जाहिर है, राजनीति का मैदान भी। राजनीति बुरी है, आप उसमें नहीं जाना चाहते। बिल्कुल ठीक है। आप नागरिक समाज एक्टिविस्ट हैं। लेकिन राजनीति का स्थानापन्न होना चाहते हैं। यह संभव नहीं है। बल्कि आप मौजूदा राजनीति के इंस्ट्रूमेंट बनते हैं। राजनीतिक शून्य पाकर भारत का नागरिक समाज अपनी सीमा से बाहर दावेदारी जता रहा है ताकि सत्ता में ज्यादा हिस्सेदारी पा सके। सत्ता के विरोध की ठेकेदारी भी प्यारी हिस्सेदारी बन जाती है।

ये महान विभूतियां शासकवर्ग के विविध मुकुट हैं। यह साथियों का अपना लोकतंत्र-विवेक है कि इन मुकुटों में जड़े 'जन' और 'लोक' जैसे नगीने उन्हें रिझा रहे हैं! लेकिन एक और समस्या है। सभी साथी मानते हैं कि अगस्त में शुरू होने

वाले मानसूत्र में जन लोकपाल कानून बन भी जाए, भ्रष्टाचार के विरोध का संघर्ष लम्बा चलेगा। उस दौरान अगर बाबा रामदेव या चेतन भगत जैसों के खिलाफ 'भ्रष्ट तत्वों' ने किसी प्रकार का 'दुष्प्रचार' किया तो क्या साथी उनके समर्थन में भी बयान जारी करेंगे? यह नहीं भूलना चाहिए कि हजारे और उनके सहयोगियों के अभियान के उद्देश्य और तरीके पर सवाल उठाने वालों में ऐसे लोग भी हैं, नागरिक समाज में जिनका काम और साख इस पूरी टीम से ज्यादा नहीं तो कम भी नहीं है। अगर हजारे को सवालों से ऐतराज था तो उन्हें खुद भ्रष्टाचार से इतर विषयों पर भाषण नहीं देना चाहिए था। बिना किसी प्रोवेकेशन के उन्होंने बार-बार ऐसा किया। उनके साथियों ने भी उन्हें अभी तक नहीं रोका है।

आइए फिर बहस पर लौटें। वह सवाल जो सबसे पहले बहस में पूछा जाना चाहिए था, अभी तक उठाया ही नहीं गया है। जन्तर-मन्तर पर अनशन के वक्त कारों पर लगाए गये पोस्टरों और स्टीकरों पर लिख गया था : 'मनमोहन सिंह वोट चाहिए तो जन लोकपाल विधेयक लाओ'। 7 मार्च को हजारे के प्रधानमन्त्री से मिलने की सूचना तो हमें बाद में मिली। अनशन के पहले ही दिन कॉलोनी में खड़ी एक कार पर चिपका आईएसी का पोस्टर और स्टिकर पढ़ कर हमें पता चल गया कि यह भ्रष्टाचार मिटाने के लिए नहीं, नवउदारवाद का रास्ता प्रशस्त करने का अभियान है। मनमोहन सिंह और सोनिया गाँधी के लिए इससे सस्ता सौदा नहीं हो सकता था – जन लोकपाल कानून के बदले वोट की गारंटी!

हालांकि सत्ता की नजर बड़ी टेढ़ी होती है। वह अपना फायदा तो पहले देखती ही है, किसी भी लेन-देन में दूसरे पक्ष को बदनाम कर सारा श्रेय खुद लेने की स्वाभाविक नीयत से परिचालित होती है। संयुक्त समिति के सदस्यों और खुद हजारे को जो सामना करना पड़ रहा है, वह दरअसल सत्ता की नीयत का ही नतीजा है। लोकपाल कानून आना है तो पूरा श्रेय सरकार को क्यों न मिले?

सार्वजनिक रूप से प्रसारित पोस्टर बताता है कि आयोजकों ने सत्ता के समर्थन की अपनी नीयत छिपाई नहीं थी। भले ही अभियान के समर्थक जान नहीं पाए हों। आयोजकों को छिपाने की और समर्थकों को जानने की शायद जरूरत भी नहीं थी – माने हुए को क्या जानना? जितने भी लोग जन्तर-मन्तर पर थे, और देश के दूरे हिस्सों में अभियान का समर्थन कर रहे थे, उनका बहुलांश नवउदारवादी रास्ते को आर्थिक महाशक्ति बनने का रास्ता मानता है। उनके सामने बार-बार यह सच्चाई आती है कि वह भ्रष्टाचार का रास्ता है। लेकिन वे उसे छोड़ने को तैयार नहीं हैं। फिर भी वे चाहते हैं, भ्रष्टाचार न हो। यह नागरिक समाज भ्रष्टाचार विरोध का अभियान चला कर अपनी आत्मा के दाग धोता है। वह आप अपनी पीठ ठोंकता है कि एक सीमा के बाद वह भ्रष्टाचार के खिलाफ उठ खड़ा होता है। वह मनमोहन सिंह को ईमानदार बता कर अपने ईमानदार होने

की तसदीक करता है। जैसे देश को भ्रष्टाचार का घूरा बना देने वाले मनमोहन सिंह ईमानदार माने जाते हैं, उसी तरह उसमें खुशी-खुशी रहने वाला नागरिक समाज अपने को ईमानदार मानता है। विभ्रम की यह स्थिति यथार्थ को अलक्षित किए रखने के बखूबी काम आती है।

ऐसे नागरिक समाज के भ्रष्टाचार के खिलाफ उठ खड़ा होने का अर्थ, जाहिर है, अपने ही खिलाफ उठ खड़ा होना होगा। आजादी के संघर्ष में अनेकों भारतवासियों द्वारा अपनी शिक्षा, संपत्ति, घर, यहाँ तक कि प्राण त्याग देना परीकथाएं नहीं हैं। कोई समाज जब कड़े निर्णय लेता है तो कोई बड़ा परिवर्तन घटित होता है। नवउदारवाद का पथ प्रशस्त करने के लिए मनमोहन सिंह के 'कड़े निर्णयों' का साझीदार मध्यवर्ग क्या सबकी खुशहाली का पथ प्रशस्त करने के लिए कड़े निर्णय ले सकता है? उस दिशा में सोचने को तैयार हो सकता है?

राजनीतिक मानस का निर्माण

नागरिक समाज एक्टिविज्म के बरक्स राजनीतिक समूह, संगठन अथवा पार्टी का एक स्पष्ट विचारधारात्मक आधार, संगठन और काम करने का तरीका होता है। उसीके आधार पर उनसे अपेक्षाएं की जाती हैं और पूरा न होने पर उनकी आलोचना और विरोध किया जाता है। सीमाएं और अंतर्विरोध राजनीतिक पार्टियों के भी होते हैं, जिन्हें वे निरंतर सुलझाने और समायोजित करने का प्रयास करती हैं। राजनीतिक विपक्ष का निरंतर दबाव सत्तारूढ़ पार्टी को संविधान-विरोधी और जन-विरोधी होने से रोकता है। विपक्ष की राजनीति एक बेहतर विचारधारा और उस पर आधारित व्यवस्था का दावा पेश करती रहती है। लेकिन जब किसी देश की सभी पार्टियां एक जैसी राजनीति करने लगती हैं तो विपक्षी पार्टियों की औपचारिक मौजूदगी के बावजूद राजनीतिक प्रतिपक्ष नहीं बचता। तब वैकल्कि राजनीति खड़ा करने की जरूरत होती है। वह जरूरत नहीं पूरी हो पा रही है, तभी नागरिक समाज एक्टिविज्म की जगह बढ़ रही है। लेकिन, जैसा कि हमने ऊपर के विवेचन में देखा, उससे काम सरने वाला नहीं है। इस टीम के बदले कोई और टीम होती तो अभियान कुछ अलग ढंग का होता। उसकी सीमाएं और अंतर्विरोध भी इसी तरह सामने आते। कुल मिला कर इस रास्ते पर संकट का समाधान नहीं मिलना है।

व्यापक आन्दोलन राजनीतिक ही हो सकता है और नागरिक समाज के प्रयास कभी राजनीति की जगह नहीं ले सकते। नागरिक समाज राजनीति को ठीक नहीं कर सकता, ठीक राजनीति जरूर कर सकता है। नागरिक समाज एक्टिविस्टों के इरादे कितने भी नेक हों, राजनीतिक नहीं होने के कारण, वे राजनीति को प्रभावित नहीं कर पाते। उलटा राजनीति उन्हें अपने पक्ष में प्रभावित कर लेती

है। उनका राजनीति को पाठ/सबक सिखाने का हासिल अंततः प्रचलित राजनीति के समर्थन में निकलता है। कई बार इसके लिए नागरिक समाज एक्टिविस्टों में आपसी होड़ भी होती है।

किशन पटनायक ने इस परिघटना की पहचान कर अराजनीतिक जनांदोलनों की जगह वैकल्पिक राजनीतिक आन्दोलन का सूत्र सुझाया था। इस उद्देश्य से 1995 में कई वरिष्ठ और युवा समाजवादी नेताओं द्वारा समाजवादी जन परिषद (सजप) की स्थापना की गयी। लेकिन अराजनीतिक जनांदोलनों का दबाव ऐसा है कि सजप का राजनैतिक चरित्र खड़ा होना उत्तरोत्तर मुश्किल होता चला गया। अब उसकी स्थापना में शामिल रहे कई नेता नवउदारवाद के शिकंजे को मुकम्मल राजनैतिक चुनौती देने के लक्ष्य से 1934/1948 की सोशलिस्ट पार्टी की पुनर्स्थापना करने जा रहे हैं।

राजनीतिक मानस बनाने का काम मुख्यधारा राजनीति के हवाले है, जिसे वह अपनी ताकत मजबूत करने के लिए अंजाम देती है। उनमें जो भी विचारधारात्मक भिन्नताएं हों, एक बात में एका होता है कि वे हाशिए के समाज को बाहर धकेल कर रखती हैं। हालांकि लोकतंत्र की मजबूरियों के चलते उन्हें दावा सभी के कल्याण और उत्थान का करना होता है। उसके लिए वे हाशिए के समाज से नेतृत्व भी चुनती हैं। लोकतांत्रिक प्रक्रिया में हाशिए के समाज से स्वतंत्र नेतृत्व भी उभर कर आया है। लेकिन वह शासकवर्ग के दायरे में ही काम करता है। इस सबके बावजूद राजनैतिक पार्टियों की गतिविधियों से कुछ न कुछ राजनीतिक मानस-निर्माण का काम होता है। लेकिन नागरिक समाज एक्टिविज्म और उसके अभियान अथवा आन्दोलन समाज का राजनीतिक मानस ही नहीं बनने देते। वे राजनीतिक मानस-निर्माण की प्रक्रिया में रुकावट बन गये है।

समीक्षा लंबी हो गयी है। अब समाप्त करें। शुरू में उद्धृत लोहिया के कथन के बाद के तीन वाक्य हैं, "वस्तुतः स्वतंत्रता संग्राम के तात्कालिक अनुभव ने उसे एक नई दिशा दी है। लेकिन साथ-साथ निष्ठा का अभाव भी बड़ी तेजी से आया है। और लोगों के मस्तिष्क में राजनीति एवं स्वार्थ-साधन समानार्थक बनते जा रहे हैं।" गाँधी ने समाज सुधार आंदोलनों की परंपरा को राजनीति के साथ जोड़ा और भारतीय समाज और मनुष्य की सभी वास्तविकताओं और समस्याओं की एक राजनीतिक समझदारी विकसित करने की कोशिश की। उनका राजनीतिक चिन्तन यूरोप के पूंजीवादी-उदारवादी और समाजवादी-साम्यवादी राजनीतिक चिन्तन के बरक्स और आगे का है। हालांकि उनके राजनीतिक चिन्तन की निर्मिती में यूरोपीय चिन्तन की पूँजीवाद विरोधी धाराओं का खुला स्वीकार और समावेश है। 'हिन्द स्वराज' की संदर्भ-ग्रंथ सूची से यह स्पष्ट पता चलता है। उन्होंने तीसरी दुनिया की स्वतंत्र राजनीतिक पहल की एक मजबूत शुरूआत की। गाँधी के

मुताबिक राजनीति प्रकृति और समस्त जीवधारियों के साथ परस्परता के रिश्ते में मनुष्य के भौतिक कल्याण और आत्मोन्नयन का शास्त्र है; व्यक्ति, समुदाय, समाज, राष्ट्र, विचारधारा अथवा पार्टी विशेष की स्वार्थ-सिद्धि का जरिया नहीं। स्वतंत्र राजनीतिक चिन्तन का कार्यभार उठाने में भारत का बौद्धिक नागरिक समाज अशक्त साबित हुआ है। नतीजतन, स्वतंत्रता आन्दोलन के दौर में शुरू हुआ राजनीतिक मानस की निर्मिती का कार्यभार भी पूरा नहीं हो पाया है।

यूरोपीय राजनीतिक चिन्तन और व्यवहार के अनुकरण से शुरू होने वाली आजाद भारत की राजनीति की सभी धाराओं का संगम नवउदारवाद के महासागर में होना ही था। पूँजीवाद के इस नए अवतार में राजनीति की जरूरत ही नहीं बताई जाती है। तब राजनीतिक मानस की निर्मिती का अधूरा छूटा काम कैसे पूरा होगा? वह नहीं होगा तो मनमोहन सिंह का एजेंडा ही पूरा होगा। मनमोहन सिंह एक व्यक्ति नहीं प्रवृत्ति हैं। कल को यह एजेंडा आगे बढ़ाने वाले नरेंद्र मोदी हो सकते हैं। पीछे 6 साल अटल बिहारी वाजपेयी रह ही चुके हैं। पूँजीवाद ऊंचे दांव खेल रहा है। आप देखते हैं वह अमेरिका और यूरोप में लड़खड़ा रहा है। लेकिन यह भी तो देखिए उसने तीसरी दुनिया के नागरिक समाज में पुनर्जीवन प्राप्त कर लिया है। भारत का नागरिक समाज भ्रष्टाचार को लेकर उद्वेलित है, इससे अच्छी बात क्या हो सकती है? साथी यह क्यों नहीं देख पा रहे हैं कि सारा उद्वेलन, पहले से ही तय करके, मनमोहन सिंह को वोट देने के लिए है। ताकि हांगकांग जैसी भ्रष्टाचार रहित व्यवस्था भारत में भी हो जाए! जब नेताओं और नागरिक समाज दोनों में सहमति बन चुकी है कि राजनीति स्वार्थ-सिद्धि का दूसरा नाम है तो भ्रष्टाचार कैसे मिट सकता है? यह वैकल्पिक राजनीति के कर्ताओं को भी सोचना है और अराजनीतिक नागरिक समाज एक्टिविस्टों को भी।

24 अप्रैल 2011

नवउदारवाद की प्रयोगशाला में भ्रष्टाचार

सांची कहें तो मारन धावैं

एक दशक पहले यह खतरा पहचान में आने लगा था कि अगर नवउदारवादी नीतियों के मुकाबले में खड़े होने वाले जनांदोलनों का राजनीतिकरण और समन्वयीकरण नहीं हुआ तो नवउदारवाद के दलाल – चाहे वे नेता हों, नौकरशाह हों, बुद्धिजीवी हों, एनजीओबाज हों, धर्मगुरु हों, कलाकार हों, खिलाड़ी हों – नवउदारवाद विरोध के समस्त प्रयास को भंडुल कर देंगे। वही हो रहा है। आज के परिदृष्टश्य में नवउदारवाद के वास्तविक विरोधी रहे कतिपय समूह और व्यक्ति भी राजनीति को कोसने वालों के पीछे चलते नजर आते हैं। इस पीछे चलने में अलग-अलग मुद्दों पर और क्षेत्रों में सक्रिय जनांदोलनों की एकजुटता से नवउदारवाद को पोसने वाली मुख्यधारा राजनीति के विकल्प की संकल्पना भी पीछे चली गयी है। हमने 'युवा संवाद' (अक्तूबर 2010) के 'समय संवाद' – 'आमने-सामने दो भारत : कौन किसके साथ' में कहा था कि पिछले दो दशकों के संघर्ष में बाजी नवउदारवादियों के हाथ रही है। जन लोकपाल विधेयक और विदेशों में जमा काला धन वापस लाने के मुद्दों के इर्द-गिर्द चलने वाले भ्रष्टाचार विरोधी अभियान ने नवउदारवाद के पक्ष को और मजबूत किया है। यह अभियान चलाने वाले प्रकटतः या प्रच्छन्नतः नवउदारवाद के समर्थक हैं।

जनांदोलनों के फुटकर चरित्र और अराजनीतिक भूमिका को लेकर किशन पटनायक, जिन्होंने जनांदोलनों से और उनके बूते नई समाजवादी राजनीति विकसित करने का विचार रखा था, बहुत चिन्तित रहते थे। समाजवादी जन परिषद (सजप) के गठन के दस साल बाद हरियाणा के जाखौली गाँव में हुए एक शिविर में जब साथी शिवाजी गायकवाड़ ने उनसे कहा कि सजप जनांदोलनों का राष्ट्रीय समन्वय (एनएपीएम) को राजनीतिक बनाने के प्रयास में खुद अराजनीतिक हो गयी है, तो किशन जी की पेशानी पर चिन्ता की रेखाएं और गहरी हो गयी थीं। सजप और एनएपीएम का संदर्भ यहाँ प्रतीक स्वरूप दिया गया है। सजप जनांदोलनों को राजनीतिधर्मी बनाने की प्रतीक राजनैतिक पार्टी के रूप में गठित

की गयी थी और एनएपीएम जनांदोलनधर्मी गैर-राजनीतिक संगठन का प्रतीक है। वास्तविकता यह है कि मुख्यधारा राजनीति के बरक्स बनी छोटी पार्टियां अपनी राजनीतिक जगह बनाने में बुरी तरह असफल सिद्ध हुई हैं, जबकि मुख्यधारा राजनीति उत्तरोत्तर नवउदारवाद की सफल वाहक बनती गयी है।

ममता बनर्जी ने हाल में महाश्वेता देवी की उपस्थिति में कोलीकाता को लंदन बनाने का अपना वचन पूरा करने की घोषणा की है। मायावती उत्तर प्रदेश की जमीन पर अट्टालिकाओं, मॉल, एक्सप्रेस वे और पार्कों का अंबार लगा देने में जुटी हैं। बिहार के पिछड़े और 'समाजवादी' मुख्यमंत्री मॉल, मल्टीप्लेक्स, पाँच सितारा हस्पताल आदि बनाने के लिए जमीन लुटा रहे हैं। कई राज्यों के मुख्यमंत्री और मंत्री खुद खनन माफिया बन गये हैं। क्षत्रपों को छोड़ सीधे प्रधानमन्त्री की बात करें। जिस देश की राजधानी में मुश्किल से एक-चौथाई आबादी के लिए नागरिक सुविधाओं का बंदोबस्त है, उस देश का प्रधानमन्त्री हड़बड़ी मचाए है कि जल्दी से जल्दी ज्यादा से ज्यादा आबादी को नगरों में बसा देना है। सबकी नजर में वह अभी तक के सबसे दानिशमंद और ईमानदार प्रधानमन्त्री हैं। हमारा इरादा फिर से पूरा पिटारा खोलने का नहीं है। वह सबके सामने खुला ही है। सोए हुओं को जगाया जा सकता है, मक्कर मारने वालों का आप बार-बार आवाज देकर क्या करेंगे?

चर्चा नवउदारवाद के प्रतिरोध की नई राजनीति नहीं खड़ी हो पाने के कारणों और कमियों तथा उन्हें दूर करने के उपायों और प्रयासों पर केंद्रित होनी चाहिए थी, लेकिन वह केंद्रित हो गयी है नवउदारवाद की प्रयोगशाला में तैयार होने वाले एजेंडों और अभियानों पर। हमने मई अंक के 'भ्रष्टाचार विरोध : विभ्रम और यथार्थ' शीर्षक 'समय संवाद' में लिखा था कि नवउदारवाद और भ्रष्टाचार के संबंध को लेकर कोई गम्भीर बहस अभियान के संचालकों की ओर से नहीं होगी। यह कोई चिन्ता की बात नहीं है। चिन्ता की बात यह है कि नवउदारवाद के विरोध के दावेदार अपने पक्ष के गम्भीर और टिकाऊ तर्क नहीं पेश कर पाए हैं। उनका विमर्श न केवल नवउदारवादियों के एजेंडे के इर्द-गिर्द ही घूम रहा है, वे कुछ कहते भी हैं तो क्षमायाचना के स्वर में। टीम हजारे से याचना की जाती है कि अब वे जन्तर-मन्तर छोड़ कर पूरे देश में पदयात्रा पर निकलें, जनता को जाग्रत करें। इस याचना का क्या अर्थ है? नवउदारवाद की प्रयोगशाला को गरीब जनता तक ले जाएं!

इंडिया अगेंस्ट करप्शन (आईएसी) के तत्वावधान में जन्तर-मन्तर पर आयोजित अन्ना हजारे के भ्रष्टाचार विरोधी अनशन, टीम हजारे के सरकार के प्रति और सरकार के अभियान के प्रति रुख की विस्तृत समीक्षा हमने मई अंक के उपर्युक्त 'समय संवाद' में की थी। इस आशा के साथ कि भ्रष्टाचार और

उसके विरोध में चलाया जाने वाला अभियान गंभीरतापूर्वक नवउदारवादी व्यवस्था के संदर्भ में परखा जाएगा। इस लिहाज से हमने समीक्षा में कुछ सूत्र और तर्क पेश करने की कोशिश की थी कि नवउदारवाद विरोधी साथी उन सूत्रों और तर्कों पर ध्यान देने और चल रही बहस में उन्हें आगे लाने का काम करेंगे। आशा हमें यह भी थी कि अभियान के संचालक सिविल सोसायटी एक्टिविस्ट भी भ्रष्टाचार की समस्या पर नवउदारवाद और उसकी वाहक राजनीति के संदर्भ में विचार करना शुरू करेंगे।

वह समीक्षा लिखने के बाद हमें नहीं लगा था कि जल्दी ही इस विषय पर दोबारा लिखना पड़ेगा। यह लेख हमने 'युवा संवाद' के जुलाई अंक के लिए तैयार किया था जो देरी होने की वजह से पत्रिका में नहीं जा पाया। इतना जल्दी दोबारा लिखने का कारण दिल्ली के रामलीला मैदान में भ्रष्टाचार के विरुद्ध रामदेव का सत्याग्रह और सरकार द्वारा उसका दमन नहीं था। हालांकि अन्त में उस प्रकरण पर भी टिप्पणी की गयी है।

पिछले दो दशकों से देश, पूरी दुनिया के साथ, नवउदारवाद की प्रयोगशाला में तब्दील हो गया है। आरएसएस की पिछले करीब सौ साल की कोशिशों के बावजूद जनता ने देश को सांप्रदायिकता की प्रयोगशाला नहीं बनने दिया, लेकिन पूंजीवादी साम्राज्यवाद के एजेंटों ने महज 20-25 सालों में उसे नवउदारवाद की प्रयोगशाला बना डाला है। नवउदारवादी अर्थनीति से शुरू हुआ सिलसिला राजनीति, शिक्षा, भाषा, संस्कृति, कला, खेल, पत्रकारिता, धर्म, अध्यात्म आदि को अपनी जद में ले चुका है। सब कुछ को अंडबंड तरीके से नवउदारवादी सांचे में समायोजित किया जा रहा है। सोनिया के सेकुलर सिपाही उसमें सहायक बने हुए हैं। अफसोस यह है कि उसमें एक स्थायी जगह हिंदुत्व की प्रयोगशाला के लिए भी तय कर दी गयी है। सिविल सोसायटी एक्टिविस्टों का भ्रष्टाचार विरोधी अभियान नवउदारवादी शिकंजे को कहीं ज्यादा गहराई में कस रहा है। यह लेख लिखने का यही मुख्य कारण है।

साथी कहते हैं कि देश गरमा रहा है, जो चाहे उसका उपयोग कर ले; टीम हजारे और रामदेव के साथ जुटने वाले लोग नई यानी नवउदारवाद विरोधी राजनीति के साथ भी जुट सकते हैं, जोड़ने वाला होना चाहिए। ऐसे साथियों की सदाशयता से इनकार नहीं किया जा सकता। वे वाकई कुछ सार्थक होता देखना चाहते हैं। सबसे बड़ी बात है कि वे काफी बिगड़ चुकी स्थिति में भी निराश नहीं होना चाहते। यह एक सकारात्मक प्रवृत्ति है। लेकिन क्या वे नहीं जानते कि यह नवउदारवादी व्यवस्था के पेटे की गरमाहट है जो उसने अपने बचाव के लिए पैदा की है? वरना नवउदारवाद की मार खाने वाले तो शुरू से संघर्ष कर रहे हैं और हताशा में आत्महत्या भी। कितने ही जुझारू लोग देश की अर्थव्यवस्था

से लेकर शिक्षाव्यवस्था पर कसे नवउदारवादी शिकंजे को तोड़ने का संघर्ष चला रहे हैं। कई लोग हैं जो नवउदारवादी निजाम द्वारा संविधान की मूल आत्मा को नष्ट करने के प्रति आगाह करने में लगे हैं। उन सबका संघर्ष सीधे राजनीतिक भी नहीं है। लेकिन हजारे और रामदेव के हिमायतियों को उनका संघर्ष साथ देने लायक नहीं लगता। नवउदारवाद के चरित्र और प्रभावों को समझने और बताने के उद्देश्य से भारतीय भाषाओं में प्रभूत सामग्री- परचे, फोल्डर, पुस्तिकाएं, पत्रिकाएं, वेब साइट- लगातार प्रकाशित हो रही है। लेकिन देश गरमाने वालों को उससे कोई सरोकार नहीं है। जाहिर है, देश को गरमाने का उनका एजेंडा अलग है। बल्कि जहाँ वास्तविक गरमाहट है, सिविल सोसायटी एक्टिविस्ट उस पर पानी डालने की कोशिश करते हैं।

सिविल सोसायटी उपनिवेशवादी व्यवस्था कायम होने के साथ बनना शुरू हो गयी थी। लेकिन वह इस कदर मुटाई पिछले करीब 25 सालों से जारी नवउदारवादी व्यवस्था के पेट में रहते हुए है; जिसमें भ्रष्टाचार भी खूब पला-बढ़ा है। अब वह भ्रष्टाचार रहित नवउदारवादी व्यवस्था चाहती है। भारत में यह कैसे संभव हो सकता है, जहाँ अर्थव्यवस्था केवल एक-चौथाई आबादी के लिए बनाई और चलाई जाती हो? सभी जानते हैं नवउदारवादी व्यवस्था देश की तीन-चौथाई आबादी को बाहर रख कर चलती है। नवउदारवादी आर्थिक सुधार अथवा नई आर्थिक नीतियां ज्यादा से ज्यादा 25 प्रतिशत आबादी को कवर करती हैं और लूटती समस्त संसाधनों और श्रम को हैं। बाकियों के लिए अपने असंगठित और फुटकर धंधे हैं या फिर गाँधी समेत कांग्रेसी नेताओं के नामों पर चलाई जाने वाली कतिपय 'कल्याणकारी' योजनाएं। उनमें भी बराबर भ्रष्टाचार होता रहता है।

फर्ज करो एक-चौथाई आबादी की व्यवस्था में भ्रष्टाचार रोकने का पुख्ता इंतजाम हो भी जाता है तो उससे बाकी आबादी को क्या मिलने वाला है? उससे एक-चौथाई आबादी का सुकून और संपन्नता जरूर और बढ़ जाएंगे। क्या हम सिविल सोसायटी के भ्रष्टाचार विरोधी आन्दोलन का यह अर्थ निकालें कि राजनीति, नौकरशाही और व्यापार में उच्च पदों पर आसीन हस्तियों के भ्रष्टाचार पर लगाम रहेगी तो सिविल सोसायटी, विशेषकर एक्टिविस्टों को नवउदारवादी नीतियों का फायदा और ज्यादा मिलेगा? तनख्वाहें व भत्ते और बढ़ेंगे, एनजीओ को और फंड मिलेगा, देश-विदेश घूमना ज्यादा सुविधाजनक और आरामदेह होगा, मौजमस्ती ज्यादा हो पाएगी, बेटा-बेटी जल्दी और अच्छे से सेटल होंगे और मंहगे से मंहगा इलाज होने के बाद भी जब मौत आ ही जाएगी तो संततियों के लिए बड़ी संपत्ति छोड़ कर जाएंगे?

काला धन वापस लाकर जनता का दारिद्रय हरने की वकालत करने वाले दरअसल झांसा देते हैं। काला धन जमा करने वाले स्विस अथवा अन्य बैंक इस

व्यवस्था का स्वीकृत हिस्सा हैं। यह व्यवस्था धन को काला कर सकती है, लेकिन जिन्होंने वह पैदा किया है, उन पर खर्च नहीं कर सकती। वह खद्यान्नों को बरबाद कर देगी, उनका उत्पादन घटा देगी, लेकिन भूखी और कुपोषित आबादियों को उपलब्ध नहीं होने देगी। भ्रष्टाचार के विरोध में जो देश गरमा रहा है, उसकी सच्चाई यही है।

पिछले तीन दशक से ज्यादा की छोटी-मोटी राजनीतिक सक्रियता के अनुभव पर हमारा मानना है कि भ्रष्टाचार विरोध का यह अभियान वास्तव में राजनीति के विरोध का अभियान है। अमेरिका से भारत तक नवउदारवाद स्वतंत्र राजनीति की इजाजत नहीं देता। बराक ओबामा को राष्ट्रपति बने दो साल हुए हैं। अगला चुनाव लड़ने के लिए उन्होंने रिकॉर्ड धन इक्ठ्ठा कर लिया है। अमेरिका में यह चल सकता है, लेकिन भारत में स्वतंत्र राजनीति का न रहना, भारत का ही न रहना हो जाएगा। नवउदारवाद की प्रयोगशाला में अर्थनीति के बाद शिक्षा, स्वास्थ्य, भाषा, कला, साहित्य, संस्कृति, यहाँ तक कि नागरिक-बोध और जीवन-मूल्यों को भी नवउदारवादी मोल्ड में ढाला जा रहा है। अगर राजनीति भी उसी मोल्ड में ढल में जाएगी तो नवउदारवाद का प्रयोग पूरा हो जाएगा। अलबत्ता तो नवउदारवाद के समर्थकों को कोई समस्या नजर नहीं आती, लेकिन जब मंहगाई, बेरोजगारी, बीमारी, कुपोषण, विस्थापन, किसानों व छोटे व्यावसायियों की आत्महत्याओं की खबरें और रपटें आती हैं और उन्हें लगता है कि नवउदारवाद के खिलाफ जनाक्रोश फैल सकता है, वे नवउदारवादी नीतियों को नहीं, उन्हें निर्णायक और त्वरित गति से लागू न कर पाने वाली सरकारों, राजनीति और राज्य को दोष देते हैं। ताजा बानगी के लिए 22 जुलाई के 'इंडियन एक्सप्रैस' में छपा प्रताप भानु मेहता का लेख 'दि ग्रेट चर्निंग' देखा जा सकता है। लेख के बॉक्स में लिखा है, "अगर वृद्धि (ग्रोथ) की कल्याणकारी उपलब्धियां उससे कम हैं जितनी होनी चाहिए थीं तो उसका प्राथमिक दोष आर्थिक सुधारों को नहीं दिया जा सकता। उसके लिए सबसे पहले राज्य दोषी है। विषम (अनईवन) अभिशासन (गवर्नेंस) विषम वृद्धि का प्राथमिक कारण है।"

राजनीति से नफरत का आलम

पिछले दिनों दिल्ली में खूनी दरवाजे के पास शहीदी पार्क में जेपी की मूर्ति के साए में आयोजित एक सभा में टीम हजारे के एक प्रमुख नुमाइंदे स्वामी अग्निवेश के राजनीति और लोकशक्ति पर विचार सुनने को मिले। अवसर कुछ साथियों द्वारा पटना से दिल्ली तक की गयी सम्पूर्ण क्रान्ति संकल्प यात्रा के समापन का था। अग्निवेश ने राजनीति को बुरा ही बुरा और लोकशक्ति को अच्छा ही अच्छा बताया। अपने मुंह मिया मिठ्ठू बनते हुए खुद को और भ्रष्टाचार विरोधी

अभियान के संचालक अपने साथियों को लोकशक्ति का सच्चा प्रतिनिधि और भ्रष्टाचार विरोधी अभियान को सच्चा लोकशक्ति अभियान घोषित किया। बिना किसी संदेह के, गोया लोकशक्ति रसगुल्ला हो, उठाया और गप से खा लिया। जैसे इस देश में लोकशक्ति की पहचान, परिभाषा और साधना का कोई विमर्श और इतिहास न रहा हो।

लोकशक्ति के गुणगान में गाँधी का हवाला जरूर दिया जाता है। नवउदारवाद की प्रयोगशाला में गाँधी को ऐसी गरीब गाय बना दिया गया है जिसकी रस्सी खींच कर कोई भी अपने खूंटे से बांध लेता है - मनमोहन सिंह-सोनिया गाँधी से लेकर अन्ना-रामदेव तक। हमने आपको बताया था कि भ्रष्टाचार विरोधी अभियान में धन से लेकर प्रचार तक की व्यवस्था करने वाले अरविंद केजरीवाल अभियान की एक सक्रिय हस्ती किरण बेदी की नजर में छोटे गाँधी हैं। नरेंद्र मोदी का गाँधी-प्रेम अक्सर प्रकट होता रहता है। उन्होंने जो गुजरात बनाया है उसकी प्रेरणा वे गाँधी को मानते हैं। अन्ना हजारे को अपने प्रशंसा-पात्र के रूप में सबसे पहले नरेंद्र मोदी शायद इसीलिए याद आए!

नवउदारवाद की प्रयोगशाला में गाँधी की एक अलग प्रतिमा गढ़ी जा रही है। वरना क्या कारण है कि सरेआम संविधान और पद की जिम्मेदारी और मानव मर्यादा को धता बता कर हजारों निर्दोष नागरिकों की हत्या कराने वाले नरेंद्र मोदी के प्रशंसक अन्ना हजारे को गांधीवादी कहा और लिखा जा रहा है? और गांधावादी चुप ही नहीं, समर्थन में हैं। गाँधी की रट लगाने वाले सिविल सोसायटी एक्टिविस्ट कभी लोहिया का नाम नहीं लेते। शायद वे गांधीवादियों की चौथी कोटि का नामकरण होने से डरते हैं, जो नवउदारवाद की प्रयोगशाला में गढ़ कर उनके रूप में सामने आयी है। हालांकि संभावना नगण्य है, पिछड़ा-राज आने पर ये लोग लोहिया को भी लपेट सकते हैं और दलित-राज आने पर अंबेडकर को। क्या इस जमात को थेथर गांधीवादी कहा जा सकता है?

अग्निवेश ने भी अपने भाषाण में गाँधी का हवाला दिया कि वे उन्हीं का काम आगे बढ़ा रहे हैं। इन महानुभावों की नजर में वही लोकशक्ति है जो उनके आह्वान पर जन्तर-मन्तर और रामलीला मैदान पहुंचती है; कपिल सिब्बल के चुनाव-क्षेत्र में जनमत संग्रह करवाती है और टीवी-अखबारों में जन लोकपाल विधेयक के पक्ष में ताल ठोकती है। नवउदारवाद की प्रयोगशाला में लोकशक्ति का आधार और मायने बदल गये हैं। जिन्हें नवउदारवादी सुरक्षा कवच प्राप्त है, वे ही लोकशक्ति हैं। उन्हें रेहड़ी नहीं लगानी पड़ती, कचरा नहीं बीनना पड़ता, उनके बच्चे ढाबों पर बर्तन नहीं मांजते, उनकी औरतें कई-कई घरों में झाडू-पोंछा-बर्तन नहीं करतीं, उन्हें मलमूत्र सफाई, कमरतोड़ फुटकर मजदूरी, कारीगरी, किसानी आदि नहीं करनी पड़ती। नवउदारवाद के सुरक्षा कवच के भीतर धन के स्रोतों की

कमी नहीं रहती क्योंकि देश के संसाधनों की लूट में उनका कम-बत्ती हिस्सा तय है। उनके सब काम सरते हैं क्योंकि उनकी आपस में सघन नेटवर्किंग है। वे अंग्रेजी बोलते हैं या आगे चल कर बोलेंगे। लाख कर्ज हो जाए वे आत्महत्या की बात नहीं सोचते। उनकी जवानी का आलम कि चालीस और पचास पार करने पर भी वे युवा कहलाते हैं और युवाशक्ति को निर्देशित करते हैं।

अग्निवेश ने अपने भाषण में इसी 28-29 मई को हैदराबाद में बनी सोशलिस्ट पार्टी का जिक्र किया। यह बताने के लिए कि भ्रष्ट राजनीति का मुकाबला राजनैतिक पार्टियां बना कर नहीं किया जा सकता। उनके मुताबिक कोई भी नवगठित राजनीतिक पार्टी राजनीतिक होने के नाते भ्रष्ट ही होगी। मंच पर उपस्थित जस्टिस राजेंद्र सच्चर ने उनसे कहा कि वे भ्रष्टाचार के विरुद्ध संघर्ष को वास्तविक और व्यापक बनाने के लिए सोशलिस्ट पार्टी में शामिल होने की बाबत सोचें। अग्निवेश ने ऊंचे ओटले से जवाब दिया कि राजनीतिक पार्टी बनाना या उनमें शामिल होना भटके हुए लोगों का काम है। कुछ 'भटके हुए' लोगों के नाम भी उन्होंने उछाले कि ऐसे लोग चाहें तो सोशलिस्ट पार्टी में शामिल हों।

मजेदारी यह है कि राजनीति को चरित्रतः भ्रष्ट मानने और बताने वाले ये लोग मनमोहन सिंह को परम ईमानदार और सोनिया गाँधी को त्याग की देवी बताते है, जिनसे उन्हें बड़ी आशाएं हैं। नवउदारवाद की प्रयोगशाला में जो दो भावी प्रधानमन्त्री तैयार हो रहे हैं - राहुल गाँधी और नरेंद्र मोदी - उनसे भी इन सबको कोई शिकवा-शिकायत नहीं होती है। खुद भी सब राज्यसभा जाने का सपना पाले रहते हैं और उसके लिए आपस में होड़ भी लगाते हैं। राजनीति के शीर्ष पर बैठे नेता प्रशंसा के पात्र हैं, आप खुद पिछले दरवाजे से संसद में दाखिल होना चाहते हैं - फिर राजनीति को भ्रष्ट बताने का क्या अर्थ है?

सभी जानते हैं राजनीति या जीवन का कोई भी सिद्धांत अथवा अभ्यास निगुर्ण-निराकार नहीं होता है। कोई सिद्धांत अथवा अभ्यास एकमात्र नियामक भी नहीं होता। हालांकि इतिहास के हर दौर का एक युग-धर्म भी होता है, जो आधुनिक काल में राजनीति है। सब सिद्धांतों और अभ्यासों की कसौटी मनुष्य होता है और मनुष्य की कसौटी सामाजिकता। मनुष्य की सामाजिकता की कोशिशों को ही हम मानव सभ्यता कहते हैं। आधुनिक काल में सामाजिकता के निर्धारण का काम राजनीति करती है। वह सामाजिकता को खंडित अथवा खारिज करके नहीं चल सकती। उसी तरह सामाजिकता की भूमिका और स्वरूप राजनीति को नकार कर नहीं बन सकते। तभी लोहिया ने राजनीति को अल्पकालिक धर्म और धर्म को दीर्घकालिक राजनीति कहा है।

नवउदारवाद में सब कुछ की कसौटी मुनाफा और उसे कमाने का अखाड़ा बाजार है। नवउदारवाद राजनीति को भी बाजार की कसौटी पर लेता है। सामाजिकता

का भी उसका वही पैमाना है, जिसमें भारत सहित दुनिया की अधिकांश आबादी का बहिष्करण (एक्सक्लूजन) किया जा रहा है; केवल अपनी सिविल सोसायटी स्थापित और सुरक्षित की जा रही है। इस सिविल सोसायटी के एक्टिविस्टों द्वारा राजनीति को भ्रष्ट बताने और लोगों को उससे दूर रहने के 'उपदेश' का यही निहितार्थ निकलता है। कहना न होगा कि वह तभी संभव है जब 'राजनीति का गंदा खेल' कांग्रेस-भाजपा और उनके पिछलग्गू क्षेत्रीय क्षत्रपों के लिए छोड़ दिया जाए।

एक वरिष्ठ पत्रकार साथी ने लिखा कि जो जन्तर-मन्तर नहीं जाना चाहते, वे राजनीति के मैदान में जाएं। उनका लहजा तंज कसने का है। सलाह नेक है लेकिन सपाट। पहली बात तो यह कि जन्तर-मन्तर, रामलीला मैदान, राजघाट आदि पर लोग भोपाल गैस त्रासदी, सांप्रदायिकता, विस्थापन, उत्पीड़न-दमन, आत्महत्या, बेरोजगारी के शिकारों के पक्ष में भी जाते हैं। इरोम शर्मीला के समर्थन और जीवन की चिन्ता में भी कुछ लोग जन्तर-मन्तर गये थे। वे लोग थोड़े होते हैं तो इसका एक कारण नवउदारवाद की लहरों पर परवान चढ़ा मीडिया भी है, जो लोकपाल विधेयक को सब समस्याओं के लिए जादू की छड़ी बना देता है। दूसरे, ऐसा नहीं है कि राजनीति का मैदान खाली पड़ा है, जहाँ कोई भी जाकर अपनी राजनीति का झंडा गाड़ दे। नवउदारवादियों ने वहाँ तगड़ी पकड़ और पैठ बनाई हुई है। वे जानते हैं नवसाम्राज्यवाद की दलाली के लिए जैसे भी हो राजनीति पर अपना कब्जा रखना अनिवार्य है - वंश से, परिवार से, जाति से, धर्म से, इलाके से, धन से, बल से, झूठ से, छल से, फरेब से। 'लोकशक्ति के साधकों' का राजनीति के प्रति नफरत का अभियान उसी सिक्के का दूसरा पहलू है। हालांकि ऐसी चुनौतीपूर्ण स्थिति में भी कुछ लोग राजनीतिक लड़ाई लड़ते ही हैं।

राजनीति का तिरस्कार नवउदारवादी राजनीति को ही मजबूत नहीं बनाता, सांप्रदायिक राजनीति को भी वैसा ही मजबूत करता है। जो साथी टीम हजारे और रामदेव का धर्मनिरपेक्षीकरण करने के प्रयास में लगे हैं, वे यह हकीकत जान लें। कांग्रेस के महासचिव दिग्विजय सिंह के बयानों से सिविल सोसायटी खासी नाराज है कि वे जिस तरह सब मामलों में हिंदू सांप्रदायिक ताकतों की भूमिका देख लेते हैं; भ्रष्टाचार विरोधी अभियान के पीछे भी उन्हें आरएसएस की भूमिका नजर आती है। दिग्विजय सिंह विशेषकर रामदेव से खासे खफा हैं। लोगों को लगता है, इस तरह की बयानबाजी से दिग्विजय सिंह जहाँ भ्रष्टाचार विरोधी अभियान को कमजोर करते हैं, वहीं कांग्रेस को भी संकट में डालते हैं। लेकिन साथी यह ध्यान नहीं देते कि सोनिया गाँधी को दिग्विजय सिंह से कोई परेशानी नहीं है। वे राहुल गाँधी को प्रधानमन्त्री बनाने की कांग्रेसी कवायद में उनके प्रमुख सिपहसालार हैं। सोनिया गाँधी की कांग्रेस को सांप्रदायिक ताकतों की मौजूदगी चाहिए ताकि उनका भय दिखा कर वे अपने सेकुलर सिपाहियों को

कांग्रेस के पीछे लामबंद कर सकें। राहुल गाँधी को प्रधानमन्त्री बनाने के लिए यह अनिवार्य होगा कि समय आने पर धर्मनिरपेक्ष बुद्धिजीवी उनके पक्ष में निर्णायक रूप से एकजुट हों। अभी तक का इतिहास बताता है कि वे होंगे भी।

कहने का आशय यह है कि राजनीति का विरोध जिस तरह से नवउदारवाद के हक में है, उसी तरह से सांप्रदायिकता के हक में भी है। कपिल सिब्बल और दिग्विजय सिंह एक ही सिक्के के दो पहलू हैं। सोनिया गाँधी-मनमोहन सिंह ने नवउदारवाद के मोर्चे पर कपिल सिब्बल को और संप्रदायवाद के मोर्चे पर दिग्विजय सिंह को तैनात किया हुआ है। प्रणव मुखर्जी की तैनाती दोनों मोर्चों की लादी ढोने के लिए है। इस आशा में कि अगर अगला कोई 'स्टॉप गैप एरेंजमेंट' हो तो सोनिया गाँधी उन्हें उपकृत कर दें।

कुछ साथियों को इंडिया अगेंस्ट करप्शन के भ्रष्टाचार विरोधी अभियान से लोकतंत्र संवर्द्धन होता नजर आता है। सिविल सोसायटी एक्टिविस्टों का इच्छित और प्रचारित सर्वशक्तिमान लोकपाल कोरा वैधानिक नहीं है। उसकी निर्मिती में भारतीयों की एक दिन सब को ठीक कर देने वाले तानाशाह के आने की दमित इच्छा की भी भूमिका है। जिसे साथी लोकतंत्र संवर्द्धन बता रहे हैं वह तानाशाही मनोवष्टत्ति का पोषण भी सिद्ध हो सकता है। नवउदारवादी और संप्रदायवादी राजनीति को पुष्ट करने वाले गैर-राजनीतिक प्रयासों से भ्रष्टाचार मिटने वाला नहीं है। भ्रष्टाचार नहीं मिटेगा तो लोगों की समस्याएं और गुस्सा बढ़ते जाएंगे। फिर एक दिन सीधे राजनीति से या फौज से एक तानाशाह आकर खुद को 'देशपाल' घोषित कर सकता है! आज कड़क लोकपाल बनाने के लिए सत्याग्रह से जनमत संग्रह तक करने में शामिल लोग उसके साथ हो सकते हैं। पाकिस्तान में जनरल मुशर्रफ ने भ्रष्टाचार को निर्मूल कर देने के वादे के साथ फौजी तानाशाही कायम की थी। मुशर्रफ की कई साल की तानाशाही के बावजूद पाकिस्तान में भ्रष्टाचार बढ़ता गया, लोकतंत्र कमजोर होता गया और आतंकवाद ने पूरे देश को अपनी चपेट में ले लिया।

भ्रष्टाचार विरोधी जिस तरह से राजनीति से नफरत का माहौल बना रहे हैं और नवउदारवादी नीतियों से देश की आबादी और संसाधनों को बचाने के दावेदार जनांदोलनकारी समूह और व्यक्ति भी राजनीति से परहेज बरतने की अपनी प्रवृत्ति पर पुनर्विचार करने को राजी नहीं हैं, तानाशाही का खतरा बना रहना है। उदारीकरण की तानाशाही तो पिछले दो दशकों से देश में चल ही रही है। गाँधी के देश में गाँधी का नाम लेकर कहा जा रहा है कि राजनीति तो होती ही बेईमानी और भ्रष्टाचार का खेल है, जिससे कोई उम्मीद नहीं रखी जानी चाहिए। बताया जा रहा है कि देश में दलाल भले कितने ही हो जाएं, राजनीतिक कार्यकर्ता एक भी नहीं होना चाहिए; होने चाहिए केवल सिविल

सोसायटी एक्टिविस्ट। आश्चर्य होता है तानाशाही के इस खतरनाक डिजाइन में साथी लोकतंत्र संवर्द्धन देख रहे हैं।

राजनीति विरोध के इस माहौल में संविधान और लोकतंत्र में विश्वास करने वाले सामान्य नागरिक अगर मुख्यधारा राजनीति को ही ज्यादा पसंद करें तो उन्हें दोष नहीं दिया जा सकता। बल्कि राजनीति विरोधियों के मुकाबले उनकी नागरिक चेतना ज्यादा सार्थक कही जाएगी। मुख्यधारा राजनीतिक पार्टियों में ईमानदार सदस्य अथवा समर्थक बड़ी संख्या में होते हैं। हालांकि अपनी ही पार्टियों में उनकी पेश नहीं पड़ती; फिर भी उनकी भूमिका राजनीति विरोधियों से ज्यादा महत्त्वपूर्ण है। लोकतंत्र की अंतर्निहित खूबियों, गत्यात्मकता (डायनेमिक्स) और विभिन्न दबावों के चलते नवउदारवाद को स्वीकारने और चलाने वाली मुख्यधारा राजनीति उसके दुष्प्रभावों पर कुछ ब्रेक का काम करती चलती है। इसीलिए एक आशा यह बनती है कि स्थापित दलों के भीतर भी नवउदारवाद विरोधी राजनीति की गुंजाइश बन सकती है।

कायर सत्याग्रही और दमनकारी सरकार

पक्ष चाहे सरकार का हो या सिविल सोसायटी एक्टिविस्टों का, भ्रष्टाचार विरोध को लेकर दिल्ली में पिछले कुछ महीनों से जो दृश्य जारी है, उसमें संगति कम और बेतुकापन ज्यादा दिखाई देता है। उससे भ्रष्टाचार मिटने वाला नहीं है। बात-बात पर और पहले ही दिन से आमरण अनशन पर बैठ जाने और सरकार या सिविल सोसायटी एक्टिविस्टों द्वारा प्रस्तावित लोकपाल विधेयक के कानून बन जाने से भ्रष्टाचार पर लगाम भी नहीं कसी जा सकेगी। इस हकीकत के कई उदाहरण भ्रष्टाचार विरोधी अभियान के दौरान ही देखने को मिलते हैं। उनमें एक उदाहरण राष्ट्रमंडल खेलों में हुए भ्रष्टाचार का है। राष्ट्रमंडल खेलों का आयोजन पूरी तरह से भ्रष्टाचार का खेल बन जाने पर भी देश के प्रधानमन्त्री से लेकर दिल्ली की मुख्यमंत्री तक चुप्पी मारे रहे। जब घड़ा खेल होने से पहले ही फूट गया तो प्रधानमन्त्री ने डेमेज कंट्रोल के लिए आनन-फानन में जाँच के लिए शुंगलु समिति नियुक्त की। शुंगलु समिति की रपट में दिल्ली की मुख्यमंत्री और राज्यपाल की भूमिका पर सीधे सवाल उठाए गये हैं। वैसे भी इतना बड़ा और खुला घोटाला मुख्यमंत्री और राज्यपाल की आंख बचा कर हो ही नहीं सकता था।

लेकिन दिल्ली मुख्यमंत्री ने शुंगलु समिति की रपट की ही जाँच करा डाली है। होना तो यह चाहिए था कि शुंगलु समिति का गठन करने वाले प्रधानमन्त्री को रपट आने के तुरंत बाद मुख्यमंत्री और राज्यपाल की भूमिका पर जाँच बिठानी चाहिए थी। आप गौर कर लें, भ्रष्टाचार का यह खेल और उस पर लीपापोती इंडिया अगेंस्ट करप्शन की नाक नीचे हुआ है। कई नागरिक संगठनों

और छोटी राजनीतिक पार्टियों ने राष्ट्रमंडल खेलों के भ्रष्टाचार के विरुद्ध शुरू से अन्त तक आवाज उठाई। (देखें, 'ये देश है लूटने वालों का', 'युवा संवाद' सितंबर 2010) लेकिन इंडिया अंगेस्ट करप्शन के बांकुरे विरोध के किसी भी मंच अथवा स्थल पर नहीं पहुंचे। न ही अपने मंच से कोई विरोध किया। क्या वे बता सकते हैं उनका लोकपाल इस मामले में क्या करेगा? स्पैक्ट्रम 2 घोटाले में फंसे ए राजा ने अदालत में बयान दिया है कि जो हुआ पीएम, एफएम, केबिनेट और टेलकॉम मंत्रालय के आला अधिकारियों की जानकारी और सहमति से हुआ। टीम हजारे का लोकपाल किस-किस को फांसी पर चढ़ाएगा? कांग्रेस राजा के बयान को आरोपी का बयान कह कर खारिज कर सकती है, लेकिन कौन नहीं जानता मामला अगर एफडीआई का हो तो सहमति होगी, भले ही उसमें संवैधानिक प्रावधानों का कितना भी उल्लंघन और कितना भी भ्रष्टाचार होता हो। जैसे अमेरिकी राष्ट्रपति के आने पर भारत की सुरक्षा व्यवस्था निरर्थक हो जाती है, उसी तरह एफडीआई के आने पर भारतीय संविधान और सारे कानून निरर्थक हो जाते हैं। एफडीआई और भ्रष्टाचार नाभि-नाल जुड़े हैं।

सगुण विरोध की जगह केवल निर्गुण विरोध निरी हवाबाजी है, और हवाबाजी से भ्रष्टाचार नहीं मिट सकता। लाख बचाने की कोशिशों के बावजूद किसी ए राजा या किसी कलमाडी के फंस जाने पर जिन भले लोगों को भ्रष्टाचार से मुक्ति मिलती नजर आने लगती है, उन्हें गंभीरतापूर्वक विचार करना होगा कि अगर भ्रष्टाचार मिटाना है तो उसके लिए वास्तव में क्या करना होगा। वह कर्तव्य नवउदारवादी लूट पर कायम शाइनिंग इंडिया के 'आदर्श' पर तय नहीं किया जा सकता। उसके बाहर छूटे भारत के यथार्थ की जमीन से वह तय होगा। मुक्तिबोध ने पूछा था, 'कामरेड आपकी पॉलिटिक्स क्या है?' तय तो होना चाहिए आप किस जमीन पर खड़े होकर बहस कर रहे हैं।

गाँधी ने हिंसा, विग्रह और शोषण से ग्रस्त आधुनिक औद्योगिक व्यवस्था में दमन और अत्याचार का प्रतिकार करने और अंततः उसे बदलने के उद्देश्य से दक्षिण अफ्रीका में सत्याग्रह के तरीके का संधान किया था। देश की आजादी के संघर्ष में उन्होंने सत्याग्रह और सिविल नाफरमानी के तरीके का उपयोग किया; गोकि आजादी के संघर्ष में सशस्त्र और भूमिगत क्रान्तिकारी तरीके भी उपयोग में लाए गये थे और बलिदान की कसौटी पर उनकी सार्थकता कम नहीं थी। खुद गाँधी ने 1942 में 'करो या मरो' का नारा दिया था जिसमें देश के हर नागरिक से उपनिवेशवादी सत्ता के जुझारू प्रतिरोध का आह्वान था। आजाद भारत में डॉ. राममनोहर लोहिया ने गाँधी की अन्याय के प्रतिकार की सत्याग्रह और सिविल नाफरमानी की कार्यप्रणाली को दुनिया की अभी तक की सबसे बड़ी क्रान्ति बताया है।

अन्ना हजारे के भ्रष्टाचारियों के मांस को गिद्धों-कुत्तों को खिलाने के आह्वान से लेकर बाबा रामदेव के ऊलजलूल बयानों और राजघाट पर भाजपाइयों के नाच तक, सत्याग्रह के विचार और तरीके के अवमूल्यन की पराकाष्ठा देखने को मिलती है। जिस तरह से अस्सी और नब्बे के दशकों में धर्मनिरपेक्षता के पद ने चौतरफा ठोकरें खाईं और अपना अर्थ गंवा दिया, वही हालत इधर सत्याग्रह पद की बन गयी है। अगर आजादी के संघर्ष के नेताओं की अपनी और उनके बारे में उपनिवेशवादी सत्ता की लिखतें हमारे सामने नहीं होतीं, तो नई पीढ़ियों को यही लगता कि भारत में शुरू से ही बकवादियों का बोलबाला रहा है। लोग यही मानते कि गाँधी और उनका सत्याग्रह भी वैसा ही तमाशा थे जैसा जन्तर-मन्तर, रामलीला मैदान और राजघाट पर देखने को मिलता है। जिसमें कोई हिंसक ललकार दे रहा है, कोई जनाना कपड़ों में रात के अंधेरे में छिप कर भाग रहा है, कोई सत्ता की सूंघ से मतवाला होकर नाच रहा है।

हम यह नहीं कहते कि पूर्व प्रचलित पदों-अवधारणाओं और तरीकों का मौजूदा संदर्भों में नवोन्मेषकारी अर्थ व प्रयोग नहीं हो सकता; बल्कि वह होना चाहिए। लेकिन अपने स्वार्थवश या अपनी कमजोरियों पर परदा डालने के लिए उनका रूप बिगाड़ देना, उनके आविष्कर्ताओं को लांछित करने के साथ संघर्ष की परंपरा और संवैधानिक मूल्यों के प्रति द्रोह है। नवउदारवाद के हमाम में जो हालत धर्मनिरपेक्षता की हो चुकी है, वही गाँधी और सत्याग्रह की होने जा रही है। दिल्ली से खदेड़े जाने के अगले दिन जब रामदेव का टीवी पर हरिद्वार से प्रसारण आया तो मेरे 14 साल के बेटे ने कहा कि बाबा तो बुरी तरह डर गया है। दुनिया को स्वास्थ्य और शक्ति के नुस्खे बांटने वाले रामदेव चार दिन के अनशन में बेहाल हो गये। नुस्खे वे आध्यात्मिकता और राष्ट्रीय स्वाभिमान के भी बांटते हैं। लेकिन भोगियों के इस योगी में न आध्यात्मिक शक्ति का लेश निकला, न शारीरिक शक्ति का। वह दरअसल उनमें कभी थी ही नहीं। आपको याद होगा, कुछ साल पहले उनके कारखाने में बनने वाली वस्तुओं की गुणवत्ता और काम करने वाले मजदूरों के शोषण पर सवाल उठे थे। बाबा हल्की पेंदी के तवे की तरह गरम हो गया था और आवाज उठाने वालों के खिलाफ अनर्गल प्रलाप करने लगा था। नवउदारवाद की प्रयोगशाला में ऐसे ही योगी ढलते हैं।

अपने आर्थिक साम्राज्य को सम्हालने में लगे रामदेव का बयान आया है कि वे फिर आन्दोलन करेंगे। कारण – उनके एक प्रमुख कारकुन बालकृष्ण को सरकार फंसाने की कोशिश कर रही है! हजारे ने अपने अगस्त में प्रस्तावित सत्याग्रह का रामदेव जैसा हश्र न होने देने के लिए पहले से अदालत की शरण लेने की घोषणा की है। सत्याग्रही अपनी मृत्यु का खुद निर्णायक और जिम्मेदार होता है। उसे जान बचा कर भागने या कोर्ट-कचहरी की शरण लेने की जरूरत नहीं होती।

रामदेव पर थोड़ी चर्चा और की जा सकती है। उन्होंने, सरकार के साथ हुए समझौते की सूचना समर्थकों को न देकर भले ही दगाबाजी न की हो, अनशन स्थल से भाग कर जरूर समर्थकों के साथ धोखा किया। दरअसल, अकूत दौलत, जाहिर है, जो कुछ सालों में सदाचार की कमाई या सदाचार की कमाई के दान से नहीं जुट सकती, और शोहरत पाकर बाबा को अंघाई लगी है। वे सब कुछ को अपनी जेब में धरा मानते हैं। अपने समर्थकों को भी। यह सच्चाई मीडिया ने खुल कर नहीं बताई कि अनशन स्थल छोड़ कर भागे बाबा के प्रति अनेक लोगों की भावना ठगे जाने की थी। दिग्विजय सिंह द्वारा बाबा को ठग बताने पर रामजेठमलानी पूरी केबिनेट को ठगों का अड्डा बताते हैं। इस ठग-विमर्श पर क्या कहा जाए? 'ठग ही जाने ठग की भाषा!'

कांग्रेस का आरोप है कि बाबा आरएसएस का एजेंट है। लेकिन बाबा के हौसले देखिए, वह आरएसएस को अपनी जेब में धरा मानता है। बाबा स्याण ा है और आरएसएस की फितरत को जानता है कि वह किसी की भी जेब में जाने को तत्पर रहता है- जेपी से लेकर इंदिरा गाँधी, राजीव गाँधी और अमेरिका तक। पिछले दिनों उसने कायदे आजम की जेब में जाने के लिए भी दो-एक बार मुंह निकाला, लेकिन छि...छि... 'मुसलमान गंदे होते हैं!' सेकुलर नागरिक समाज बाबा को आरएसएस के चंगुल से निकालने की रणनीति बनाना चाहता है ताकि भ्रष्टाचार के खिलाफ लड़ाई को सांप्रदायिकता से बचाया जा सके। हमें भी इस बाबत दो-चार साथियों के फोन आते हैं। नागरिक समाज को अभी भी शायद स्पष्ट नहीं हुआ है कि संकीर्णता और सांप्रदायिकता में बाबा आरएसएस का बाप है।

हमने संविधान और लोकतंत्र में आस्था रखने वाले सभी स्वतंत्र-चेता नागरिकों और संगठनों की तरह रामलीला मैदान में यूपीए सरकार की आधी रात को की गयी दमनकारी कार्रवाई की कड़ी निंदा की। रामदेव तो भाग निकले और उन्हें सवारी के लिए सरकार का हवाई जहाज मिल गया। लेकिन दूरदराज से आए स्त्रियों-बच्चों समेत हजारों नागरिकों पर जो दिल्ली पुलिस का कहर बरपा उसे शर्मनाक के अलावा कुछ नहीं कहा जा सकता। अगर वे सब नरेंद्र मोदी के आह्वान पर भी आए होते, तो भी हम पुलिस दमन का वैसा ही विरोध करते। हालांकि, निर्दोषों पर हुए पुलिस दमन से नाराज नागरिकों को यह नहीं भूलना चाहिए कि देश के कई भागों में पुलिस और सुरक्षा बलों का ही राज चलता है। भले केंद्र और राज्यों में सरकार किसी की हो। पीयूसीएल, पीयूडीआर जैसे नागरिक संगठनों की रपटें और खुद सरकार के आंकड़े देखे जा सकते हैं कि बहुत-से निर्दोष नागरिक राज्य-सत्ता ने जेलों में ठूंसे हुए हैं। आशा करनी चाहिए कि राजधानी में 'आपातकाल जैसा दृश्य' देखने के बाद संवेदनशील और सचेत

नागरिक देश की उस प्रताड़ित जनता के संवैधानिक और जीवनाधिकारों के लिए भी आवाज बुलंद करेंगे।

कांग्रेस ने अन्ना हजारे और रामदेव को आरएसएस के मुखैटे कहा है। लेकिन समस्या यह है कि वह खुद उन्हें अपना मुखौटा बनाने की हर कवायद करती है, और सफल न होने पर आरएसएस के पाले में धकेलती है। मंशा साफ है कि आरएसएस की बढ़ती मजबूती देख कर पहले की तरह मुसलमान कांग्रेसी छाया में आ जाएं। दलितों की घर-वापसी का काम राहुल गाँधी दलितों के घरों में जाकर करने में लगे ही हैं। इतिहासकार रामचंद्र गुहा से लेकर साहित्यकार गिरिराज किशोर तक बता रहे हैं कि राहुल गाँधी राजनीति का नया पाठ गढ़ रहे हैं। गिरिराज किशोर ने तो राहुल गाँधी के दलितों के घरों में जाकर रहने को गाँधी की 'अहिंसक छापामारी' से जोड़ कर दिखाया है। पता नहीं बहन मायावती को हाल में 'जनसत्ता' में छपी उनकी इस टिप्पणी का पता चला है या नहीं? कोई उन्हें बताएगा तो वे गाँधी को जरूर दो लात और लगाएंगी कि वह राहुल गाँधी के अवतार में मरने के बाद भी दलितों का पीछा नहीं छोड़ रहा है! केएन पणिक्कर और रोमिला थापर ने 'दि हिंदू' में साझा लेख लिखा है कि नेहरू मेमोरियल म्यूजियम और लाइब्रेरी (एनएमएमएल) के नए निदेशक महेश रंगराजन नेहरू के सपनों को साकार करने के लिए बनी इस संस्था के स्तर को गिरने से बचाएंगे, जो उनके मुताबिक, पिछले दस वर्षों से लगातार गिरता गया है। शायद इन दोनों विद्वानों ने महेश रंगराजन के राहुल गाँधी की प्रशंसा में कसे कसीदे नहीं पढ़े हैं।

बुद्धिजीवियों की यही खसलत होती है कि जो कौड़ी राहुल गाँधी के मैनेजरों के हाथ नहीं आयी, वह बुद्धिजीवियों ने खोज निकाली। कांग्रेस ने सेकुलर बुद्धिजीवियों पर शुरू से ही बड़ा भरोसा किया है। ये बुद्धिजीवी भी कांग्रेस को कभी बिट्रे नहीं करते। ऊपर से अमेरिका है, वर्ल्ड बैंक है, आईएमएफ है, डब्ल्यूटीओ है - चुनाव जीत लिया जाएगा। तभी प्रधानमन्त्री ने कहा कि रामलीला मैदान की कार्रवाई अनिवार्य थी। दरअसल, कांग्रेस महासचिव जनार्दन द्विवेदी को जूता दिखाने वाले शख्स ने गलत सवाल पूछा कि कांग्रेस विपक्ष नहीं चाहती है। मनमोहन सिंह और सोनिया गाँधी के नेतृत्व में कांग्रेस केवल संघ-भाजपा को विपक्ष के रूप में रखना चाहती है। इससे उसके अनेक कारज सधते हैं। संघ-भाजपा के रहते सोनिया के सेवक और सेकुलर सिपाही कांग्रेस के साथ रहते हैं। उससे कांग्रेस को भाजपा के सत्ता में आने की स्थिति में नहीं आने देने में भरपूर सहायता मिलती है और अगर कुछ समय के लिए आ जाए तो उसकी नाक में दम किए रखा जा सकता है। इस छोटे कारज से बड़ा कारज सधता है कि नवउदारवाद के विरोध की राजनीति नहीं पनप पाती।

1857 से लेकर 1942 तक, क्रान्तिकारियों से लेकर गांधीवादियों तक, देश

की आजादी और गौरव के लिए लड़ने वालों में जो भी चूकें रही हों, कायरता नहीं थी; उन्होंने लालच के रोग से भी छुटकारा पा लिया होता था। बल्कि कायरता और लालच के जातीय रोग को काट कर ही वे सत्यागही अथवा/और क्रान्तिकारी बनते थे। जो कायरता और लालच के रोग को पूरी तरह नहीं काट पाते थे, रास्ते में टूट जाते थे। गाँधी की अहिंसा और क्रान्तिकारियों की हिंसा भारत के कायरता और लालच के जातीय रोग को नहीं काट पाई। आजादी के संघर्ष के चलते वह अधूरा छूटा काम आजादी के बाद पूरा होना था। लेकिन आजादी के बाद न गाँधी की चली, न क्रान्तिकारियों की। हालांकि दोनों की विरासत के दावेदारों की कभी कमी नहीं रही। कारण जो भी रहे हों, फिलहाल वतन कायरों और लालचियों के हवाले है। शिक्षक होने के नाते हम अपने क्षेत्र की सच्चाई जानते हैं। भारत के उच्च शिक्षण संस्थान कायर और लालची बनाने के कारखाने बनते जा रहे हैं।

समर्थकों की बात हम नहीं कहते, हजारे, रामदेव और उनके सिपहसालार कायर और लालची हैं। अगर वे कायर नहीं होते तो अड़ कर जेल जाते, अपने घरों को नहीं। लेकिन जेल चले जाएंगे तो उनके व्यापार और प्रोफेशन को कौन देखेगा? हजारे को अपनी माँग पूरी न होने के प्रतिरोध में फिर से अनशन नहीं, जेल भरने का आह्वान करना चाहिए। उन्होंने जन्तर-मन्तर पर पिछले अनशन के अवसर पर साफ कहा था कि फलां तारीख तक माँग पूरी न होने की स्थिति में वे जेल भरो आन्दोलन शुरू कर देंगे। उनके मुताबिक उनकी माँग पूरी नहीं हुई है। उस वचन का पालन उन्हें करना चाहिए।

जस्टिस राजेंद्र सच्चर अपने जीवन का एक वाकया बताते हैं। दिल्ली में नेपाली दूतावास के बाहर डॉ. लोहिया के नेतृत्व में प्रदर्शन हो रहा था। पुलिस आयी और प्रदर्शनकारियों को गाड़ी में चढ़ा कर ले जाने लगी। सच्चर साहब पीछे छूट जाते हैं और जेल जाने के लिए गाड़ी के पीछे भागते हैं। उन्हें खींच कर पुलिस की गाड़ी में चढ़ा लिया जाता है तो चैन पड़ता है। आप जानते हैं लोहिया ने राजनीतिक कार्यकर्ताओं को 'वोट, फावड़ा और जेल' का सूत्र दिया था। अन्याय के प्रतिरोध में बार-बार जेल जाना समाजवादियों की पहचान बन गयी थी। यही कारण था कि इमरजेंसी में अकेले समाजवादियों ने जेल की परवाह नहीं की। आजकल समाजवादी, जेल जाने की बात छोड़िए, थाना तक जाने की बात आते ही पीछे खिसकने लगते हैं।

डरा हुआ व्यक्ति सत्याग्रही नहीं हो सकता। भ्रष्टाचार या किसी भी मुद्दे अथवा समस्या पर आन्दोलन करने वाले लोग अगर किसी विचारक, नेता अथवा कार्यप्रणाली का नाम लेते हैं तो कुछ न कुछ मर्यादा का पालन उन्हें करना चाहिए। बेहतर तो यह होगा, जैसा कि हमने मई अंक के 'समय संवाद' में कहा था, वे अपने काम और तरीके की जिम्मेदारी खुद ही लें। इससे कम से कम नई पीढ़ियों में भ्रम नहीं फैलेगा।

अन्त में कह सकते हैं कि उपनिवेशवादी दौर से प्रशासन और नीतियों की जड़ों में पैठा भ्रष्टाचार नवउदारवादी दौर में आसमान छू चुका है। आसार बन रहे हैं कि मानसून सत्र आने पर भ्रष्टाचार विरोध की 'राजनीति' आसमान पर जा पहुंचेगी। और उसके बाद सब शांत हो जाएगा। अगर गाँधी होते तो कहते, हम भ्रष्टाचार करना छोड़ दें तो वह अपने आप मिट जाएगा। यानी भ्रष्टाचार पैदा करने वाली व्यवस्था से अपना समर्थन वापस ले लें। लेकिन भ्रष्टाचार को परवान चढ़ाने वाली नवउदारवादी व्यवस्था और उसकी नीतियों को कोई भी छोड़ना नहीं चाहता। भारत में नवउदारवादी व्यवस्था के 'भगीरथ' मनमोहन सिंह टीम हजारे और रामदेव दोनों के हीरो हैं। फिलहाल तो एक ही सूरत बचती नजर आती है। नवउदारवादी नीतियों से बदहाल देश की अधिकांश जनता, जनान्दोलनकारियों और नागरिक समाज एक्टिविस्टों से अलग, खुद विचार और संघर्ष करे।

26 जुलाई 2011

भ्रष्टाचार के घाट पर...

तिलक लेत रघुवीर

लोगों का भारी हुजूम है, नारे हैं, तिरंगे हैं, टोपियां हैं, गाजे-बाजे हैं, गजब का उत्साह और तेजी है। नौजवान उमड़े पड़ते हैं। बूढ़े भारत में जैसे नई जवानी आ गयी है। चित्रकूट के घाट पर संतों की क्या भीड़ लगी होगी, जो जमघट दिल्ली में भ्रष्टाचार (हटाने) के घाट पर लगा है। भारत पर अपनी पूरी दावेदारी जताने वाला यह मध्यवर्गीय हुजूम भ्रष्टाचार से दूर और उसका विरोधी है तो संत समाज से कम नहीं हैं! भ्रष्टाचार के घाट पर टीम अन्ना चंदन घिस रही है, तिलक दे रही है और तिलक लेने एक से एक 'रघुवीर' पहुंच रहे हैं। नजारा अद्‌भुत है। तिलक लेते ही उनमें गजब का परिवर्तन होता है और वे अन्ना-अन्ना की पुकार करने लगते हैं। अन्ना को भारत और भारत को अन्ना बताते हैं। जो सीधे घाट पर नहीं पहुंच पाते हैं, सूचना क्रान्ति के कमाल से घर बैठे तिलक ले रहे हैं। तिलक ले लिया है, बाकी सब भी लें, इस आशय की चिठ्ठियां मोबाइल और नेट से चारों तरफ भेज रहे हैं।

इसे भीड़तंत्र या भेड़चाल नहीं कह सकते। ऐसा कहना मध्यवर्ग के साथ उन विशिष्ट प्रतिभाओं को भी भीड़ मान लेना होगा जो अपने लेखों और वक्तृताओं के जरिए चौतरफा चंदन छींट रही हैं। प्रतिष्ठित जनांदोलनकारी और नवउदारवाद विरोध की राजनीति के दावेदार अपनी उपस्थिति दर्ज कराने की हर चंद कोशिश में लगे हैं। उन्हें शायद लग गया है कि इस नजारे के बाद मीडिया और जमीन दोनों पर पैर टेकने के लिए उन्हें टीम अन्ना का मुंह देखना होगा। एक वरिष्ठ पत्रकार साथी तिलक लेकर ऐसे भाव-विह्वल हुए हैं कि अन्ना और उनकी टीम से रामलीला मैदान से राजनीतिक पार्टी की घोषणा कर देने की गुहार लगाते हैं। साथी को टीम अन्ना को सलाह देनी चाहिए कि रामलीला मैदान से घोषित होने वाली पार्टी के सदस्य वही नागरिक बन सकते हैं जो राजनीति से नफरत करते हों। इसका बिजली के करंट की तरह असर होगा। खड़े-खड़े लाखों सदस्य बन जाएंगे। पदाधिकारी की कसौटी किसी एनजीओ का पदाधिकारी होना बनाई जा

सकती है। बड़ी एनजीओ तो बड़ा पदाधिकारी, छोटी एनजीओ छोटा पदाधिकारी। भीड़ से ज्यादा बड़े लोगों के समर्थन का जादू टीम अन्ना के सिर इस कदर चढ़ कर बोला है कि उसने इरोम शर्मीला को भी भ्रष्टाचार के घाट पर आकर तिलक लेने का संदेश भेज दिया। 'जय हो जय हो!'

स्वामी अग्निवेश टीम अन्ना के प्रमुख नुमाइंदों में से हैं। चुस्ती-फुर्ती में हनुमान जी की याद दिलाते हैं। भ्रष्टाचार के घाट पर इस बार उनकी कम चल रही है। पिछले अनशन जैसा जलवा नहीं है। इस बार दूत के बतौर अन्ना हजारे ने अरविंद केजरीवाल, किरण बेदी और प्रशान्त भूषण को नियुक्त किया है। श्री श्री रविशंकर हैं कि उनकी जगह छेकने में लगे हैं। स्वामी जी निराश होकर अपने सरकारी घाट की तरफ चलते नजर आ रहे हैं। उन्हें निराश होने के बजाय कोई तरकीब निकालनी चाहिए। कहीं ऐसा न हो कि टीम अन्ना का चंदन उन्हें घर का छोड़े न घाट का! एक तरकीब हम बताते हैं- वे नक्सलवादियों से तिलक लेने आने की अपील कर डालें। दूरी और कानूनी मजबूरी की वजह से नक्सली भ्रष्टाचार के घाट पर आने में असमर्थतता जाहिर करें तो स्वामी जी डिबिया में थोड़ा चंदन और पन्नी में एक सलाई लेकर जंगल चले जाएं। पासा तुरंत उनके पक्ष में पलट जाएगा। मीडिया अन्ना को छोड़ कर उन पर टूट पड़ेगा।

मेधा ताई अन्ना जी से कह रही हैं, भ्रष्टाचार पर तो आपने अच्छा चंदन पोत दिया है, थोड़ा दूसरी समस्याओं पर भी हल्का तिलक कर दीजिए। जैसे भूमि अधिग्रहण, किसानों की आत्महत्या वगैरहा। व्यवस्था परिवर्तन में यह सब आएगा ही तो अभी से घोषणा हो जाने में बुराई नहीं है। लेकिन मेधा के अन्ना और मीडिया के अन्ना में उलट का फर्क है। वहाँ सूई जन लोकपाल बिल को आज और अभी कानून बनाने पर अटकी है। सरकार को भी यही माफिक आ रहा है और विपक्ष को भी। साथी संदीप पांडे और राजेंद्र सिंह ने भी तिलक लिया है। सोचा होगा कि तिलक लेने से भ्रष्टाचार विरोधी जनभावना का अपने आगे के कामों के लिए लाभ लिया जा सकता है। घाट पर जाकर भावनाएं पवित्र हो ही जाती हैं! यह तिलक लेने वाले साथियों की बड़ी मजेदार बात है। राजनीति के तालाब में कांग्रेस, भाजपा और उनके सहयोगी मगरमच्छों के रहते छोटी-छोटी मछलियों को गुमान है कि वे अन्ना के आन्दोलन में उमड़े अप्रत्याशित जनसमर्थन को निगल लेंगी!

कुछ बुद्धिजीवियों ने ऐतराज उठाया है कि भ्रष्टाचार के घाट पर दलित, पिछड़े, मुसलमान आदि तिलक नहीं ले रहे हैं। उनमें कुछ कहते हैं सबको शामिल करो, कुछ का मानना है इस सवर्णवादी-हिंदुत्ववादी चंदन-तिलक में शामिल होने की जरूरत नहीं है। बुद्धिजीवियों की यह शिकायत वाजिब नहीं लगती। पिछड़ों में अगड़े तो वहाँ काफी संख्या में मौजूद हैं। उसी उत्साह से

जैसे खालिस अगड़े आरक्षण विरोधी आन्दोलन में शामिल हुए थे। कुछ न कुछ मुसलमान जब भाजपा-आरएसएस को मिल जाते हैं तो टीम अन्ना को क्यों न मिलेंगे? 'जनसत्ता' ने फ्रंट पर फोटो छाप कर दिखाया ही है कि कुछ (नव) उदारवादी मुसलमान जामा मस्जिद के इमाम की हिदायत के बावजूद तिलक ले रहे हैं। धर्म के खैरख्वाहों को डर है इस हल्ले में उनके मुंह से 'वंदे मातरम्' न निकल जाए! खैर, ऐसा भी क्या है? देश में रहने के लिए भले न कहें, भाजपा में तो कहना होता ही है।

रही दलितों की बात, तो संत रैदास 'चमारा' ने काफी विनती की कि 'प्रभु तुम चंदन हम पानी', लेकिन प्रभु ने ही यह कहते हुए मना कर दिया कि भाई पानी बड़ी पवित्र चीज होती है! कितना ही आधुनिक और वैज्ञानिक जमाना आ जाए, प्रभु के आदेश से बड़ा कोई बुद्धिजीवी नहीं हो सकता। तिलकधारियों ने कह दिया है कि बुद्धिजीवी अन्ना और उनके भ्रष्टाचार के घाट पर जुटी संतो की भीड़ से चिढ़ते हैं। असली बुद्धिजीवी उन्हें माना जाए जिन्होंने तिलक लिया है। हमें उनकी बात ठीक जंचती है। बेहतर हो कि ऐसे बुद्धिजीवी अपना ऐतराज सामाजिक न्याय, लोकतंत्र और धर्मनिरपेक्षता के झंडाबरदार बुद्धिजीवियों के सामने उठाएं, जो तिलक लेने में होड़ ले रहे हैं। या नहीं लेने वालों के साथ बैठ कर भजन करें। कौन रोकता है?

सामंती मध्यकाल में मीडिया तो था नहीं, चित्रकूट पर जो भी जमावड़ा हुआ होगा, रामजी की कृपा से हुआ होगा। रामजी की कृपा के गाने आज तक चलते हैं। लेकिन आधुनिक काल में असली महिमा मीडिया की है। जो अन्ना हजारे और उनकी टीम कल तक विश्व बैंक से लेकर भारत सरकार के पुरस्कारों और अनुदानों के लिए जुगत करती घूमती थी, आज मीडिया की मार्फत व्यवस्था परिवर्तन और दूसरी आजादी की पुरोधा बन चुकी है। नवउदारवाद और संप्रदायवाद विरोधी ज्यादातर साथी मीडिया के जिन मालिकों, एंकरों और रिपोर्टरों को बाजारवादी और सांप्रदायिक होने या हो जाने के लिए कोसते थे, उनके साथ घी-शक्कर हो रहे हैं। कह रहे हैं यह केवल भ्रष्टाचार नहीं, नवउदारवाद के खिलाफ देश की जनता का विद्रोह है। बस वे जनता के साथ 'मेहनतकश' नहीं लगा रहे हैं। पता नहीं क्या दुविधा बाकी है? नवउदारवादियों को उनकी मान्यता से कोई ऐतराज नहीं है। वे (नवउदारवादी) देख रहे हैं, प्रच्छन्न नवउदारवादी प्रकट रूप में सामने आ रहे हैं। टीम बढ़ रही है। और क्या चाहिए? 'जय हो जय हो!'

यह भी मीडिया की ही महिमा है कि सप्ताह भर में टीम अन्ना का आन्दोलन महज भ्रष्टाचार विरोध का न रह कर, व्यवस्था परिवर्तन और उससे भी आगे आजादी की दूसरी लड़ाई का आन्दोलन बन चुका है। सब आलोचनाएं ऐसे डूब गयी हैं जैसे चुनाव प्रचार में नेताओं की डूब जाती हैं। टीम अन्ना का प्रचार

भी कम नहीं है। मुख्यधारा राजनीति के प्रचार की तरह है। जेपी के लोग कहे जाने वाले लोगों ने खुद कह दिया है, इस आन्दोलन के सामने जेपी छोटे पड़ चुके हैं। गांधीवादियों ने अन्ना हजारे को, जाहिर है, उनकी टीम को भी, पूरा गांधीवादी मान लिया है। भले ही अपने जीवन काल में कभी तिलक न लिया हो, इस बार भ्रष्टाचार के घाट पर केवल गाँधी की तस्वीर लगी है। गांधीवादियों का अन्ना को गांधीवादी मानना ठीक भी है। जब मीडिया ने मान लिया तो मानो सबने मान लिया। सरकार ने भी। कांग्रेसी सरकारें वैसे भी हमेशा गांधीवादी होती हैं। मठ सरकार से बाहर जाकर तो चलाया नहीं जा सकता?

मीडिया जब अपने बैस्ट पर आता है तो जो चाहे करा लेता है। कुजात होने का दावा करने वाले समाजवादी भी तिलक ले रहे हैं। इस उम्मीद में कि टीम अन्ना की नजर में उनकी भी कैफियत बन जाए। समाजवादी जन परिषद (सजप) के उपाध्यक्ष साथी सुनील ने प्रशान्त भूषण को चिठ्ठी लिखी है। नैट पर जारी की गयी चिठ्ठी में उन्होंने प्रशान्त भूषण से प्रार्थना की है कि जब उन्हें "महान संघर्ष" से कुछ फुरसत मिले तो चिठ्ठी पढ़ लें और अपना जवाब देने का कष्ट करें। सुनील ने शिकायत की है कि रामलीला मैदान में उनकी, किशन पटनायक व सच्चिदानंद सिन्हा की भ्रष्टाचार पर लिखी पुस्तिकाएं/सामग्री बेचने से इंडिया अगेंस्ट करप्शन (आईएसी) के कार्यकर्ताओं ने सजप कार्यकर्ताओं को यह कह कर रोक दिया कि यहाँ केवल आईएसी का साहित्य ही वितरित किया जा सकता है। उन्होंने प्रशान्त भूषण को याद दिलाया है कि उनकी पुस्तिक 'भ्रष्टाचार को कैसे समझें' का लोकार्पण उन्होंने ही किया था। इसके पहले सजप ने एक चिठ्ठी अन्ना हजारे को यह अपील करते हुए लिखी थी कि उन्होंने भ्रष्टाचार के खिलाफ जन-जागृति का काम कर दिया है; इस बार केवल तीन दिन का सांकेतिक अनशन करके समाप्त करें और गांवों में चेतना जगाने के लिए निकलें।

मार्क्सवादी नास्तिक होते हैं। तिलक लेने में विश्वास नहीं करते। वे कान को दूसरी तरफ से पकड़ रहे हैं। सभी मार्क्सवादी कठोर लोकपाल के पक्ष में, यानी टीम अन्ना के पक्ष में हैं। सीपीएम ने शुरू से ही अपना अखबार टीम अन्ना के आन्दोलन के समर्थन में लगाया हुआ है। वह अन्य मार्क्सवादी पार्टियों के साथ संसद में कठोर लोकपाल विधेयक लाने के लिए अड़ी है। प्रकाश करात ने लेख लिख कर कड़क लोकपाल की माँग की है। कतिपय छोटी मार्क्सवादी पार्टियां ने भी कुछ न कुछ कार्यक्रम करके, मसलन आइसा का कपिल सिब्बल को काले झंडे दिखाना, भ्रष्टाचार के घाट पर अपनी परोक्ष उपस्थिति दर्ज कराई है।

भ्रष्टाचार के घाट पर जुटी भीड़ में कोई भी पीछे नहीं रहना चाहता। पीछे हैं तो बस संघी। तिलक पर उनका पेटैंट है, लेकिन सब्र देखिए! सबके लेने के

बाद ही तिलक लेते हैं। गांविंदाचार्य ने कहा है कि घाट पर उनके केवल 10 प्रतिशत स्वयंसेवक हैं। ज्योति बसु जीवित होते तो देखते संघी कितने शालीन और विनम्र होते हैं! हालांकि विरोधियों को चैन नहीं है। कहते हैं, भ्रष्टाचार के घाट की व्यवस्था के पीछे संघी हैं और चंदन भी उन्हीं का चल रहा है। 'भ्रमरगीत' की गोपियों की तरह तर्क करते हैं, 'बताओ यहाँ नहीं हैं तो कहां हैं?' अब आप इन्हें बताइए गोविंदाचार्य, राममाधव और न जाने किस-किस का पता।

इस पूरे मसमले में कांग्रेस को सब बुरी ही नहीं, बेवकूफ भी समझ रहे हैं। आगे-आगे साफ होता चलेगा कि भ्रष्टाचार के घाट पर तिलक न लेकर उसने अल्संख्यकों, दलितों, आदिवासियों की ठेकेदारी ले ली है। और उस संविधान की भी, जिसे वित्तमंत्री बनने से लेकर अब तक मनमोहन सिंह मंडली ने एक निरर्थक दस्तावेज बना कर रख दिया है। संविधान-निर्माता की दुहाई देने वाले तब नहीं बोलते जब सरकारें नवउदारवादी कानून बना कर संविधान की समाजवादी संकल्पना को नष्ट करती हैं। संसद की ठेकेदारी भी कांग्रेस के पास रहनी है। संसद में अमेरिका में लिखा गया भारत अमेरिका परमाणु करार जिस तरह से पारित कराया गया, उसके विरोध में न तो संसद और सरकार को जनभावनाओं के आगे झुकाने वाले सड़कों पर आए, न ही झुकाने वालों को फासीवादी बता कर संसद की सांस्थानिक महत्ता और गरिमा के बचावनहार। चौतरफा भ्रष्टाचार के आरोपों से घिरी कांग्रेसी सरकार के लिए इससे सस्ता सौदा क्या हो सकता है? जय हो जय हो!

कुछ लोगों को अचंभा होने का रोग होता है। भ्रष्टाचार के घाट पर जुटी भीड़ पर वे अचंभा करते हैं। कहते हैं अगर ये सब भ्रष्टाचार विरोधी हैं तो क्या भारत में भ्रष्टाचार पाकिस्तान आकर कर जाता है! दिन-रात जन लोकपाल बिल से भ्रष्टाचार मिटाने की रट लगाने वालों को क्या एक क्षण के लिए भी नहीं लगता कि जिस तरह से सरकारी बिल से बनने वाले लोकपाल कानून से भ्रष्टाचार नहीं समाप्त होना है, उसी तरह से टीम अन्ना के बिल पर आधारित जन लोकपाल कानून से भी नहीं? अलबत्ता मेहनतकश जनता की पीठ पर नौकरशाही का एक और भारीभरकम बोझ लद जाएगा। इंसान कोई बात दावे से और बार-बार कहता है तो उसे कल की जवाबदेही का भी खयाल करना होता है। कुछ लोगों को अचंभा है कि टीम अन्ना के नुमान्इदों ने बरगलाने के मामले में नेताओं को भी पीछे छोड़ दिया है। कुछ लोग इतनी बड़ी संख्या में बरगलाने में आ जाने वालों पर भी अचंभा करते हैं। कुछ कहते हैं हमारे पास अंदर की खबर है कि खुद अन्ना और टीम को भ्रष्टाचार के घाट पर जुटी भीड़ को लेकर गहरा अचंभा है। अचंभे की बात जाने दें। इस दुनिया में कबीर जैसे अचंभा खा गये, हमारी-आपकी क्या बिसात है!

विचारों की विदाई

शुरू में थोड़ा व्यंग्यात्मक होने के लिए माफी। आइए भ्रष्टाचार विरोध की इस विशिष्ट परिघटना पर आलंकारिकता छोड़ कर सीधी चर्चा करें। इसके पहले हम इस पर दो विस्तृत समीक्षाएं लिख चुके हैं। लिहाजा, इस बार के लेख में कुछ दोहराव हो सकता है। हम स्पष्ट कर दें कि इस तीसरे लेख में भी आन्दोलन की समीक्षा का हमारा परिप्रेक्ष्य नवउदारवाद और उसके प्रतिरोध का है। आन्दोलन के विचारधारात्मक चरित्र के बारे में हमारी पहले वाली समझ है कि यह आन्दोलन, भारत की मुख्यधारा राजनीति की तरह और उसके साथ मिल कर, नवउदारवाद को मजबूत करने वाला और विरोध को कमजोर करने वाला है। मनमोहन सिंह का काम तमाम करने में लगी टीम अन्ना, असलियत में मनमोहन सिंह का ही काम कर रही है।

समझदारी थी कि नवउदारवादी नीतियों से बदहाल देश की अधिकांश आबादी उठ खड़ी होगी और सरकारों को नीतियां बदलने पर मजबूर कर देगी। इसके लिए पूरे देश में अनेक गैर-राजनीतिक जनांदोलन और उनके समानांतर मुख्यधारा राजनीति के बरक्स नई राजनीति के निर्माण का काम शुरू हुआ। उस दिशा में कोई खास जमीन नहीं टूट पाई, लेकिन देखते-देखते बदहाल आबादी को पीछे धकेल कर नवउदारवादी व्यवस्था से लाभान्वित हुए मध्यवर्ग ने अपनी 'क्रान्ति' कर डाली है। वैश्विक आर्थिक संस्थाओं और बहुराष्ट्रीय कम्पनियों की गुलामी से देश की आजादी बचाने के पिछले बीस सालों से कई आन्दोलन चल रहे हैं। मध्यवर्ग उनसे नहीं जुड़ा और कहता रहा कि गुलाम नहीं, महाशक्ति बन रहे हैं। अचानक दूसरी आजादी का बिगुल बजता है और बताया जाता है कि वह दरवाजे पर खड़ी है। दूसरी आजादी दरअसल नवसाम्राज्यवादी गुलामी के खिलाफ चलने वाले वास्तविक संघर्ष से आजादी है।

टीम अन्ना के आन्दोलन से देश से भ्रष्टाचार मिटने जा रहा है, व्यवस्था परिवर्तन होने जा रहा है और दूसरी आजादी मिलने जा रही है तो उसके कर्ताओं और समर्थकों को थोड़ी-बहुत आलोचना पर ध्यान नहीं देना चाहिए। वे बड़े काम में लगे हैं; आलोचकों को वे बाद में निपटा दे सकते हैं। उफान उतरने पर अगर उन्हें लगे कि काम नहीं हो पाया, या पूरा नहीं हो पाया, या कुछ गलत हो गया, तो वे आगे के आन्दोलन के लिए आलोचनाओं से, कुछ काम की लगे तो सीख ले सकते हैं। कबीर ने निंदक को नियरे राखने की नसीहत दी है। गाँधी ने एक बार लोहिया को दूसरों के मत अथवा विचार के प्रति सहिष्णुता न रखने के लिए झिड़का था। अगर ये उदाहरण उन्हें हल्के या राजनीतिक किस्म के लगें तो वे ब्राजील में हुए विश्व स्तरीय वर्ल्ड सोशल फोरम (डब्ल्यूएसएफ) के जलसे

को याद कर सकते हैं। उसमें बिना राजनीति के 'दूसरी दुनिया संभव है' का नारा दिया गया था। भारत में भी उसका एक बड़ा जलसा हुआ था। एनजीओ की एक से एक हस्ती वहाँ पहुंची थी। संघियों को छोड़ कर सभी वादी उसमें शामिल हुए थे। सीताराम येचुरी ने कहा था, इतने लोग जुट रहे हैं, हम कैसे उसके बाहर रह सकते हैं? मीडिया तो मतवाला था ही। अब शायद ही किसी को पता हो कि दूसरी दुनिया और उसके दावेदार कहां है?

आन्दोलन के कर्ता और समर्थक सरकार और संसद से टक्कर ले रहे हैं; गाँधी से लेकर भगत सिंह तक उनके पास हैं; तिरंगा ऐसे लेकर चलते हैं कि सेना भी क्या लेकर चलेगी। समर्थन के सैलाब के सामने आलोचना के स्वर इक्का-दुक्का हैं और काफी बाद में उठे हैं। शायद हमने ही सबसे पहले इस आन्दोलन की समीक्षा लिखी थी। आलोचना के जो स्वर आए हैं, उनमें कर्ताओं और समर्थकों जैसी एकजुटता और एकरूपता भी नहीं है। फिर किस बात का डर है? कहीं अंदर विश्वास की कमी तो नहीं है, जिसे भरने के लिए आलोचकों को लताड़ा जा रहा है और एक ही खाते में डाला जा रहा है- कि आलोचक भ्रष्टाचार, सरकार और मनमोहन सिंह के समर्थक हैं।

आईएसी के भ्रष्टाचार विरोधी आन्दोलन ने अभी तक के सारे विचारधारात्मक/विमर्शात्मक परिप्रेक्ष्यों को गड्ड-मड्ड कर दिया है। ऐसा नतीजा होगा, यह आईएसी के बनने के समय ही स्पष्ट हो गया था। उसमें अलग-अलग और परस्पर विरोधी विचारों/मान्यताओं और कार्यक्षेत्र के लोग शामिल किए गये थे। मूलत: यह प्रयास खालिस एनजीओ चलाने वालों का था, जिसमें उन्होंने एनजीओ आधारित जनांदोलन चलाने वालों और धर्म से लेकर दलाली के क्षेत्र तक नाम पाने वालों को शामिल किया। ऐसे में जो भी आन्दोलन होना था, उसमें वैचारिक परिप्रेक्ष्यों का घालमेल होना ही था। और उससे नवउदारवादी व्यवस्था के लिए जरखेज जमीन भी तैयार होनी ही थी। यह जमीन दो-फसली है। इसमें एक पैदावार नवउदारवाद की गुलाम राजनीति की होती है और दूसरी एनजीओबाजों और एनजीओ आधारित जनान्दोलनकारियों की।

पिछले दो-तीन दशकों से पक रही नवउदारवाद की जमीन पर नई राजनीति खड़ी करने के एक के बाद एक प्रयास विफल होते रहे हैं। चंद्रशेखर और वीपी सिंह ने मुख्यधारा राजनीति के तहत भी कुछ नवउदारवाद विरोधी प्रयास किए। लेकिन नवउदारवादियों के सामने किसी की पेश नहीं पड़ी। अलबत्ता 'विकल्प के साधक' किशन पटनायक तक को नवउदारवाद के घाट पर लगाने की हिमाकतें की गईं। ऐसे में एनजीओबाजों की नई खेप और नए नायक फलीभूत होने ही थे। अरविंद केजरीवाल उन्हीं में से एक हैं। उन्हें एनजीओ क्षेत्र का हर्षद मेहता कहा जा सकता है।

राजनीतिक कार्यकर्ताओं के स्थान पर एनजीओ और एनजीओ आधारित जनांदोलन चलाने वालों की प्रतिष्ठा के नवउदारवादी लक्ष्य का एक चक्र पूरा हो गया है। अहिंसक आन्दोलन का हथियार भी उन्होंने अपने कब्जे में कर लिया है। आजादी के संघर्ष की विरासत पर भी उनका दावा है, जिसमें गाँधी और गोलवलकर साथ-साथ रहते हैं। क्रान्ति और आजादी के कर्ता अब वे ही हैं। यह सही है कि आर्थिक सुधारों के एक के बाद एक कानून पारित करने वाले नवउदारवादी नेता और पार्टियां संसद की गरिमा की बात करने के हकदार नहीं हैं। लेकिन टीम अन्ना के नुमाइन्दे नेताओं और पार्टियों से ज्यादा खतरनाक खेल खेल रहे हैं। वे नवउदारवाद को जनभावना की इच्छा सिद्ध कर रहे हैं। इस पर कोई विवाद नहीं है कि आन्दोलन के साथ जुड़ी 'जनभावना' का दायरा मध्यवर्ग तक सीमित है और हर मध्यवर्गीय अपने तक। वास्तव में यह आन्दोलन मध्यवर्ग के बाहर छूटी जनता को देश से बेदखल करने की मौजूदा राजनीति का ही विस्तार है।

मनमोहन सिंह ने अपने ऊपर लगे भ्रष्टाचार के आरोप से आहत होकर देश की उस समय सहायता करने का वास्ता दिया है जब विदेशी मुद्रा भंडार खाली हो चुका था और उन्होंने अर्थव्यवस्था के दरवाजे खोल कर देश का उद्धार किया था। विदेशी मुद्रा भंडार खाली होने से देश की आबादी के किस तबके पर संकट आना था? आन्दोलन की आलोचना करने वालों को मनमोहन सिंह के पाले में खड़ा करने वाले उनके संसद में दिए इस बयान की निंदा करें। कहें कि उन्होंने देश का नहीं, मध्यवर्ग, उच्चवर्ग और भ्रष्टाचारियों का उद्धार किया था। वे कहें कि जन लोकपाल विधेयक के कानून बनते ही मनमोहन सिंह द्वारा लादी गयी नवउदारवादी नीतियों के खिलाफ सत्याग्रह होगा। तब तक, जब तक इन नीतियों की जगह संविधान की प्रस्तावना और नीति-निर्देशक तत्वों के आधार पर एक विकेंद्रित, कृषि आधारित, स्वावलंबी और थोड़े में गुजारा करने वाली अर्थव्यवस्था लागू नहीं की जाती। वे कहें कि भारत जैसे विशाल आबादी वाले श्रमप्रधान देश में थोड़े में गुजारा करने से ही सबका गुजारा ठीक से हो सकता है।

टीम अन्ना और उसके समर्थन में पूंछ में आग लगा कर भ्रष्टाचार के रावण को फूंकने के लिए मतवाली हुई सिविल सोसायटी, विशेषकर नौजवान, यह कहें कि गैट से लेकर परमाणु करार तक देश की संप्रभुता को गिरवीं रखने वाले सारे कानून निरस्त किए जाएं; देश का कोई संसाधन किसी बहुराष्ट्रीय कम्पनी को नहीं बेचा जाए; किसानों की जमीन अधिग्रहित नहीं की जाए; किसी भी क्षेत्र में एफडीआई की अनुमति न दी जाए; भारत डब्ल्यूटीओ से बाहर आए; निजी और विदेशी विश्वविद्यालयों की अनुमति के कानून खारिज किए जाएं; देश के सभी बच्चों को निशुल्क समान और गुणवत्तापूर्ण शिक्षा मिले; शिक्षा केवल भारतीय

भाषाओं में दी जाए और उन्हीं में प्रशासन भी चलाया जाए; आज के बाद संसद और सरकारें अगले 50 साल तक देश की अभी तक वंचित रही आबादी के लिए काम करेंगी और उसके अलावा कुछ नहीं करेंगी; इसके चलते सिविल सोसायटी को जो कष्ट उठाना होगा, उठाएगी। दो मिनट में सबका रंग खुल जाएगा।

दरअसल, इस आन्दोलन से विचारधारात्मक अथवा विमर्शात्मक परिप्रेक्ष्य गड्डमड्ड ही नहीं हुए हैं, कर्ताओं का आग्रह है कि किसी वैचारिक परिप्रेक्ष्य की जरूरत ही नहीं है। जो संगठित होगा, ताकतवर होगा, अपना काम करा लेगा। यह पूछने पर कि जो संगठित नहीं हैं, जिनका कुछ भी सशक्तिकरण नहीं हुआ है, उनका क्या होगा तो जवाब स्पष्ट है- वे किसी न किसी एनजीओ में शामिल होकर काम करें; सरकारों को चाहिए कि वे सभी योजनाएं एनजीओ से चलवाएं; जो काम बचे वह निजी क्षेत्र के हवाले हो। लेकिन मामला इतना भर और सीधा नहीं है।

गाँधी की बलि : प्राधिकारवाद की प्रतिष्ठा

अन्ना हजारे ने पहले अनशन में भ्रष्टाचारियों का मांस गिद्धों और कुत्तों को खिलाने की घोषणा और सबसे पहले नरेंद्र मोदी की प्रशंसा की थी। उनके समर्थन में जो जोश आया और भीड़ उमड़ी उसके पीछे इन दो घोषणाओं का बड़ा हाथ है। टीम अन्ना के जस्टिस संतोष हेगड़े और प्रशान्त भूषण जैसे नुमाइंदों और प्रगतिशील व धर्मनिरपेक्ष हस्तियों ने इसी भीड़ के तर्क के आगे सिर झुका कर अन्ना को गांधीवादी स्वीकार कर लिया। वरना वे जानते हैं, रातों-रात कोई संत नहीं हो जाता। वे स्याणे लोग हैं और उड़ती चिड़िया के पर पहचान लेते हैं। किसी साधारण नागरिक से चूक से कोई बात निकल जाए, उसे तुरंत सांप्रदायिक और फासिस्ट करार दे देते हैं। इन लोगों ने अन्ना को गांधीवादी होने का प्रमाणपत्र अपनी खाल बचाने के लिए दिया है। अपनी गलती सही सिद्ध करने के लिए वे आगे भी अन्ना को बचाएंगे। यही स्थिति अन्ना के समर्थक जनान्दोलनकारियों की है। वे आगे होने वाले सिविल सोसायटी एक्टिविज्म में अपनी जगह सुनिश्चित करने के लिए अन्ना का पल्ला पकड़े हैं। वरना भ्रष्टाचारियों का मांस गिद्धों और कुत्तों को खिलाने, नरेंद्र मोदी को शाबासी देने और इस बार आरएसएस का हाथ बताने वालों को पागलखाने भेजने की हुंकार ही अन्ना की असलियत है।

हमने कुछ साल पहले लिखा था कि इक्कीसवीं सदी का एक प्रमुख एजेंडा गाँधी-विनाश का है। वह गाँधी नहीं जिसकी आजादी के आन्दोलन में भली-बुरी भूमिका थी और आजादी के बाद जिसे एक कट्टर हिंदू ने गोली मार दी थी। बल्कि वह गाँधी जो बाजार और हथियार यानी भोग और हिंसा पर टिकी उद्योगवादी-पूंजीवादी सभ्यता का धुर विरोधी था। जिसने राजनीति और विकास

का एक विकल्प दिया था। जिसने कहा कि श्रम मनुष्य को परिभाषित करता है और धरती के पास सबके भरण-पोषण के लिए पर्याप्त है लेकिन एक भी व्यक्ति के लालच के लिए उसके संसाधन कम पड़ जाएंगे।

गाँधी-विनाश के कई तरीके निकाले गये हैं। उनमें से एक, जो नेताओं और एनजीओबाजों को एक-सा प्रिय है, गाँधी को नवउदारवादी एजेंडे की पूर्ति के लिए इस्तेमाल करना है। इस मामले में भारत के पहले प्रधानमन्त्री ईमानदार थे। उन्होंने साफ कह दिया था कि बापू हम आपके सपनों का भारत नहीं बनाने जा रहे हैं। आईएसी के सदस्यों में वह ईमानदारी नहीं है। उसमें शामिल अहिंसक जनान्दोलनकारियों में भी नहीं है। होती तो वे एक बार कहते कि नवउदारवादी व्यवस्था, जिसके सुधार के लिए यह आन्दोलन है, और जन लोकपाल, जिसे बनाने और बनने वालों का गाँधी के आखिरी आदमी से रिश्ता नहीं है। गाँधी को नवउदारवाद के हमाम में न घसीटा जाए। दरअसल, नवउदारवादी व्यवस्था और उसे चलाने वालों के भीतर बैठी हिंसा को छिपाने के लिए रामलीला मैदान में गाँधी की तस्वीर लगाई गयी है।

आन्दोलन के आलोचक भी नवउदारवाद के विकल्प के हामी नहीं है। कांचा इलाया एक टीवी चैनल पर आन्दोलन की विचारधारा पर सवाल उठा रहे थे। वह निश्चित ही नवउदारवादी है, जिसमें आरक्षण और विशेष अनुदानों/योजनाओं/कार्यक्रमों के जरिए दलितों/आदिवासियों/पिछड़ों के चुनिंदा लोगों को शामिल किया जाता है। कम से कम तब तक, जब तक टूटा-फूटा लोकतंत्र देश में चल रहा है। कांचा इलाया से उनकी खुद की विचारधारा पूछी जाए तो वह नवउदारवादी ही निकलेगी। बल्कि वे नवउदारवाद के पुरखे उपनिवेशवाद को, कम से कम दलितों के लिए, 'वरदान' बताएंगे। उदितराज ने सही सवाल पूछा है कि जब गुजरात में मुसलमानों को मारा गया और महाराष्ट्र में उत्तर भारतीयों को प्रताड़ित किया गया तब अन्ना हजारे क्यों चुप रहे। 'गांधीवादी अन्ना' के समर्थकों को उदितराज को जवाब देना चाहिए।

कुछ सिविल सोसायटी एक्टिविस्टों के साथ उदितराज बहुजन लोकपाल बिल लेकर आए हैं। बहुजन समाज के नुमाइंदों को शामिल करने की पेशकश स्वागत योग्य है। बिल में सुझाए गये प्रावधानों पर टीम अन्ना और सरकार दोनों को विचार करना चाहिए। लेकिन सवाल यही है कि ये सिविल सोसायटी एक्टिविस्ट नवउदारवाद के खिलाफ हैं या पक्ष में? खिलाफ हैं तो मुख्यधारा या उसके बरक्स राजनीति की भूमिका स्वीकार करते हैं या नहीं? उदितराज काफी लंबे समय से एक राजनीतिक पार्टी चलाते हैं। लेकिन अपनी पार्टी के वे अकेले 'लोकपाल' हैं!

अन्ना हजारे और उनके समर्थन में सड़कों पर आए नागरिकों को गिरफ्तार करने के सरकार के असंवैधानिक कदम का हमने विरोध किया था। हालांकि

अन्ना के समर्थन में बड़ी संख्या में घरों से बाहर आए शहरी मध्यवर्ग की शिकायत शांतिपूर्ण प्रदर्शन का संवैधानिक अधिकार छीनने को लेकर नहीं थी। वह भ्रष्टाचार के मुद्दे पर आंदोलित था। भारत में व्यापक स्तर पर भ्रष्टाचार है। ज्यादातर महकमों में रिश्वत ली और दी जाती है। जो नागरिक एक जगह रिश्वत लेता है, दूसरी जगह देता है। छोटे कर्मचारी से आला अफसर तक यह होता है। जिसे रिश्वत देनी पड़ती है लेकिन लेने का मौका नहीं मिलता, वह आक्रोश में रहता है। छोटे से लेकर बड़े व्यापारी तक भी भ्रष्टाचार करते और सहते हैं। कोटा-परमिट राज में भी भ्रष्टाचार था जो नवउदारवादी व्यवस्था में आसमान पर जा पहुंचा है। यह आन्दोलन लोगों के अंदर जमा आक्रोश और बलवती इच्छा, कि एक दिन कोई आएगा और सब बेईमानों को ठीक कर देगा, को सहलाने वाला है। अन्ना की प्राधिकारवादी और सांप्रदायिक घोषणाओं के बाद भीड़ जुटने का यह दूसरा कारण है।

भीड़ जुटने का तीसरा कारण हमारी देशभक्ति की समस्या है। हम अपने देश को प्यार नहीं करते इसलिए देशभक्ति की ज्यादा पुकार मचाते हैं। आजादी के संघर्ष में देशभक्ति का जज्बा प्रेरणादायी भूमिका निभाता था। आज वह शोशा बन कर रह गया है, अपने भ्रष्टाचारी और निकम्मे चरित्र को उदात्त दिखाने का। तिरंगा लहराने और शरीरों पर तिरंगा आंकने वाले लोगों में शायद ही कोई जानते अथवा मानते हों कि देश की संप्रभुता और आजादी पिछले बीस सालों में लगातार छीजती गयी है और उसकी रक्षा के कई आन्दोलन देश भर में चल रहे हैं। अगर वे जानते अथवा मानते तो इस तमाशे में शामिल न होकर उन आंदोलनों से जुड़ते। यह आन्दोलन, दरअसल, जिस तरह से भ्रष्टाचार मिटाने का प्रहसन है, उसी तरह देशभक्ति का भी प्रहसन है।

सभ्य समाज में किसी भी मान्यता के लिए भीड़ का तर्क वाजिब नहीं होता। भीड़ ने विभाजन से लेकर अब तक कई बार संवैधानिक मूल्यों, नागरिक अधिकारों और मनुष्यता की हत्या की है। यह मानना कि यह वह भीड़ नहीं है, या वह यह भीड़ नहीं थी, बहुत आश्वश्त करने वाला नहीं है। सभी भीड़ें कभी अनुशासित और कभी बिगड़े रूप में एक ही समाज से निकल कर आती हैं। कभी अनुशासित भीड़ बिगड़ी हुई से ज्यादा हिंसक हो सकती है।

आन्दोलन के पक्ष में दूसरा मजबूत तर्क युवाओं की बड़ी संख्या में हिस्सेदारी करने का है। यह सही है, हालांकि हर उम्र के लोग आन्दोलन में शरीक हैं। गरीब तबकों को खींच कर लाने की आयोजकों की कोशिशें अलबत्ता कामयाब नहीं हो पाईं। भारत में निम्न वर्गों को हटा कर भी युवा वर्ग बहुत बड़ा है। जवानी हमेशा सपनों, जिंदादिली और जोश से भरी होती है। लेकिन भारत के युवा वर्ग के पास करने को कुछ खास नहीं रहता है। कॉलेजों में एनएसएस,

एनसीसी, सांस्कृतिक कार्यक्रम, पिकनिक, खेल-कूद, कोर्स के बाहर लायब्रेरी की पढ़ाई लगभग समाप्त हो गये हैं। घरों में छोटी-मोटी लायब्रेरी रखने का रिवाज लगभग समाप्त हो गया है। बड़े शहरों में दुनिया भर के खानों से भरी कैंटीनों में छात्र-छात्राएं क्लास रूम से ज्यादा बैठते हैं। छात्र संगठनों में भी कोई जान नहीं बची है। चुनाव लड़ने और साल में एक-दो बार डीजे कराने तक उनकी गतिविधियां सीमित हैं। फिर भी, जो छात्र किसी छात्र संगठन में शामिल होते हैं, चुनाव लड़ते हैं या चुनाव प्रचार करते हैं, सामाजिक-राजनीतिक मामलों में अलग-थलग रहने वालों से ज्यादा जानकार और संवेदनशील होते हैं।

पढ़ाई पूरा करने के बावजूद ज्यादातर युवक-युवतियां बेरोजगार रहते हैं। ऐसे में अपनी रुचि का काम करने का अवसर बहुत कम युवाओं को मिल पाता है। व्यवस्था पर उन्हें गुस्सा आता है, जो स्वाभाविक और वाजिब होता है। मध्यवर्ग की तरह उसका युवा वर्ग भी अधिकांशतः अगड़ी सवर्ण जातियों का होता है। संवैधानिक प्रावधानों के तहत जब दलित और आदिवासी छात्रों को वजीफा, नौकरी आदि मिलते हैं तो उन्हें कुढ़न होती है। जिन इक्का-दुक्का युवाओं का राजनीतिक मानस बन पाता है वे ही समाज और समस्याओं के प्रति उदार नजरिया बना पाते हैं। बाकी ज्यादातर अपने को अन्याय का शिकार मान कर धरना-प्रदर्शनों में हिस्सा नहीं लेते। देश में अपनी संख्या के लिहाज से बहुत कम युवा होंगे जो नवउदारवाद, सांप्रदायिकता, जातिवाद और लिंग-भेद के वाकई खिलाफ हों।

जो नौजवान अपना काम करते हैं, उन्हें तरह-तरह की दिक्कतें कोटा-परमिट राज में भी होती थीं और नवउदारवादी राज में भी होती हैं। बाकी युवाओं के मुकाबले, खास कर उनके जो सेवा क्षेत्र में जाते हैं, उन्हें जल्दी ही पता चल जाता है कि जो सब्जबाग दिखाए जा रहे हैं, उनकी हकीकत कुछ और है। लेकिन वे अपने व्यवसाय में इतना व्यस्त रहते हैं कि उनसे किसी सामाजिक-राजनीतिक भूमिका की उम्मीद नहीं की जा सकती। उनका वैचारिक दायरा अक्सर संकुचित हो जाता है और वे भी गरीब और वंचित तबकों के विरोधी हो जाते हैं। टीवी और फिल्मों के अलावा सामाजिक-सांस्कृतिक-राजनीतिक कार्यक्रमों से वे अनजान रहते हैं।

इस युवा वर्ग को कभी मनमोहन सिंह, कभी एपीजे अब्दुल कलाम और कभी राहुल गाँधी उपदेश देते रहते हैं कि वे बहुत बड़ी शक्ति हैं और उनके कारण देश आर्थिक महाशक्ति बनने जा रहा है। लेकिन उपदेश से हकीकत नहीं बदलती। युवाओं को पता चल जाता है कि किसी एक के संसद में 'युवा तुर्क' बन जाने से बाकी का भला नहीं होता। सरकारी नौकरियां सीमित हैं और निजी क्षेत्र में नौकरी बड़ी हो या छोटी, काम बहुत ज्यादा करना पड़ता है। ऐसे में युवाओं को अपनी पैर टेकने की जमीन बनानी होती है। यह आसान नहीं होता। नौकरियों में

रिश्वत चलती है, चमचागीरी चलती है, भाई-भतीजावाद चलता है।

यह परेशान युवा वर्ग जब मीडिया में 'भ्रष्टाचार के रावण' के समूल विनाश का आह्वान देखता है तो उसमें शामिल हो जाता है। मीडिया जो-जो कहता है, आदर्शवादी भाव से वह-वह मानता चलता है। तिरंगा हाथ में आ जाए तो उसका आदर्शवादी मन लहराने लगता है। अपनी परेशानियों में अकेला पड़ा वह भीड़ में जुड़ाव महसूस करता है। आयोजक और मीडिया उसे बताते हैं कि सारी समस्याओं की जड़ भ्रष्ट नेता और राजनीति है। उसमें और जोश आ जाता है। जो जोश वह माता-पिता-अभिभावक या अपने कैरियर के डर से कई जरूरी मौकों पर नहीं दिखा पाता, हुजूम में उसे भी निकाल लेता है। इसे स्पर्श क्रान्तिकारिता कहते हैं। अन्ना के आन्दोलन के विचारातीत चरित्र को समझ सकने वाले बड़े-बड़े महारथी जब उसमें शामिल हो गये तो युवाओं को उसमें शामिल होना ही था।

जिन युवाओं में आन्दोलन में बढ़-चढ़ कर हिस्सेदारी की है, उनका मोहभंग भी होगा। हालांकि यह आन्दोलन नवउदारवादी व्यवस्था को बचाने और उसमें मध्यवर्ग के लिए और ज्यादा जगह बनाने के लिए है। लेकिन उतनी जगह नहीं बन सकती कि अभी तैयार पूरी मध्यवर्गीय युवा पीढ़ी को समायोजित कर ले। बाहर छूटी आबादी का हिस्सा मार कर जितनी जगह बनेगी सो बनेगी। युवाओं के साथ यह सुविधा है कि उनमें ज्यादातर बेरोजगार होने के नाते भ्रष्टाचार नहीं करते हैं। जब वे देखेंगे कि भ्रष्टाचार रुक नहीं रहा है तो उससे भी उनका मोहभंग होगा। मोहभंग सकारात्मक प्रवृत्ति भी है और नकारात्मक भी हो सकती है। सकारात्मक इस रूप में कि युवा सोचें कि यह व्यवस्था, जो भ्रष्टाचार पैदा करती है, गलत है। यह बदलनी चाहिए। नकारात्मक इस रूप में कि युवा सिनिसिज्म का शिकार हो जाएं। सिनिसिज्म का एक रूप भारत में मौका मिलने पर खूब रिश्वत लेने में भी देखने को मिलता है। आशा करनी चाहिए कि आन्दोलन में शरीक होने वाले युवा उसका और उसमें अपनी भूमिका का कुछ विश्लेषण-मूल्यांकन करेंगे।

आगे का रास्ता

इस आन्दोलन से मुख्य सबक यह निकलता है कि आगे के आन्दोलन मौजूदा राजनीति और एनजीओ की सम्मिलित संस्कृति के चलते नवउदारवादी व्यवस्था में सुधार के लिए होंगे। कम से कम नवउदारवादी और उनका समर्थक मीडिया यही चाहेगा। हर व्यवस्था अपना सुधार चाहती है और कुछ न कुछ करती भी चलती है। हर मजबूत व्यवस्था की अपनी गत्यात्मकता होती है, जिसके तहत वह अपने कुछ सेफ्टी वॉल्व बनाती है। नवउदारवादी व्यवस्था ने भी अपनी मजबूती बढ़ाते जाने के लिए पूरी दुनिया में एनजीओ का जाल बिछाया है। एनजीओ जनता का 'कल्याण' भी करते हैं और व्यवस्था के प्रति उसके आक्रोश को मंच

भी देते हैं। शर्त यही होती है कि उसमें राजनीति नहीं आनी चाहिए। क्योंकि नवउदारवादी वैश्विक प्रतिष्ठान को जो राजनीति चाहिए होती है, वह हर देश में खड़ी कर लेता है। नवउदारवाद के वास्तविक विरोध और विकल्प की राजनीति का रास्ता और कठिन हो जाएगा।

आपने गौर किया होगा कि आन्दोलन के व्यापक होने के साथ मेधा पाटकर की टीम अन्ना के पक्ष में सक्रियता बढ़ती गयी है। उनकी भाषा भी बदली हुई है और ज्यादातर अंग्रेजी हो गयी है। स्वामी अग्निवेश भी अंग्रेजी बोल रहे हैं। हंजारे और उनके सिपहसालारों ने कभी किसानों-आदिवासियों की बात नहीं की। उनका इस विषय पर कोई अध्ययन और परसेप्सन भी नहीं है। फिर भी मेधा पाटकर उन्हें किसानों-आदिवासियों का भी मसीहा बनाने पर जोर देती हैं। वर्ल्ड बैंक, फोर्ड फाउंडेशन, रॉकफैलर से लेकर भारत के सत्ता प्रतिष्ठान तक नाभिनालबद्ध इस टीम के नुमाइन्दे कृपा करके किसान, मजदूर, आदिवासी शब्दों का अपने मुखारविंद से उच्चारण कर भी देंगे तो क्या हो जाएगा? वे मध्यवर्ग के मसीहा हैं, वही रहने दीजिए।

हमें वाकई लगता था, और इसलिए हमारे दिल में बड़ा सम्मान था कि प्रशान्त भूषण गरीबों और उनके लिए काम करने वालों के हमदर्द वकील हैं। वे अभिषेक मनु सिंघवी, कपिल सिब्बल, रामजेठमलानी और अरुण जेटली जैसे कम्पनियों के वकील नहीं हैं। लेकिन वे केजरीवाल के वकील निकले! हमें नहीं लगता कि किसी जनांदोलनकारी या सिविल सोसायटी एक्टिविस्ट को उनके नए अवतार पर आश्चर्य या ऐतराज हुआ हो। लगता है ये सभी महानुभाव नवउदारवाद के खिलाफ संघर्ष को छोड़ कर मैगसेसे पुरस्कार पाने के संघर्ष में लग गये हैं?

इस आन्दोलन का सांप्रदायिक, सामाजिक परिवर्तन विरोधी और नवउदारवाद समर्थक चरित्र जन्तर-मन्तर पर ही स्पष्ट हो गया था। होना तो यह चाहिए था कि परिवर्तनकारी साथी नवउदारवाद विरोध का काम तेज करते, लेकिन वे अन्ना के आन्दोलन को सफल बनाने में जुटे हुए हैं। नवउदारवाद के जन-विरोधी खेल में शामिल जनांदोलनकारी 'बेगानी शादी में अब्दुल्ला दीवाना' वाली कहावत चरितार्थ कर रहे हैं। नक्सलवादियों से अक्सर यह स्पष्ट करने को कहा जाता है कि उनकी हिंसक क्रान्ति होने के बाद वे विकास का कौन-सा मॉडल लागू करेंगे? यह अंदेशा प्रकट किया जाता है कि कम्युनिस्ट होने के नाते वे विकास के उद्योगवादी मॉडल को मानने वाले हैं, जिसके तहत आदिवासियों और किसानों का उजड़ना तय है। पूछने वालों के दिमाग में गांधीवादी मॉडल की परिकल्पना होती है। अब यह सवाल गांधीवादी मॉडल की बात करने वालों से भी पूछा जाएगा। और इस पूरक प्रश्न के साथ कि क्या आपको अन्ना हजारे का प्राधिकारवाद और संप्रदायवाद भी मंजूर है? क्योंकि उनके समर्थन में जुटी भीड़ को, जैसा कि

हमने ऊपर कहा है, उनके इसी रूप ने सर्वाधिक आकर्षित किया है।

पहले अनशन के वक्त टीम अन्ना ने मनमोहन सिंह को ऑफर दिया था कि जन लोकपाल विधेयक लाओ और वोट पाओ। मनमोहन सिंह नहीं लाते हैं तो अडवाणी ले आएंगे। या दोनों मिल कर ले आएंगे। एक ही अखाड़े की इस नूरा कुश्ती में समय से रास्ता निकल आएगा। इस गारंटी के साथ कि लोकपाल के दायरे में एनजीओ, मठ, कोरपोरेट घराने, मीडिया घराने शामिल नहीं किए जाएंगे। लेकिन उससे कुछ नहीं बदलेगा।

यह व्यवस्था तो बदलनी होगी। बदलाव चाहने वाले लोगों की कमी नहीं है। ऐसे लोगों की तो बहुसंख्या है जो बदलाव से ही बचेंगे। वरना पूंजीवादी साम्राज्यवाद के पिछले 400 सालों से चल रहे सफाया अभियान में उनकी बलि चढ़नी है। दुनिया इसी सवाल से जूझ रही है कि इस व्यवस्था का विकल्प क्या हो और इसे बदलने का तरीका क्या हो? पूंजीवादी साम्राज्यवाद के खंभे पाताल लोक तक गड़े हैं। न कम्युनिस्ट क्रान्तियों से उसका कुछ बिगड़ पाया है, न आर्थिक मंदियों से। वह दोनों पर पार पा लेता है, क्योंकि दोनों उसी के पेट से पैदा होते हैं। राजनीतिक प्रतिरोध का जमाना अब नहीं बचा है, अलबत्ता इधर आतंकवाद ने उसे परेशान किया हुआ है। लेकिन वह पूँजीवाद का ही बगल का बच्चा है। आतंकवाद के रहने से उसकी संसाधनों की लूट बढ़ती है और हथियारों की बिक्री। इसके लिए अपने कुछ नागरिकों की कीमती जान को खतरे में डालना उसे मंजूर है।

पिछले बीस सालों में नक्सलवाद का प्रभाव बढ़ता गया है। यह माना जाता है कि ऐसा नवउदारवादी नीतियों के परिणामस्वरूप हुआ है। देश के एक राजनैतिक समूह ने संविधान से परे जाकर नवउदारवादी व्यवस्था के विरुद्ध सशस्त्र क्रान्ति यानी एक्सट्रीम वायलेंस का रास्ता अपनाया है। उस रास्ते को ज्यादातर राजनीतिक और नागरिक समाज में सही नहीं माना जाता। कहा जाता है वह कभी कामयाब भी नहीं हो सकता। प्रधानमन्त्री जब कहते हैं कि देश को पहले नंबर पर नक्सलवाद से खतरा है तो उनका आशय यही होता है कि नवउदारवाद को नक्सलवाद से पहला खतरा है। पिछले बीस सालों में नवउदारवाद के विरोध में पूरे देश के स्तर पर अनेक अहिंसक जनांदोलन और कतिपय राजनैतिक संगठन सामने आए हैं। अहिंसक आंदोलनों को भारत का नवउदारवादी राज्य अपने लिए पहला क्या कोई बड़ा खतरा भी नहीं मानता। इसके कई कारण हो सकते हैं लेकिन सबसे सबसे बड़ा कारण है कि अहिंसक विरोधी अपने रास्ते यानी अहिंसा के एक्सट्रीम पर नहीं जाते। एक बिंदु के बाद वे अक्सर लौट आते हैं और नवउदारवादी व्यवस्था के साथ मिल-जुल जाते हैं। उनमें कई तो प्रच्छन्न नवउदारवादी होते हैं।

भ्रष्टाचार विरोधी आन्दोलन पर अपने पहले लेख 'भ्रष्टाचार विरोध : विभ्रम और यथार्थ' (युवा संवाद, मई 2011) की शुरुआत हमने लोहिया के एक कथन, कि भारत में राजनीतिक मानस का निर्माण नहीं हो पाया है, से की थी। टीम अन्ना के भ्रष्टाचार विरोधी आन्दोलन और टीम व सरकार के बीच हुए गतिरोध पर देश के नागरिक समाज, बुद्धिजीवियों और राजनेताओं का जो व्यवहार देखने को मिला है, उससे पता चलता है लोहिया पूरी तरह सही थे।

27 अगस्त 2011

पुनश्च: स्तम्भ के प्रेस में जाते-जाते सूचना मिली कि सरकार और अन्ना हजारे के बीच सहमति बन गयी है और वे जल्द अपना अनशन समाप्त करेंगे।

भ्रष्टाचार विरोध का प्रहसन पटाक्षेप की ओर

निकसत राग हजूरे का

'जिस तरह बाढ़ के बाद उतरती गंगा/तट पर तज आती विकृत शव अधखाया/वैसे ही तट पर तज अश्वत्थामा को/इतिहासों ने खुद नया मोड़ अपनाया।' (धर्मवीर भारती, 'अंधा युग')

भ्रष्टाचार विरोधी आन्दोलन, मीडिया और टीम अन्ना के भरसक प्रयासों के बावजूद, अब समाप्ती की ओर है। आन्दोलन का बहुरूपिया और मिश्रित चरित्र भी स्वयमेव उद्‌घाटित हो चुका है। लोगों को भ्रमित करने के लिए जबानी जमा-खर्च का दौर अलबत्ता अभी चल रहा है। लेकिन कब तक? किसी व्यक्ति अथवा संगठन के प्राधिकारवादी और भ्रष्ट आचरण को हमेशा के लिए लोकतंत्र और सदाचार नहीं बताए रहा जा सकता। अगर कोई बेहतर सपना और उसे फलीभूत करने की सच्ची निष्ठा न हो, भ्रष्ट राजनीति और सरकार की भर्त्सना ज्यादा दिन ढाल बनी नहीं रह सकती। यह सही है कि ज्यादातर चैनलों और अखबारों ने अन्ना हजारे और उनके आन्दोलन की 'विश्वसनीयता' बनाये रखने के लिए अभी भी कमर कसी हुई है। लेकिन 'काली करतूत' करने वाली कांग्रेस सरकार को आगे करके अन्ना हजारे और उनकी टीम के सदस्यों को साफ-सफेद दिखाने की कवायद ज्यादा दिन चलने वाली नहीं है। आन्दोलन के अंतर्विरोधों और समस्याओं को ढंकने के लिए सरकार और कांग्रेस को कोसने का 'मंत्र' असर खोता जा रहा है।

इस आन्दोलन को खड़ा करने और चलाने में यह सच्चाई कि 'जनता भ्रष्टाचार से परेशान है' काफी काम आयी है। लेकिन सच्चाई झूठ का कितने दिन साथ दे सकती है! मीडिया की कितनी ही ताकत और समर्थन हो, मानव विवेक बहुत दिनों तक कुंद करके नहीं रखा जा सकता। वर्ग-विशेष के स्वार्थों की पूर्ति करने वाली व्यवस्था देर तक चल सकती है, उसके समर्थन का आन्दोलन नहीं। क्योंकि आन्दोलन के साथ जुड़ा व्यवस्था परिवर्तन का अर्थ अभी पूरी तरह खत्म नहीं हुआ है। शासक वर्ग के साथ नाभि-नाल बद्ध नागरिक समाज और सरकार

के बीच के आपसी संघर्ष में दोनों की स्वार्थसिद्धि भले ही होती हो, उसे जनता और सरकार के बीच का संघर्ष देर तक बताए नहीं रखा जा सकता।

आन्दोलन में उत्साह से शामिल होने वाले नागरिकों में बहुतों का मोहभंग होने लगा है। टीम के प्रमुख सदस्यों में आपसी झगड़े बढ़ गये हैं। कुछ प्रमुख सदस्य टीम से बाहर निकल गये हैं। पिछले छह-सात महीनों से टीम में प्रमुखता पाने के अभिलाषी कुछ प्रमुख समर्थक अपने ठिकानों पर वापस लौटने लगे हैं। उनमें कई के ठिकाने कांग्रेस में या कांग्रेसियों के साथ हैं। उनमें कई कहने लगे हैं कि उनका आन्दोलन को अंधसमर्थन कभी नहीं था। राजनीति को कोसने और 'लोकशक्ति' के जाग उठने के कोरस में शामिल होने वाले अब खुद राजनेताओं की तरह पैंतरे ले रहे हैं। आन्दोलन के अवसान पर जो बहस और बयानबाजी हो रही, उसे दयनीय ही कहा जा सकता है।

अन्ना हजारे के कुछ उग्र समर्थकों यानी उग्र राष्ट्रवादियों ने टीम के प्रमुख सदस्य प्रशान्त भूषण पर उनके चैंबर में घुस कर शारीरिक हमला कर दिया। उनका यह कृत्य नितांत निंदनीय है। हालांकि यह भी देखना चाहिए कि छोटी पिटाई, मसलन शराबियों को पेड़ से बांध कर सबक सिखाने वाली, स्वीकृत होगी तो बड़ी पिटाई का रास्ता भी खुला रहेगा। यह रास्ता अंततः उन हथियारों तक जाता है, जिनके प्रहार से मानवता ही खत्म हो जा सकती है। अरविंद केजरीवाल को कुछ अन्ना समर्थक गद्दार बता रहे हैं, जो अन्ना और आन्दोलन पर अपना कब्जा जमाना चाहता है। उन्हें कौन समझाए कि जो धन और दिमाग लगाएगा, आन्दोलन पर कब्जा भी उसी का रहेगा। अन्ना हजारे कई बार कह चुके हैं कि वे प्रशान्त भूषण और केजरीवाल के बीच अहम के टकराव को जल्दी ही ठीक कर देंगे। लेकिन ठीक होने के बजाय हालात बेहूदा होते गये हैं।

आन्दोलन के मार्फत होने वाली कारपोरेट क्रान्ति की सच्चाई जल्दी ही सामने आने लगी थी। उसका प्राधिकारवादी और सांप्रदायिक चरित्र जन्तर-मन्तर पर ही अच्छी तरह प्रकट हो चुका था। लेकिन उसके साथ जुटे अनुभवी जनान्दोलनकारियों, पत्रकारों और सरोकारधर्मी सिविल सोसायटी एक्टिविस्टों ने अपने आंखें, कान और मुंह बंद कर लिए। शायद यह सोच कर कि मीडिया उनके साथ है तो आन्दोलन के चरित्र की सच्चाई जनता तक नहीं पहुंच पाएगी। उससे पहले ही मीडिया की लहरों पर सवार टीम अन्ना और उसके साथ लटक कर वे खुद जनता तक जा पहुंचेंगे और उसे आन्दोलन के पक्ष में लामबंद कर लेंगे। इस प्रकल्पना में इतना और जोड़ दें...जो कसर बाकी रहेगी, उसे संघ संप्रदाय अपने नेटवर्क और अडवाणी अपनी रथयात्रा से पूरा कर देंगे। अंतिम परिणति में आन्दोलन का बेनेट भाजपा के हाथ में होगा।... वही हुआ है। अगर जनता लामबंद हो भी जाती या आगे हो जाए, जैसा कि अरविंद केजरीवाल का दावा है कि कांग्रेस उनके

खिलाफ कीचड़ उछालने का गंदा खेल बंद नहीं करती तो अगली बार आन्दोलन को दस गुना समर्थन होगा, तब भी जनता को कुछ नहीं मिलना है।

पूरे आन्दोलन में आरएसएस की जो भी भूमिका रही हो, खास समाजवादियों ने टीम अन्ना का अड़ कर साथ दिया है। मजेदारी देखिए, अन्ना हजारे का कभी समाजवादी विचारकों, विचारधारा, किसी आन्दोलन अथवा कार्यक्रम से दूर का भी संबंध नहीं रहा है। लेकिन खास समाजवादियों ने उन्हें अपना आदमी और उनके रास्ते को अपना रास्ता बताते हुए आन्दोलन में अंधी छलांग लगा दी। जब सरकार ने अन्ना और उनकी टीम के 'गड़े मुर्दे उखाड़ने' का 'घटिया' अभियान चलाया तो सरकार को सबसे ज्यादा इन समाजवादियों ने ही धिक्कारा। उन्होंने टीम अन्ना की सेवा और बचाव में यह कहते हुए मोर्चा सम्हाल लिया कि आन्दोलन उनकी विरासत का हिस्सा और उसे आगे बढ़ाने वाला है। जेपी की वृद्ध विधवाएं अन्ना की चूड़ियां पहन कर नवविवाहिताओं के से उमांह में आ गईं। नए-नए देवर, ननद और भौजाइयों का भरापूरा कुनबा मिला तो भाग्य पर बलिहारी जाने लगीं। गांधीवादियों का भी उनके साथ सहज घरोपा हो गया। लोहिया देर तक बचे रहे, लेकिन उन्हें भी खींच लिया गया और कहा गया कि अन्नावादी ही असली लोहियावादी हैं। पटाक्षेप की तरफ बढ़ता यह आन्दोलन खास समाजवादियों की दयनीय परिणति को भी दर्शा गया है जो अभी और होनी शेष है।

भ्रष्टाचार की खिलाफत और सख्त लोकपाल कानून बनाने की वकालत मार्क्सवादियों ने भी की, लेकिन वे जल्दी सम्हल गये और गांधीवादियों और समाजवादियों की तरह आन्दोलन के बहाव में नहीं आए। भ्रष्टाचार और मंहगाई के खिलाफ उन्होंने टीम अन्ना और भाजपा से अलग अपने कार्यक्रम आयोजित किए। इस आन्दोलन पर हमने पहले लेख की शुरूआत लोहिया के एक कथन से की थी कि भारत में राजनीतिक मानस का निर्माण नहीं हो पाया है। भ्रष्टाचार विरोधी आन्दोलन से कई सबक निकलते हैं। उनमें एक है, असहमति के जो भी बिंदु हों, भारत में राजनीतिक मानस का निर्माण सबसे से ज्यादा मार्क्सवादी समूहों में हुआ है।

अब इस आन्दोलन पर कुछ कहने के लिए बचा नहीं है। लेकिन पिछले तीन लेख पढ़ने वाले कई पाठकों का कहना है कि उन्हें आन्दोलन की समीक्षा की समापन किश्त का इंतजार है। उनके आग्रह पर हम यह लेख लिख रहे हैं। हम अपने कुछ मित्रों और अग्रजों के आभारी हैं जिन्होंने पहले लेख से हमारी समीक्षा को पढ़ा और मिल कर बातचीत में या फोन पर अपनी राय व्यक्त की। यह जिक्र हम इसलिए कर रहे हैं कि जैसा माहौल था, उसमें प्रोफेसर अनिल सदगोपाल, प्रोफेसर रणधीर सिंह, प्रोफेसर रूपरेखा वर्मा, आनंद स्वरूप वर्मा, विनोद अग्निहोत्री, प्रोफेसर हरीश शर्मा, कामरेड बलदेव सिहाग सरीखे साथियों का साथ संबल की तरह था। वरना ज्यादातर साथी हमारी 'अतिवादी' और 'शुद्धतावादी'

समीक्षा पर खफा हो गये। उन्होंने अप्रत्यक्ष वार भी किए। यह जताते हुए कि आन्दोलन का हमारा विश्लेषण जल्दी ही गलत सिद्ध होगा और बड़े आन्दोलन से बड़ा मकसद अपने आप सामने निकल कर आ जाएगा।

आम तौर पर नेताओं पर 'निकटदर्शी' होने का आरोप लगाया जाता है। लेकिन नेताओं के निंदक भी दूरदर्शिता का परिचय नहीं दे पाए। अश्वत्थामा युधिष्ठिर के अर्द्धसत्य का शिकार होता है। अगर अश्वत्थामा को अनेक अर्द्धसत्यों से छली जाने वाली भारतीय जनता का प्रतीक मानें तो आन्दोलन के उतार के बाद वह विकृत अधखाए शव की तरह पड़ी नजर आएगी। भ्रष्टाचार विरोधी आंदोलनकारी 'दूसरी आजादी' और 'क्रान्ति' की घोषणा ऊंचे स्वर में कर रहे थे- 'अश्वत्थामा हतोहता', और 'नवउदारवादी' केवल मन में बोल कर रह जाते थे- 'नरो वा कुंजरो वा'! यह प्रतीकार्थ चाहें तो पूंजीवादी व्यवस्था के पूरी दुनिया में फैले जाल और कारनामों पर भी लागू कर सकते हैं।

स्पष्ट है कि यह प्रतिक्रान्ति है, जिसमें मेहनतकश जनता के साथ विश्वासघात करने में शासक वर्ग, मीडिया और नागरिक समाज एक टीम बन गये हैं। टीम अन्ना आन्दोलन की परिकल्पना और संचालन करने वाली बीज हस्तियों और इंडिया अगेंस्ट करप्शन (आईएसी) में शामिल महानुभावों तक सीमित नहीं है। सभी समर्थक - मनमोहन से लेकर अडवाणी तक - टीम अन्ना में शामिल हैं। मनमोहन सिंह का यह कहना स्वाभाविक है कि भ्रष्टाचार विरोधी आन्दोलन ने अपना उद्देश्य पूरा कर दिया है। यानी, जैसा कि मनमोहन सिंह खुद चाहते हैं, देश में भ्रष्टाचार रहित नवउदारवादी व्यवस्था चलानी है तो लोकपाल कानून बनाना होगा। अडवाणी भी वही काम करने निकले हैं। एक साक्षात्कार में अन्ना से पूछा गया कि उनकी टीम के प्रमुख सदस्य प्रशान्त भूषण नवउदारवाद के और अरविंद केजरीवाल कांग्रेस के विरोधी हैं। अन्ना ने सवाल करने वाले को कहा कि वे दोनों को इस बाबत समझाएंगे। हमने पहले लेख में बताया था कि अन्ना हजारे विश्व बैंक का ईनाम पा चुके हैं। मनमोहन सिंह विश्व बैंक के आदमी हैं। दोनों नवउदारवादी हैं। फर्क के तौर पर यही कहा जा सकता है कि मनमोहन सिंह जहाँ औपचारिक रू५ से नवउदारवादी हैं, अन्ना हजारे की हैसियत अनौपचारिक है। बहरहाल, इस साज का कोई भी तार कहीं से खींच लीजिए, कोई भी खूंटी मरोड़ लीजिए - राग एक ही निकलना है। आप चाहें तो इसे 'राग हजारे' भी कह सकते हैं।

मसीहा बनाने की मुहिम

'दुनिया न कचरे का ढेर कि जिस पर/दानों को चुगने चढ़ा हुआ कोई भी कुक्कुट/कोई भी मुरगा/यदि बांग दे उठे जोरदार/बन जाए मसीहा' (मुक्तिबोध, 'अँधेरे में')

यह होना ही था कि टीम अन्ना के साथ जुटे गांधीवादी, समाजवादी, जनांदोलनकारी, बुद्धिजीवी, पत्रकार अन्ना और उनकी टीम के बचाव की हर चंद कोशिश करेंगे। वे सुनियोजित रणनीति के तहत अन्ना और उनकी टीम को गांधीवादी, लोकतांत्रिक, धर्मनिरपेक्ष, सामाजिक न्यायवादी आदि सिद्ध करने में जुटे हैं। रालेगांव में अन्ना को महात्मा की उपाधि देने का प्रायोजन हुआ। 'विनम्र' अन्ना ने इनकार करते हुए डॉ. अंबेडकर और ज्योतिबा फुले के नए नाम लिए। विस्थापितों के लिए काम करने वाले जनांदोलनकारी उनसे भूमि अधिग्रहण; लोकतंत्र संवर्द्धन का काम करने वाले चुनाव सुधार; राजनीति को बुरा बताने वाले राजनीति न करने आदि के 'तीन वचन' भरवाते रहते हैं। आन्दोलन की 'सफलता' पर गद्गद् अन्ना और टीम को कोई भी वचन देने में फिलहाल कोई हर्ज नहीं लगता। वचन लेने वाले भले मुगालते में हों, वचन देने वालों को कोई मुगालता नहीं है। वे जानते और मानते हैं कि आगे इन सभी समस्याओं के समाधान नवउदारवाद की संगति में होने हैं।

आरएसएस से सहयोग और संबद्धता के चलते पैदा धर्मनिरपेक्षतावादियों की लज्जा को ढंकने के लिए उन्हीं के कहने पर अन्ना आरएसएस के सहयोग से इनकार कर देते हैं। सभी जानते हैं आरएसएस खुद कितने ही कृत्यों से इनकार कर देता है, जो उसने सरेआम किए होते हैं। अन्ना का इनकार भी वैसा ही है। इस मसले पर दूसरों को हलकान कर डालने में माहिर धर्मनिरपेक्षता के झंडाबरदार अन्ना से पलट कर नहीं पूछते कि आरएसएस से कोई संबंध नहीं है तो मोहन भागवत का पत्र लेने से उसी समय इनकार क्यों नहीं कर कर दिया? धर्मनिरपेक्षतावादी यह भी नहीं कहते कि सवाल सांप्रदायिक होने या नहीं होने का है। आरएसएस का सदस्य न होने पर भी कोई व्यक्ति सांप्रदायिक हो सकता है। देश में एक बड़ी आबादी है जो आरएसएस से संबद्ध न होने पर भी सांप्रदायिक सोच वाली है। सभी धर्मों में सांप्रदायिक सोच वाले लोग और संगठन हैं। देश की शायद ही कोई चुनाव जीतने वाली पार्टी हो, जो सांप्रदायिक कार्ड न खेलती हो।

अन्ना हजारे सांप्रदायिक नहीं होते तो उनके प्रचारक अभी तक उनके 1984 के सिख विरोधी दंगों, 1992 के बाबरी मस्जिद ध्वंस और 2002 के गुजरात दंगों पर दिए गये निंदा वक्तव्यों को सामने ले आते। ये सभी कांड उनकी सक्रियता के दौर के हैं। अगर उन्होंने इन घटनाओं की निंदा उसी समय नहीं की है और आज भी नहीं करते हैं, तो वे सांप्रदायिक हैं। इसमें ज्यादा गुणा-भाग की जरूरत नहीं है। ज्यादा से ज्यादा यही कहा जा सकता है कि आरएसएस औपचारिक रूप से सांप्रदायिक है, अन्ना हजारे अनौपचारिक रूप से। बेहतर हो कि अन्ना को धर्मनिरपेक्ष सिद्ध करने में लगे उनके समर्थक बात को घुमाने-फिराने के बजाय

सीधा कहें कि उन्हें भ्रष्टाचार की खिलाफत और विकास तथा सुशासन करने वालों की सांप्रदायिकता से ऐतराज नहीं है। ऐसा मानने वाले नागरिक समाज में बहुत-से सज्जन हो गये हैं। वे नरेंद्र मोदी का गुणगान इसी आधार पर करते हैं। टीम अन्ना में ऐसे सदस्यों की कमी नहीं है।

आरएसएस से जुड़ाव के मसले पर कांग्रेसी रोष को शांत करने के लिए अन्ना को सलाह दी जाती है कि वे मनमोहन सिंह, सोनिया गाँधी, राहुल गाँधी का स्मरण बीच-बीच में करते रहें। अन्ना को खुद उनसे कोई शिकायत नहीं है। वे तो 'चंडाल चौकड़ी' से खफा हैं। हालांकि जिसे चंडाल चौकड़ी कह कर दुत्कारा जा रहा है, वह भी समग्र टीम का अविभाज्य हिस्सा है। अन्ना को साफ-सफेद मसीहा बनाने की मुहिम में बीच-बीच में कुछ सयाने लोग 'मित्रतापूर्ण आलोचना' की अर्जी लगाते हैं, जो खारिज हो जाती है। अन्ना की शर्त है, झुक कर जो कहलवाना है कहलवा लो, तेजी बरदाश्त नहीं होगी। अलबत्ता काफी तेजी दिखाने वाले उनके आलोचक मित्र डर भी जाते होंगे; कहीं भाजपा अगले चुनाव में जीत कर अन्ना को सचमुच राष्ट्रपति न बना दे! कहने की जरूरत नहीं कि अन्ना हजारे को बड़ा और उनकी टीम को छोटा मसीहा बना कर धर्मनिरपेक्षतावादी वास्तव में अपना बचाव कर रहे हैं।

दरअसल, आन्दोलन में उमड़ी मध्यवर्गीय भीड़ को देख कर ये लोग इस कदर अभिभूत हो उठे कि अन्ना और आन्दोलन की महिमा का गान-बखान एकबारगी ही आसमान पर पहुंचा दिया। एक प्रहसन को महाकाव्य बताने में कलम और वाणी का ऐसा दुरुपयोग शायद ही कभी और कहीं हुआ हो। संघ के नेताओं ने राममंदिर आन्दोलन को आजाद भारत का सबसे बड़ा जन आन्दोलन प्रचारित किया था। निस्संदेह वह एक देशव्यापी आन्दोलन था। लेकिन धर्मनिरपेक्षता के संवैधानिक मूल्य के प्रति निष्ठावान सचेत नागरिकों ने उस सांप्रदायिक आन्दोलन का समर्थन नहीं किया। समाजवाद के संवैधानिक मूल्य में आस्था रखने वाला कोई सचेत नागरिक नवउदारवाद के हित में होने वाले भ्रष्टाचार विरोधी आन्दोलन का भी समर्थन नहीं कर सकता। जो यह कर रहे हैं, उन्हें एक के बाद एक अर्द्धसत्यों का सहारा लेना पड़ रहा है।

हमारे मित्र प्रेमपाल शर्मा बड़े संजीदा इंसान हैं। उनका मानना है कि हिन्दी पट्टी का विकास वहाँ के निवासियों की काहिली और कूपमंडूकता के कारण रुका हुआ है। वे आन्दोलन के पहले दिन से ही कह रहे हैं कि अन्ना गाँधी का काम कर रहे हैं, इसलिए वे उनके समर्थक हैं। पीछे उन्होंने अपने समर्थन की यह कह कर ताईद की कि 'पतन की पट्टी' में पड़ा उनका गाँव अन्ना के गाँव जैसा आदर्श हो सकता था, लेकिन किसी ने अन्ना जैसा प्रयास नहीं किया। इसीलिए वे अन्ना का समर्थन करते हैं। शर्मा जी को देखना चाहिए कि

विश्व बैंक या वैसी किसी आर्थिक संस्था के धन से एक गाँव को 'आदर्श' बना लेना पूंजीवादी व्यवस्था के अंतर्गत आता है। यह काम अन्ना ही नहीं, सरकारें और नेता भी करते हैं। शर्मा जी के अपने प्रांत में अंबेडकर गाँव हैं। अन्य राज्यों में भी इस तरह के विशेष गाँव मिल जाएंगे। इस व्यवस्था में देश के बाकी लाखों गाँव ऊजड़ होते हैं या स्लम बन जाते हैं। गाँधी की ग्राम स्वराज की अवधारणा सभी गांवों के लिए है। पूंजीवादी यथार्थ के चलते गांधीवादी आदर्श के लिए जगह नहीं बन सकती। देशी-विदेशी फंडिग से जो 'गांधीवादी काम' होते हैं, वे न ही हों तो बेहतर है। जिन अन्ना को गाँधी बना कर पेश किया गया है, उनमें एक पूंजीवादी सामाज सुधारक के सभी गुण और अंतर्विरोध मौजूद हैं। वाजिब यही है कि अन्ना को अन्ना और गाँधी को गाँधी रहने दें।

ऊपर उद्धृत काव्य पंक्तियां कविता में मुक्तिबोध ने गाँधी से कहलवाई हैं जो क्रान्ति के आकांक्षी काव्य-नायक को संबोधित करते हैं। गाँधी प्रचलित आधुनिक सभ्यता के मसीहाई अथवा महामानववादी दर्शन के बरक्स साधारणता की प्रतिष्ठा के चिंतक हैं। उनका चिन्तन आधुनिकता के उस ओट कर दिए गये पक्ष को सामने लाता है, जिसमें साधारणता को मनुष्य की सार्थकता की कसौटी माना जाता है। अन्ना को मसीहा बना कर पेश करने वाला यह आन्दोलन जो भी हो, गांधीवादी कतई नहीं है। अन्ना हजारे की सादगी अथवा ईमानदारी का तर्क नहीं चलेगा। इस मामले में मनमोहन सिंह का कोई जोड़ पूरी दुनिया में नहीं है। अन्ना ट्रस्ट के धन से दो लाख का बिना हिसाब खर्च कर सकते हैं, लेकिन मनमोहन सिंह पूरे देश के 'ट्रस्टी' होने के बावजूद दो पैसे का भी बेहिसाब खर्च शायद ही करें। आन्दोलन की परिणति पर समर्थक कहते हैं कि अन्ना की प्रतिष्ठा का कुछ निहित स्वार्थी बेजा फायदा उठा रहे हैं। इसमें अन्ना का कोई कसूर नहीं है। लेकिन ऐसा है नहीं। फायदा उठाने का कारोबार दोतरफा है। अन्ना को भी अपनी प्रतिष्ठा के लिए उन सबका साथ चाहिए। आन्दोलन के नीचे से धन और हैसियतमंदों के आधार को हटा दीजिए, अन्ना वही बचेंगे जो पहले थे।

जैसा कि हमने पहले भी कहा है, इस आन्दोलन में सबसे ज्यादा भोंड़ा बर्ताव गाँधी के साथ हुआ है। नब्बे के दशक में यही नागरिक समाज गाँधी को अपनी पार्टियों के बाहर भिखमंगा बना कर खड़ा करता था। कुछ लोग गाँधी बने बहरुपिये से शराब सर्व करवाते थे। हमने थोड़ा कड़ाई से कई जगह कहा और लिखा तो वह फैशन बंद हुआ। नवउदारवाद के प्रभाव में हम धीरे-धीरे अपने प्रतीकों के अर्थ और प्रेरणाएं खोते जा रहे हैं। यह अकेले गाँधी के साथ नहीं हो रहा है। भारत में यह एक पूरी रामकहानी है जिसे यहाँ नहीं कहा जा सकता। प्रशान्त भूषण पर हमला करने वाले राम और भगत सिंह से प्रेरित बताए गये हैं।

जो समाज अपने प्रतीकों के साथ गंभीरतापूर्वक निर्वाह नहीं करता, अपनी

पहचान और स्वतंत्रता गंवा बैठता है। यह आन्दोलन इस मायने में वाकई बड़ा और दूरगामी प्रभाव वाला कहा जाएगा कि नई और आने वाली पीढ़ियां गाँधी को अन्ना और उनकी टीम की छवि में देखेंगी। तब उन्हें यह सहज स्वीकार्य होगा कि सांप्रदायिक और तानाशाही फितरत का कोई व्यक्ति गाँधी की खाल ओढ़ कर मसीहा बन सकता है।

पूँजीवाद की गहरी नींव

हमारा स्पष्ट मत रहा है कि इंडिया अगेंस्ट करप्शन और उससे निकली टीम अन्ना का भ्रष्टाचार विरोधी आन्दोलन नवउदारवादी व्यवस्था को मजबूत करने के लिए हुआ है। हम यह भी स्पष्ट कर चुके हैं कि नवउदारवादी व्यवस्था की मजबूती का यह काम अनजाने या भटकाव के कारण नहीं, स्वाभाविक रूप में हुआ है। नवउदारवादी व्यवस्था और उसके संचालकों ने समय पर हस्तक्षेप करके आगे का रास्ता साफ कर लिया है। नवउदारवाद की मजबूती का यह उद्यम दुनिया और भारत में कोई अनोखी या परेशानी की बात नहीं है, बशर्ते उसे उसी रूप में देखा जाए। पूँजीवाद की धुरी पर टिकी आधुनिक औद्योगिक सभ्यता में ज्यादातर शासक वर्ग नवउदारवाद की मजबूती में लगा है। उसे नवउदारवाद की मजबूती में ही दुनिया का कल्याण दिखाई देता है।

आप देख सकते हैं 'दूसरी आजादी' मिल जाने और 'क्रान्ति' हो जाने के बावजूद किसी भी क्षेत्र और विषय में नवउदारवाद के विरोध संबंधी कोई निर्णय राज्यसत्ता द्वारा नहीं लिया गया है। इससे पूरी टीम को कोई परेशानी नहीं है, जैसे कि उसे पहले के नवउदारवादी फैसलों से भी नहीं थी, जिनके चलते देश में घोटालों की बाढ़ आ गयी। उसने जन लोकपाल विधेयक को 'हारिल की लकड़ी' की तरह पकड़ा हुआ है। उसी में उसे सारी मुक्ति दिखाई देती है। हमने ऊपर बताया कि अन्ना से जब यह पूछा गया कि आपकी टीम के सदस्य प्रशान्त भूषण नवउदारवाद के और अरविंद केजरीवाल कांग्रेस के विरोधी हैं, तो अन्ना ने दोनों को सही रास्ते पर लाने का भरोसा दिया। वैश्विक आर्थिक संस्थाओं, बहुराष्ट्रीय कम्पनियों, एनजीओ, दलालों, बिल्डरों और मुख्यधारा राजनीति के बल पर कारपोरेट पूँजीवाद पहले की तरह बिना रोक-टोक चल रहा है।

आप ध्यान करें, 'दूसरी आजादी' और 'क्रान्ति' होने की घोषणाओं के साथ नवउदारवादी विज्ञापनों की दुनिया यथावत दिखाई जा रही थी। दोनों में असंगति की चर्चा एक बार भी किसी कोने से नहीं उठी। क्योंकि दोनों में असंगति है ही नहीं। देशभक्ति के ज्वार में झूमते चैनलों में एक भी ऐसा नहीं था जो उतने दिन विज्ञापनों को परे हटा कर केवल 'दूसरी आजादी' और 'क्रान्ति' का संदेश प्रसारित करता! टीम अन्ना के अगुआ जब कहते हैं कि उन्हें किसी राजनीति या

पार्टी से लेना-देना नहीं है, केवल जन लोकपाल कानून बनने से वास्ता है, तो बात अपने आप स्पष्ट हो जाती है- उनका जन लोकपाल कानून नवउदारवाद की मजबूती का कानून है। भूमि अधिग्रहण और चुनाव सुधार आदि मसलों को अन्ना और उनकी टीम से उठवाने के वकील अगर वाकई नहीं समझ पाए हों तो समझ लें, जैसा कि ऊपर कहा गया है, आगे इन सब मसलों का नवउदारवादी फ्रेमवर्क में समाधान निकाला जाएगा और फटाफट निकाला जाएगा। आन्दोलन की सफलता के बाद प्रकट और प्रच्छन्न नवउदारवादियों को देरी बरदाश्त नहीं होगी। निकट भविष्य में, जब प्रछन्नता का आच्छादन उतार कर फेंक दिया जाएगा तो नवउदारवादियों की सेना का विकट रूप देखने लायक होगा।

आन्दोलन में जिन लोगों का सैलाब उमड़ा, वे नवउदारवादी व्यवस्था से बाहर नहीं होना चाहते। जाहिर है, वे बाहर नहीं होंगे तो दूसरे लोग होंगे- करोड़ों किसान, आदिवासी, खुदरा दुकानदार, बेरोजगार नौजवान। टीम अन्ना ने आंदोलनोत्तर जो अभियान छेड़ा हुआ है वह दरअसल उस बदहाल आबादी को अपने स्वार्थ में इस्तेमाल करने का अभियान है, जो या तो बाहर हो चुकी है या आगे होती जाएगी। जनता को छलने का यह मुख्यधारा राजनीति वाला तरीका ही है। हालांकि उससे खतरनाक, क्योंकि इसमें अराजनीतिक होने का पाखंड किया जाता है। क्योंकि राजनीतिक विरोध नहीं होगा तो नवउदारवाद निश्चिंत होकर चलेगा।

दीवारों पर यह साफ इबारत लिखी है कि भारत में नवउदारवाद को आगे बड़े काम करने हैं। शिक्षा से लेकर सेना तक को निजीकृत करना है। फालतू आबादियों को साफ करना है और बचने वाली आबादी के क्लोनीकरण का काम पूरा करना है। नस-नस में प्रतिस्पर्द्धा, हिंसा, ड्रग और सैक्स का सामान करना है। रामलीला मैदान के पहले और दौरान जिस तरह का उत्तेजनापूर्ण माहौल मीडिया, टीम अन्ना और सरकार ने मिल कर बनाया, उसमें अन्ना की कोई जरा-सी चोट अथवा अनशन के दौरान हल्की मूर्छा भीड़ को हिंसक बना सकती थी, जिसमें बड़ी संख्या में लोग हताहत हो सकते थे। वह भीड़ वैसी ही 'अहिंसक' थी जैसे खुद अन्ना हैं, जो बात-बात पर फांसी देने, पाकिस्तान पर हमला करने तथा महाराष्ट्र में मजदूरी का काम करने वाले उत्तर भारतीयों को पीट कर खदेड़ने की ललकार देते रहते हैं।

भारत के मध्यवर्ग की हिंसक प्रवृत्ति उसके रोजमर्रा के व्यवहार में कदम-कदम पर देखी जा सकती है। उदाहरण के तौर पर, अन्ना के 'अहिंसक' आंदोलनकारी कॉलोनियों में कारें खड़ी करते और सड़कों पर चलाते वक्त एक-दूसरे से झगड़ते, गालियां बकते और मारपीट करते नजर आते हैं। इधर टीम के सदस्य और समर्थक आपस में लात-घूंसा और जूता-चप्पल कर रहे हैं। दरअसल, भारत का बड़े और महानगरों में रहने वाला ज्यादातर मध्यवर्ग नवउदारवादी प्रभावों के चलते या तो

उग्र होता है या डिप्रैशन का शिकार। वह जमाना कब का बीत गया जब परिवर्तन की वैचारिक प्रेरणाओं के फलीभूत न होने पर मध्यवर्ग के राजनीतिक सोच के लोग विरक्त से लेकर सेजोफ्रेनिक तक हो जाते थे। अब हर कदम पर नित नई उपलब्धि न होने के गुस्से में भरे लोग या तो उग्र होते हैं या डिप्रैशन में आ जाते हैं। आपको केवल वे ही लोग 'स्वस्थचित्त' मिलेंगे, जो प्रकट या प्रच्छन्न रूप में नवउदारवाद का स्वीकार और भोग करते हैं।

आन्दोलन से पैदा हुई ऊर्जा का तर्क समर्थकों द्वारा ऐसे दिया जाता है गोया तर्क की अपनी कोई प्रणली या प्रमाण न होता हो। कितने ही गम्भीर नागरिक आन्दोलन के इसलिए समर्थक हो गये कि आन्दोलन ने भारी ऊर्जा पैदा कर दी है, जिसका सही उपयोग होना जरूरी है। जाहिर है, सही उपयोग की सबकी अपनी-अपनी धारणा है। आन्दोलन से जो ऊर्जा पैदा हुई है, उसे सही दिशा में लगाने के आकांक्षी यह समझने को तैयार नहीं हैं कि जिस उद्देश्य के लिए वह पैदा हुई थी, वहाँ पहले ही अच्छी तरह लग चुकी है। आधुनिक औद्योगिक सभ्यता ऊर्जा से संचालित सभ्यता है। वह जो ऊर्जा पैदा करती है उससे उसी का संचालन होता है। ऊर्जा की खोज, उसे हासिल करने की तकनीकी और उद्देश्य में ही यह निहित है। उससे गांधीवादी या समाजवादी सभ्यता के निर्माण का सपना देखना तर्कसंगत नहीं है। हालांकि पूरे उपनिवेशवादी दौर से आज तक ऐसा सपना पालने वालों की कमी नहीं रही है।

यूरोप में कुछ देशों में सरकारों द्वारा किए जाने वाले सादगी उपायों और उनके खिलाफ नागरिकों के आंदोलनों से लेकर अमेरिका में वाल स्ट्रीट प्रतिरोध तक देखा जा सकता है कि पूँजीवाद ने कितनी गहरी नींव जमाई हुई है। उनमें कोई भी यूरोप के अराजकतावादियों से लेकर भारत के गाँधी तक प्रस्तावित वैकल्पिक व्यवस्था का हामी नहीं है। पूंजीवादी विकास के खिलाफ सारे तर्क, तथ्य और प्रमाण होने के बावजूद वह हमारी दुनिया और जिंदगी से जाने की तैयारी में नहीं दिखता। बल्कि, यूरोप-अमेरिका के वृद्ध पूँजीवाद ने तीसरी दुनिया के शासक वर्ग में नवजीवन प्राप्त कर लिया है। भारत में आप देख लें। पिछले दो दशकों में पूँजीवाद ने गहरी जड़ें जमा ली हैं और देश का एक अलग चेहरा-मोहरा उभर कर सामने आ गया है। पूंजीवादी व्यवस्था की शिकार ज्यादातर आबादी की अंतरचेतना को भी अपने अनुकूल ढाल लेने का दुश्कर काम काफी हद तक कर लिया गया है। जयशंकर प्रसाद ने 'कामायनी' (1936) में इस सभ्यता के बारे में जो लिखा था- 'कितनी गहरी डाल रही है नींव' - सत्य साबित हुआ है।

एक उदाहरण देना चाहेंगे। जिस इंडिया गेट पर 'दूसरी आजादी' और 'क्रान्ति' के ध्वजाधारी जुलूस के लिए जमा हुए थे और हर शाम मोमबत्तियां जला रहे थे, वहीं कुछ दिन बाद उनके मनोरंजन के लिए उन विशिष्ट कारों का प्रदर्शन

हुआ जो नोएडा में 28-29 अक्तूबर को 'फार्मूला वन' नाम से होने वाली कार रैली में दौड़ेंगी। करोड़ों की कीमत वाली उन कारों के टायरों के निशान राजपथ की सड़क पर अभी तक खुदे हैं। वे मिटेंगे भी नहीं, विदेशों से और नई कारें करतब दिखाने के लिए आ जाएंगी। इंडिया गेट की चर्चा चली है तो यह भी देख लें कि वहाँ किसान-मजदूर इकठ्ठा नहीं हो सकते। अन्ना के आंदोलनकारी वहाँ इकठ्ठा हुए तो इसीलिए कि सरकार से लेकर आंदोलनकारियों तक की एक ही टीम है।

यह सही है कि पिछले 20 सालों के संघर्ष में नवउदारवाद के खिलाफ मैदानी जीत संभव नहीं हो पा रही थी। निकट भविष्य में भी उसकी संभावना नहीं दिखाई देती थी। लेकिन अन्ना आन्दोलन में शामिल होकर भारत के नवउदारवाद विरोधी वैचारिक लड़ाई भी गंवा बैठे हैं। पिछले बीस-पच्चीस सालों में नवउदरवाद की नियामक संस्थाओं और उनके आदेश को लागू करने वाली राजनीति के विरोध में जो भूमिका और ताकत बन रही थी, वह न केवल पीछे धकेल दी गयी है, उसका परिप्रेक्ष्य भी गड्मड् कर दिया है। मार्क्सवादियों की पूंजीवादी विकास के मॉडल को अपनाने पर आलोचना करने वाले सीधे नवउदारवाद समर्थक आन्दोलन में शरीक हैं। नक्सलवादियों के धन के स्रोतों पर सवाल उठाने वाले विदेशी धन और जनता की गाढ़ी कमाई की लूट पर पलने वालों का बचाव कर रहे हैं।

आन्दोलन के मैनेजरों के दिमाग की दाद देनी होगी कि उन्होंने देश से बहुराष्ट्रीय कम्पनियों को बाहर खदेड़ने और उस लक्ष्य को हासिल करने के लिए नई राजनीति विकसित करने के वाकई बड़े संघर्ष को किनारे करके, मुठ्ठी भर लोगों द्वारा तैयार किए गये एक विधेयक को कानून बनाने का संघर्ष सबसे बड़ा बना दिया। उनकी खूबी और बढ़ जाती है जब परिवर्तनकारी चिन्तन और आंदोलनों से जुड़े महत्त्वपूर्ण लोग उनके समर्थन में पूरा हांगा लगा देते हैं। यह कहते हुए कि कारपोरेट घराने, मीडिया घराने, उद्योगपतियों की संस्थाएं, धर्म के धंधेबाज, एनजीओबाज, फिल्मी सितारे, अवकाश प्राप्त नौकरशाह, विश्व बैंक से लेकर फोर्ड फाउंडेशन तक की एजेंटी करने वाले नागरिक समाज एक्टिविस्ट और बुद्धिजीवी जनांदोलनकारी हैं। अन्ना हजारे की मानें तो नरेंद्र मोदी, नीतीश कुमार, बाल ठाकरे-राज ठाकरे, मनमोहन सिंह-सोनिया गाँधी-राहुल गाँधी सबसे बड़े जनांदोलनकारी हैं। जनान्दोलनकारियों का एक भरा-पूरा नया घराना सामने लाकर मैनेजरों ने निश्चय ही चमत्कार कर दिखाया है।

आगे का रास्ता

"किसान आन्दोलन आज जिस स्थिति में है उसको एक स्वत:स्फूर्त विद्रोह या ट्रेड यूनियन की कोटि में ही रखा जा सकता है। उसका राजनीतिकरण कैसे

होगा या उसका वैचारिक विकास कैसे होगा, इसका उत्तर परमात्मा ही दे सकेगा क्योंकि इस वक्त जो संगठित राजनीति और बुद्धिजीवी वर्ग हैं, वे सहायक सिद्ध नहीं हो रहे हैं। इस वक्त यही उम्मीद की जा सकती है कि गाँव और जंगल के अनपढ़ लोग अपने अंदर से ही कुछ प्रोफेसर (यानी एक बुद्धिजीवी समूह) पैदा कर डालेंगे। अगर ऐसा नहीं हुआ तो यह निर्दलीय-अराजनीतिक किसान आन्दोलन बिखर सकता है। अगर बिखर जाएगा तो हमारे प्रोफेसर लोग और नेता लोग आह्लादित होकर कहेंगे, "हमारी भविष्यवाणी सही निकली।" इसलिए हम भविष्यवाणी करते हैं कि राजनीति और बौद्धिक वर्ग की अकर्मण्यता के कारण किसान आन्दोलन एक व्यर्थ अध्याय साबित हो सकता है। लेकिन इसकी भी संभावना है कि भारत का निर्दलीय-अराजनीतिक किसान आन्दोलन अपना एक बुद्धिजीवी समूह और अपनी एक राजनीति पैदा कर लेगा।" (किशन पटनायक, 'किसान आन्दोलन : दशा और दिशा') किशन पटनायक का 1989 का यह उद्धरण भ्रष्टाचार विरोधी आन्दोलन की शुरू से अब तक की समीक्षा में असंदर्भित लग सकता है। यह उद्धरण देने का औचित्य हम थोड़ा बाद में स्पष्ट करेंगे।

अनशन तोड़ने के दिन से ही टीम अन्ना का ऐलान है कि संघर्ष आगे जारी रहेगा। उनके पास धन और लोग हैं। भाजपा चाहती है यह संघर्ष जारी रहे। भाजपा के चाहने का अर्थ दोनों तरह की सहायता है। कांग्रेस गहरी है। वह भाजपा से ज्यादा चाहेगी कि टीम अन्ना का आन्दोलन कम से कम कुछ आने वाले समय तक, कांग्रेस के विरोध की कीमत पर भी, जारी रहे। आन्दोलन ने नवउदारवाद के विरुद्ध संघर्ष को जो पीछे किया है, उसका महत्व कांग्रेस से ज्यादा कोई नहीं समझ सकता। संघर्ष जितने दिन भी चले, टीम अन्ना का कुछ भी नुकसान न पीछे हुआ है, न आगे होगा। संघर्ष का जो भी स्वरूप या अवधि रहे, चलेगा वह नवउदारवाद के साथ गलबहियां करके। कुछ लोग आन्दोलन के समर्थन में कहते हैं कि उसने सिस्टम की वैधता को चुनौती दे दी है; हालांकि उससे भाजपा को फायदा हुआ है। वे भाजपा को हुए फायदे को दूसरे नंबर पर और सिस्टम को हिला कर रख देने के फायदे को पहले नंबर पर रखते हैं। इस तरह वे आन्दोलन के अपने समर्थन की वैधता सिद्ध करना चाहते हैं। ऐसे लोगों के आकलन को अंतर्विरोधी कहने के बजाय उनसे एक सवाल पूछा जाना चाहिए- क्या भाजपा सिस्टम में नहीं आती है? और भी, क्या नागरिक समाज की स्वीकृति और सहयोग के बगैर कोई सिस्टम बन और बचा रह सकता है?

ऐसा नहीं है आगे जमीनों, खदानों, नदियों, पहाड़ों की लूट के खिलाफ संघर्ष नहीं होंगे। लूट होगी, विस्थापन होगा, बेरोजगारी होगी, मंहगाई होगी, तो केवल आत्महत्याएं नहीं होंगी। संघर्ष भी होगा। लेकिन अब बागडोर, कम से कम कुछ समय के लिए, वास्तविक जनान्दोलनकारियों या राजनीतिक कार्यकर्ताओं के

हाथ में नहीं होगी। जनान्दोलनकारियों का यह जो नया घराना निकल कर आया है, उसके हाथ में और उसी के हित में होगी। आगे सब कुछ निर्णायक रूप से नवउदारवादी नीतियों के तहत निपटाया जाएगा। पहले भी सरकारों का यही प्रयास होता था। लेकिन अब वह स्पष्ट बात करेगी। सरकार कांग्रेस की हो या भाजपा की, पुराने जनान्दोलनकारियों को वह कह देगी कि आपकी मर्जी का सख्त लोकपाल कानून बना दिया है। बाकी काम हमें करने दो। हमें भी किसानों, विस्थापितों, बेरोजगारों, बीमारों की चिन्ता है। तब जनान्दोलनकारियों का नया घराना सरकारों की हां में हां मिलाने के लिए हाजिर रहेगा। दूसरे के रथ में सवार होने पर यही हश्र होता है।

जब राम और रावण का युद्ध होना तय हो जाता है तो देवता मिल कर राम के पास पहुंचते हैं। उन्हें चिन्ता है कि बिना रथ के राम रावण जैसे महायोद्धा से कैसे लड़ेंगे- 'रावण रथी विरथ रघुवीरा'। वे राम को युद्ध के लिए अपना रथ प्रदान करना चाहते हैं। लेकिन राम यह कह कर मना कर देते हैं कि जिस रथ से विजय होती है वह और ही होता है- 'विजय होती है जिस रथ से और ही रथ कहाता है'। राम जानते हैं सहायता के बदले देवता जीती जाने वाली सोने की लंका का राज/हिस्सा चाहेंगे। एनजीओ वाले जनांदोलनकारी नवउदारवादी नीतियों से बदहाल आबादी के संघर्ष में जुटे जनान्दोलनकारियों की इसीलिए सहायता करते हैं कि नवउदारवादी व्यवस्था बनी रहे और उन्हें उसमें ज्यादा हिस्सेदारी मिलती रहे। पहले यह खेल छुपछुपा कर होता था। इस आन्दोलन से खुला हो गया है। खुद जनांदोलनकारी कारपोरेट पूँजीवाद के शक्तिकोशों- कारपोरेट घरानों, एनजीओ- द्वारा सज्जित रथ पर सवार हो गये हैं।

राम से जामवंत पूछते हैं कि अगर कल को रावण भी आपकी शरण में आ जाए तो आप उसे कहां का राज देंगे? लंका का राज विभीषण को देने का वचन दे चुके राम कहते हैं कि वे रावण को अयोध्या का राज देंगे। जामवंत पूछते हैं कि तब आप कहां का राज करेगें? राम कहते हैं, हम वन का राज करेंगे। कहने का आशय है कि तरह-तरह के रथों पर सवार होकर भ्रष्टाचार के रावण को फूंकने का दावा करने वाले दरअसल सोने की लंका में ज्यादा से ज्यादा हिस्सेदारी चाहने वाले हैं।

आइए, अब किशन पटनायक के उद्धरण पर बात करें। याद कीजिए, अस्सी के दशक में जब देशव्यापी स्वतःस्फूर्त किसान आन्दोलन हुआ था तो यह मध्यवर्ग उसके साथ नहीं आया था। बल्कि उसने नाक-भौं सिकोड़ी थी और किसानों पर दिल्ली को गंदा करने की तोहमत लगाई थी। उस दौरान एक बार पाँच लाख के आस-पास किसान बोट क्लब पर जमा हुए थे। रामलीला मैदान से वह संख्या कई गुना ज्यादा थी। पूरे देश का किसान अपने खेतों-घरों में उस जमघट से जुड़ा

था। वह आन्दोलन असफल हो गया। उसके बाद देश में सबसे बड़ा राममंदिर आन्दोलन चला। अपनी आंतरिक उठान में वह बाबरी मस्जिद ध्वंस का आन्दोलन था जो 1992 में गिरा भी दी गयी। उसके बाद यह भ्रष्टाचार विरोधी आन्दोलन हुआ है। इसकी संगति किसके साथ बैठती है? किसान आन्दोलन के साथ, नई आर्थिक नीतियों के विरोध में शुरू हुए छोटे किंतु वास्तविक जनांदोलनों के साथ या राममंदिर आन्दोलन के साथ?

टीम अन्ना में कौन-कौन भले लोग हैं, किस हैसियत में हैं, क्या सोच रखते हैं और उन्होंने उसमें रहते अन्ना और आन्दोलन की क्या आलोचनाएं प्रस्तुत की हैं, दिगर बातें है। जो सच्चाई आइने की तरह साफ है वह यह कि राममंदिर आन्दोलन का बच्चा-बच्चा अन्ना और आन्दोलन के साथ है। जेपी का आपातकाल विरोधी आन्दोलन में आरएसएस को साथ लेने का फैसला राजनीतिक था। उसके जो अच्छे-बुरे राजनीतिक परिणाम निकले और आलोचनाएं हुईं, उसके विवेचन की यह जगह नहीं है। राजनीति का एक सिरे से निषेध करने वाले टीम अन्ना के भ्रष्टाचार विरोधी आन्दोलन की वंशबेल का फैसला होना चाहिए।

अन्त में कह सकते हैं, भारत में आजादी के पूर्व और पश्चात परिवर्तनकारी राजनीतिक संघर्ष का कुर्बानियों से भरा शानदार इतिहास है। उसकी रोशनी और प्रेरणा से, नवउदारवाद की वर्तमान जीत के बावजूद, आगे का रास्ता आसान हो सकता है। जैसा कि किशन पटनायक ने कहा है, किसान और आदिवासी अपने बेटों को आगे करके सोचा-विचारा, सतत और शांतिपूर्ण संघर्ष करें। ऐसे बुद्धिजीवी बेटे, जो मानते हैं जमीनें और जंगल मुआवजा लेकर बेचने के लिए नहीं हैं।

22 अक्तूबर 2011

खुदरा में विदेशी निवेश : नवउदारवाद के बढ़ते कदम

कम्पनी सरकार का फरमान

"बड़ी पूँजी का पंसारीकरण एक दूरगामी परिवर्तन होगा। हमारी सात लाख के करीब नियमित मंडियों में कई लाख व्यापारी लगे हैं। उनकी जगह बड़ी पूँजी ले लेगी। तब किसानों को इन बड़ी कम्पनियों को ही अपना माल बेचना पड़ेगा। ये अन्य प्रतियोगी कंपनियां तब किसानों को जम कर चूसने लगेंगी। छोटे व्यापारियों की संख्या तथा क्षमता में कमी निश्चित है। तब उपभोक्ता भी इन बड़ी कम्पनियों की मनमानी से नहीं बच पाएंगे। अतः आगे की नहीं सोचने वाले ही बड़ी कम्पनियों के रिटेल आगमन का समर्थन कर सकते हैं।" (कमलनयन काबरा, 'खुदरा व्यापार में बड़ी पूंजी : बहस का विकृतिकरण', बदलता भारत : दावे और हकीकत)

खुदरा व्यापार में विदेशी निवेश को लेकर चलने वाली बहस में हम नहीं पड़ने जा रहे हैं। कारण है कि निर्णय हो चुका है जिसे लागू होना है। निर्णय को कुछ दिन टाल देने से वह बदलता नहीं है। इसके लिए अमेरिका से लेकर भारत सरकार तक पूरी लॉबिंग की गयी है। सुधी जनों के सामने सारी सच्चाई आ भी चुकी है। बहस में न पड़ने का एक कारण यह है कि विदेशी निवेश के विरोध में दिए जाने वाले तर्क स्वयं प्रमाणित हैं, लेकिन उन्हें सुनने-स्वीकारने वाला कोई नहीं है। दूसरी ओर समर्थकों के तर्कों की प्रामाणिकता नहीं है, लेकिन वे धड़ल्ले से चल रहे हैं। प्रोफेसर कमल नयन काबरा ने इसे केबिनेट का निर्णय आने के काफी पहले ठीक ही बहस का विकृतिकरण कहा था।

हम यहाँ यह विचार करने जा रहे हैं कि कैसे नवउदारवाद भारत में अपरिहार्य हो चुका है और उससे संघर्ष कितना कठिन हो गया है। नवउदारवाद की अपरिहार्यता की प्रकट सच्चाई को स्वीकारे बिना जो भी विश्लेषण तथा संघर्ष होगा, लकीर पीटने जैसा होगा। यह स्वीकार करने की जरूरत है कि पिछले दो दशकों के संघर्ष में नवउदारवादी ताकतें जीती हैं। अगर ध्यान अपनी पीठ थपथपाने पर न होकर, नवउदारवाद की मारी आबादी पर रहे तो हार की सच्चाई स्वीकारने में

बाधा नहीं होनी चाहिए। बल्कि उससे नई ताकत भी मिल सकती है।

सरकार का खुदरा क्षेत्र में 51 प्रतिशत विदेशी निवेश का निर्णय पिछले 20 वर्षों से जारी नवउदारवादी नीतियों को आगे बढ़ाने की दिशा में अगला बड़ा कदम है। सरकार के इस निर्णय में न कुछ नया है, न असंगत, न अचानक। पिछले 20 सालों से भारत की केंद्र व राज्य सरकारों के सामने चुनौती देश की गरीबी, मंहगाई, कुपोषण, अशिक्षा, बेरोजगारी, भ्रष्टाचार, किसानों द्वारा आत्महत्या जैसी विकराल समस्याएं नहीं, इन समस्याओं को तेजी से बढ़ाने वाली नवउदारवादी नीतियों को लागू करने की रही है। इसके लिए सरकारें अपना समय नहीं ले सकतीं। उनके ऊपर भारी दबाव रहता है। उन्हें नवउदारवाद के पुरोधा सत्ता प्रतिष्ठान और भारत में नवउदारवादी नीतियों के अंध समर्थकों को संतुष्ट करना होता है कि सरकार नवउदारवाद के रास्ते पर तेजी से और अडिग चल रही है। इस मामले में दिखावा नहीं चल सकता। सरकारों को ठोस प्रदर्शन और नतीजा दिखाना होता है। अगर वे नवउदारवाद के पुरोधाओं को संतुष्ट नहीं कर सकतीं तो उन्हें जाना होता है। आने वाली सरकार पिछली के हश्र से नवउदारवाद के पक्ष में सबक लेती है, न कि सरकार बदलने वाली जनता के। भारतीय लोकतंत्र नवउदारवादी नीतियों को लागू करने की प्रतियोगिता का अखाड़ा बन गया है।

किसी भी सरकार के लिए यह वाकई बड़ी चुनौती है कि उसने लोकतांत्रिक प्रणाली में नवउदारवादी तानाशाही चलाने का बीड़ा उठाया हो। तभी प्रधानमन्त्री बार-बार कहते हैं, यह बहुत कठिन समय है। उनके मुताबिक चुनाव की मजबूरियां न रहें तो नवउदारवादी अजेंडा लागू करना आसान हो जाए। भारत की सिविल सोसायटी के मन में भी यही बात बैठी है। राजनीति से निजात भारत की सिविल सोसायटी भी चाहती है और मनमोहन सिंह भी चाहते हैं। अभी वे कहते हैं भारत में केवल कांग्रेस और भाजपा दो पार्टियां होनी चाहिए। आजाद उम्मीदवार तो कोई होना ही नहीं चाहिए। उन्हें वे खेल बिगाड़ने वाला कहते हैं।

उन्हें चीन का एक पार्टी मॉडल जरूर आकर्षित करता होगा। हालांकि भारत में उसकी कोई संभावना नहीं है। कल को मनमोहन सिंह कह सकते हैं, जब तक नवउदारवादी अजेंडा पूरा नहीं होता, देश में एक राष्ट्रीय सरकार चले। उनके इस विचार को सिविल सोसायटी की ओर से पूरा समर्थन मिलेगा। क्योंकि फिर चुनाव जीतने के लिए लोक-लुभावन वादों और कार्यक्रमों की जरूरत नहीं रह जाएगी, जिन्हें लेकर राजनीतिक पार्टियां आपस में होड़ लगाती हैं। ये वादे और कार्यक्रम नई आर्थिक नीतियों द्वारा बाहर फेंकी गयी विशाल आबादी के लिए होते हैं। इनसे नवउदारवाद विरोधी राजनीति की गंध का वातावरण बनता है। नवउदारवादी सत्ता प्रतिष्ठान को यह गंध पसंद नहीं है। इसलिए भारत का शासक वर्ग इस आबादी से किसी भी तरह छुटकारा पाना चाहता है। नवउदारवादी

निजाम में उसके जिन्दा बचे रहने का सबसे बड़ा कारण उसका जीवनाधिकार नहीं, सस्ते श्रम का बड़ा स्रोत होना है। बड़े बाजार के साथ सस्ते श्रम का यह विशाल भंडार बहुराष्ट्रीय कम्पनियों को भारत की ओर खींचता है। भारत के पूर्ण निगमीकरण की वृहद परियोजना इसी आबादी के सस्ते श्रम पर टिकी है जिसमें श्रम के साथ उसका जीवन भी खप जाना है।

खुदरा क्षेत्र में विदेशी निवेश का निर्णय करके सरकार ने वही काम किया है जिसके लिए वह बनी और चल रही है। जब सभी क्षेत्रों में, सेना और शिक्षा तक में, विदेशी निवेश हो रहा है तो खुदरा क्षेत्र में भी होगा। अभी मल्टी ब्रांड में 51 प्रतिशत विदेशी निवेश का निर्णय हुआ है और कुछ शर्तें रखी गयी हैं; आगे चल कर सिंगल ब्रांड की तरह 100 प्रतिशत विदेशी निवेश हो सकता है और शर्तें नहीं रहेंगी। इसके बावजूद कि भारत का खुदरा क्षेत्र अर्थव्यवस्था में योगदान के किसी भी मानक पर कमजोर नहीं है। इसके प्रमाण में कई महत्त्वपूर्ण अर्थशास्त्रियों के अध्ययन उपलब्ध हैं। वैसे भी खुदरा क्षेत्र की तस्वीर सबके सामने है। सबसे बड़ी बात है कि गली-गली तक फैले विशाल इनफरास्ट्रक्चर में कृषि के बाद सबसे ज्यादा लोग काम करते हैं। इनमें बड़ी सख्या में ऐसे स्वरोजगार चलाने वाले लोग हैं जिन्हें मैन्युफैक्चरिंग या दूसरे क्षेत्रों में प्रवेश नहीं मिलता। यह क्षेत्र बड़े पैमाने पर लोगों को सामाजिक सुरक्षा और स्वतंत्रता प्रदान करता है। बड़ी कंपनियां इन्हें उठा कर बाहर फेंक देंगी।

यह सही है कि नई जरूरतों और उत्पादकों व उपभोक्ताओं के हितों व सुविधाओं के मद्देजनर खुदरा क्षेत्र की मजबूती के प्रभावी और सतत उपाय होने चाहिए। कम से कम, जैसा कि इस क्षेत्र का विशेष अध्ययन काने वाले कुछ विद्वान कहते हैं, बड़ी बहुराष्ट्रीय कम्पनियों के लिए दरवाजे खोलने से पहले कुछ निश्चित उपाय जरूर किए जाने चाहिए। अपने एक अध्ययन 'एफडीआई इन इंडियाज रिटेल सेक्टर : मोर बैड दैन गुड' में सेंटर फॉर पॉलिसी आल्टरनेटिव के मोहन गुरुस्वामी, कमल शर्मा, जीवन प्रकाश मोहंती और थॉमस जे कोरा ने बड़ी विदेशी कम्पनियों को खुदरा क्षेत्र में प्रवेश देने से पहले उसकी मजबूती के लिए कुछ उपाय सुझाए हैं। लेकिन नवउदारवादी सुधार का अर्थ हर क्षेत्र का कंपनीकरण-निगमीकरण करना है। इस क्रम में कृषि और खुदरा का निगमीकरण शासक वर्ग के अजेंडे पर अब सर्वोपरि है।

नवउदारवाद की दिशा में प्रत्येक नई घोषणा पिछले सारे बुरे नतीजों को धो देती है। हर नए निर्णय का संदेश होता है- आगे बढ़ो। कई लाख किसानों के हत्यारे कह रहे हैं कि खुदरा में विदेशी निवेश हो जाता तो किसानों की बुरी हालत नहीं होती। हाल में आंकड़ा आया है कि पिछले साल किसानों से ज्यादा आत्महत्याएं अन्य नागरिकों ने की हैं जिनमें, जाहिर है, छोटे व्यापारियों और छोटे

सेवाकर्मियों की संख्या ज्यादा हैं। दो दशक से ऊपर के नवउदारवादी विकास के बावजूद देश का हर तीसरा बच्चा कुपोषण से ग्रस्त है। इसका कारण भी विदेशी निवेश में होने वाली देरी बताई जा सकती है। बिना किसी गिल्ट के यह सब कहा जा रहा है। ऐसा भी नहीं है कि यह 1990 का दशक हो जब डुंकेल प्रस्ताव लागू किए गये थे और उदारीकरण को लेकर भ्रम की स्थितियां थीं। अब 20–22 साल बाद सारे दुष्प्रभाव सामने हैं। अब नवउदारवाद की बर्बरता को लेकर कोई भ्रम नहीं होना चाहिए। लेकिन शासक वर्ग की उसे पूर्ण स्वीकृति है जिसका ताजा प्रमाण खुदरा क्षेत्र में विदेशी निवेश का फरमान है।

शासक वर्ग की कामयाबी के गहरे कारण हैं जो पूँजीवाद की जड़ों से जुड़े हैं। जब तक उन्हें समझा और दूर नहीं किया जाएगा, पूँजीवाद के कदम आगे ही बढ़ते रहेंगे। पूंजीवादी विकास के मुताबिक मनुष्य का एक दिमाग भी बनता बनता चलता है। पूँजीवाद के चलते जो दिमाग बनता है, आगे वह पूँजीवाद को बनाता और मजबूत करता चलता है। इस तरह अंदर और बाहर पूँजीवाद का साम्राज्य बढ़ता जाता है। जीवन और जगत का कोई क्षेत्र और आयाम उसकी जद से बाहर नहीं रहता। धर्म से लेकर विज्ञान तक को उसके मुताबिक ढलना होता है। वह प्रतिरोध का भी पूंजीवादीकरण कर डालता है। जहाँ, जीवन के जिस आयाम का पूंजीवादीकरण नहीं हो पाता, वहाँ विरूपीकरण–विकृतिकरण होता है। मानव जीवन के सांस्थानिक से लेकर व्यक्तिगत रूपों के साथ पूँजीवाद सफाई और गहराई से यह सलूक करता है।

बड़े पैमाने पर दुनिया भर की मानव आबादी और पर्यावरण विनाश की कीमत पर यूरोप–अमेरिका में पिछले करीब 400 सालों में फला–फूला पूँजीवाद वित्तीय पूँजीवाद के रूप में जारी है तो इसका प्रमुख कारण है कि वह अपने लोग तैयार करता चलता है। उपनिवेशवादी दौर में पूँजीवाद ने पश्चिम यूरोप के बाहर की दुनिया में अपने बीज बो कर वैशिवक आधार तैयार किया जो विस्तृत और मजबूत होता आया है। भारत में जो पूंजीवादी दिमाग तैयार हुआ, मौजूदा वैश्वीकरण के दौर में वह उसका स्वाभाविक एजेंट बन गया है। साम्राज्यवादियों ने जो दूसरे देशों की जनता की बरबादी और संसाधनों की लूट से हासिल किया, भारत का शासक वर्ग वह अपने देश की जनता और संसाधनों के साथ कर रहा है।

बड़े का भूत

भारत के इस पूंजीवादपरस्त दिमाग की कई सिफतें हैं। उनमें एक है कि उसे सब कुछ बड़ा और भव्य चाहिए। भारी–भरकम जन लोकपाल – विधायिका, कार्यपालिका, न्यायपलिका यानी संविधान से भी बड़ा – से लेकर 'बिग बाजार', 'बिग बी', 'बिग बॉस'...! उसके लिए लघुता और साधारणता नर्क है, जिससे

जितना जल्दी और जैसे हो निकलना है। नवउदारवाद की बलि चढ़ने वाली आबादी को भी यही बताया जाता है। बड़ा बनाना है। आज नहीं तो कल, बड़े बन जाओगे। अनुधावन करते रहो। दलितों को भी बड़े-बड़े हाथियों, मूर्तियों और पार्कों का सपना बेचा जा रहा है।

खुदरा क्षेत्र में विदेशी निवेश पर बहस के बीच भारत के वाणिज्य मंत्री सच्चाई बयान कर चुके हैं। उनका कहना है असली मसला छोटे बनाम बड़े धंधे का है। सरकार बड़े धंधे के साथ है। भारत के बड़ा बनने का समय आ गया है। आखिर वह कब तक छोटा खिलाड़ी बना रहेगा? चीन आगे निकला जा रहा है! भारत की बड़ी कंपनियां अमेरिका-यूरोप की कम्पनियों के सामने छोटी पड़ती हैं, लिहाजा उन्हें यहाँ होना ही चाहिए। जिस अमेरिकी कम्पनी वालमार्ट पर शासक वर्ग की नजरें गड़ी हैं वह वाकई बहुत बड़ी है। उसके एक स्टोर का औसत साइज 85 हजार वर्ग फुट बताया जाता है। ऐसे उसके 4806 स्टोर हैं। भारत में खुदरा क्षेत्र में केवल 4 प्रतिशत स्टोर ऐसे हैं जिनका साइज 500 वर्ग फुट से बड़ा हो। बाकी 96 प्रतिशत ठिकाने 500 वर्ग फुट से छोटे हैं। यह छोटापन चलते रहने नहीं दिया जा सकता। भारत के बड़े लोग अब अमेरिकी जीवन स्तर और जीवन शैली पाकर ही संतुष्ट नहीं है। वे भारत में अमेरिका चाहते हैं।

बड़ा बनने के इस खब्त की पूर्ति के लिए वे सारे झूठ बोले जाते हैं जो भारत की सरकारें और शासक वर्ग बोलते हैं। मसलन, खुदरा क्षेत्र में व्यापार करने वाले बिचौलिए एक नंबर के शोषक हैं। वे एक तरफ किसानों का दूसरी तरफ उपभोक्ताओं का शोषण करते हैं। बड़ी कंपनियां इस शोषक बिचौलिया जमात को समाप्त कर उत्पादकों और उपभोक्तओं को सीधा लाभ पहुंचाएंगी। खुदरा क्षेत्र में विदेशी निवेश यानी वालमार्ट जैसी बड़ी कम्पनियों का विरोध करने वाले किसानों का हित नहीं चाहते। ध्वनि होती है कि ऐसे लोग ही वास्तव में किसानों की दुर्दशा और आत्महत्याओं के लिए जिम्मेदार हैं! विदेशी कंपनियां आने से किसान मालामाल हो जाएंगे। रोजगार के बारे में भी भ्रम फैलाया जा रहा है कि रोजगार मारा नहीं जाएगा, और बढ़ेगा। सिविल सोसायटी यह भी कहती पाई जाती है कि ठेले पर सब्जी बेचने वाले बड़ी देशी कम्पनियों के स्टोरों से मंहगी बेचते हैं। फिर आश्वस्त होते हैं कि बड़ी कंपनियां आकर इन बच्चुओं को लूट मचाने का मजा चखा देंगी!

झूठ के सिलसिले का कोई अन्त नहीं है। हालांकि सारे झूठ सत्य मान कर बोले जाते हैं। क्योंकि झूठ ही उनके लिए सत्य है। दो उदाहरण पर्याप्त होंगे। राहुल गाँधी ने यूपी में कहा कि विदेशी निवेश होता तो यूपी के किसानों की यह बुरी हालत न रहती। पूर्व सतर्कता आयुक्त एन विठ्ठल सतर्क करते हुए कहते हैं, ''ध्यान निवेश से 60 करोड़ किसानों को होने वाले फायदे पर होना चाहिए, बजाय 5 करोड़ 'ट्रेड वालाज' सारा ध्यान खींच ले जाएं और पूरा मुद्दा

ही सेबोटेज हो जाए।'' यानी विदेशी कंपनियां यहाँ के किसानों का फायदा करने आ रही हैं। विठ्ठल साहब की सलाह है कि मुद्दे पर चर्चा करते हुए पब्लिक ओपीनियन बनाना चाहिए। यानी चर्चा इस तरह चलाई जाए कि खुद पब्लिक यह कहे कि विदेशी निवेश होना चाहिए। जिसे किशन पटनायक ने 'गुलाम दिमाग का छेद' कहा था, वह और चौड़ा हो गया है।

विरोध और संघर्ष का मोर्चा

निर्णय के विरुद्ध संसद में विपक्षी पार्टियों का विरोध दिखावे का था। सरकार और खुद विपक्षी पार्टियां यह जानती हैं। पूर्व प्रधानमन्त्री एचडी देवगौडा ने इस मसले पर संसद का विशेष सत्र बुलाने की माँग की। जबकि उनकी पार्टी चाहे तो निर्णायक रूप से कह सकती है कि किसी भी हालत में सरकार के निर्णय का विरोध करेंगे। लेकिन ऐसा नहीं होगा। ये वहीं देवगौडा हैं जो बिल गेट की अगुआई में नंगे पैर दौड़ पड़े थे! मुख्यधारा राजनीति में एक भी दल नवउदारवाद विरोधी नहीं है। वहाँ से विरोध की गुंजाइश लगभग खत्म हो चुकी है। यही कारण है विदेशी निवेश के समर्थकों ने विपक्षी नेताओं व पार्टियों को आड़े हाथों लिया और उनका मजाक बनाया।

अन्ना आन्दोलन की बड़ी चर्चा रही है। अभी भी टीम अन्ना उसे दिए गये सरकार के धोखे का परदफ़ाश करती घूमती है। जब निर्णय की घोषणा हुई तो अन्ना आन्दोलन के बांकुरे दिल्ली में मोटर साइकिलों पर रैली निकाल रहे थे। जाहिर है, खुदरा क्षेत्र में विदेशी निवेश का फैसला उनके लिए मायने नहीं रखता। उन्हें साफ-सुथरी नवउदारवादी व्यवस्था चाहिए जो जन लोकपाल सुनिश्चित करेगा। इसके लिए वे अन्ना आन्दोलन से आरएसएस तत्वों को बाहर करने के बड़े काम में लगे हैं। काम यह वाकई बड़ा है जिसे गाँधी और जेपी भी नहीं कर पाए। लेकिन यहाँ समस्या यह है कि खुद अन्ना के भीतर से आरएसएस को कैसे बाहर निकालेंगे? अन्ना के सेकुलर समर्थक रिसर्च करते हैं। इसके लिए वे फोर्ड फाउंडेशन और उस तरह की कई संस्थाओं से अनुदान लेते हैं। कहते हैं हायर रिसर्च के लिए धन और कहां से आएगा? वे इस जाँच के लिए तैयार नहीं हैं कि दुनिया में जो रिसर्च हो रहा है- प्राकृतिक विज्ञानों से लेकर समाजविज्ञानों तक- वह पूँजीवाद की संगति में है या समाजवाद की? उन्हें थोड़ा रिसर्च इस पर भी करना चाहिए कि राम मंदिर आन्दोलन के दौरान अन्ना के क्या विचार-उदगार थे और मस्जिद ध्वंस के अवसर पर उन्होंने कितने कारसेवक सज्जित करके भेजे थे?

बहरहाल, यह सही है कि नवउदारवाद के जवाब में जनांदोलनों से एक ताकत बनी थी जिसमें सिविल सोसायटी के एक प्रतिबद्ध तबके का योगदान था। लेकिन प्रच्छन्न नवउदारवादियों ने वह ताकत सोख ली है। वहाँ से नवउदारवाद

के खिलाफ निर्णायक संघर्ष की संभावना नहीं बनती नजर आती। राजनीति के बाहर लोकशक्ति की साधना का जो एक रास्ता रहा है, वह भी कारगर होता नहीं दिखता। नवउदारवाद और उसके प्रभावों की बहुत अच्छी समीक्षाएं कई विद्वानों ने की हैं- विशेषकर विदेशी विद्वानों ने। उसका तार-तार खोल कर रख दिया है। पूँजीवाद के पतन की घोषणाएं भी होती हैं। मार्क्स ने पूँजीवाद की समीक्षा बखूबी कर दी थी और उसके नाश की भविष्यिवाणी भी। मार्क्सवाद के नाम पर पूँजीवाद के खिलाफ एक पूरा महाभारत लड़ा जा चुका है। नतीजा सामने है। मार्क्सवाद के नाम पर चीनी पूँजीवाद बचा है। पूँजीवाद अमेरिका-यूरोप में कितना भी संकटग्रस्त हो, भारत, चीन समेत तीसरी दुनिया में उसके कदम बढ़ते जा रहे हैं। नवउदारवाद से संघर्ष का संकट केवल रणनीति का नहीं, विचारधारा का भी है।

ट्रेड यूनियनों की तरफ भी ध्यान जाता है। मनमोहन सिंह एक बार भी ट्रेड यूनियनों से नहीं मिले हैं जबकि उद्योगपतियों से संस्थागत और व्यक्तिगत स्तर पर उनका मिलना लगभग रोजाना का है। वे उनकी सुनते हैं उनका काम करते हैं। उन्हें पता है अपने मौजूदा स्वरूप में ट्रेड यूनियनें उनकी मुहिम का कुछ नहीं बिगाड़ सकतीं। किसानों की तो कोई प्रभावी यूनियन है ही नहीं, जो नवउदारवाद के तहत उनकी स्थिति के बारे में कोई स्पस्ट धारणा या समझ रखती हो। उन्हें बस ज्यादा मुआवजा चाहिए। उनसे या राजनीतिक पार्टियों के किसान मोर्चों से नवउदारवाद को कोई चुनौती नहीं दी जा सकती।

मुख्यधारा राजनीति में भाजपा पूरी तरह पीछे हट जाएगी। उसी तरह क्षेत्रीय क्षत्रप भी। केवल सीपीएम-सीपीआई डटी रह सकती हैं। यह अच्छी बात होगी। उन्हें परमाणु करार की तरह फैसला अन्त तक नहीं टालना चाहिए। उन्हें कम से कम निर्णायक फैसला कर देना चाहिए कि वे किसी भी हालत में इस निवेश का विरोध करेंगी। यह सही है कि उनके विरोध से फैसला बदलेगा नहीं। लेकिन एक चुनौती खड़ी होगी। उनके साथ नवउदारवाद विरोधी छोटे राजनीतिक दलों का साझा हो सकता है। एक अवसर हिंसक सत्ता परिवर्तन का संघर्ष चलाने वालों के लिए भी है कि वे साथ आएं।

लेकिन विरोध व संघर्ष की सबसे पहले और सबसे ज्यादा जिम्मेदारी खुद खुदरा व्यापारियों और किसानों की बनती है। भारतीय आर्थिक और सामाजिक जीवन के ये दो बड़े हलके मिल कर संघर्ष करेंगे तो मुख्यधारा राजनीति और सिविल सोसायटी पर भी उसका असर पडेगा। खुदरा और कृषि क्षेत्र के सभी संगठन मिल कर अड़ जाएंगे तो नवउदारवाद का यह सबसे बड़ा कदम रोका भी जा सकता है। यही कारण है कि विदेशी निवेश समर्थक लॉबी दोनों को एक-दूसरे से फोड़ने की रणनीति पर काम कर रही है।

25.01.2012

जो लोकतंत्र हम चला रहे हैं

कौन नहीं है पालतू?

शासक वर्ग के दायरों में नवउदारवाद के विरुद्ध कोई बात नहीं सुनी जाती है। विरोध सीधे राजनीतिक प्रकृति का हो तो उसका विरूपण करने, दबाने, यहाँ तक कि मजाक बनाने की भरपूर कोशिश की जाती है। राजनीति बुरी होती है, सिविल सोसायटी के इस पैंतरे की आड़ में नवउदारवाद अच्छा हो जाता है। हमारी शिक्षा और शोध की संस्थाओं में यह सिविल सोसायटी सिंड्रोम तेजी से पैठ बनाता जा रहा है। मुख्यधाारा मीडिया में तो उसने अपना काम लगभग पूरा कर लिया है। नतीजा है कि पिछले 20-25 सालों में नवउदारवाद ने भारत में अपनी तानाशाही कायम कर ली है। किशन पटनायक जिसे अंतराष्ट्रीय फासीवाद कहते हैं, उसके साथ, जिसे वे सामाजिक फासीवाद कहते हैं, की भूमिका को मिला कर भारत में नवउदारवाद की तानाशाही जमी है। वह उत्तरोत्तर मजबूत भी होती जा रही है। हमारे दौर का यह विरोधाभास गौरतलब है कि नवउदारवाद की एजेंट राजनीति और नेताओं के खिलाफ सिविल सोसायटी जब-तब आक्रोश व्यक्त करती है, लेकिन वह आक्रोश नवउदारवाद के खिलाफ नहीं जाता। हमारे दौर का दूसरा विरोधाभास है कि नवउदारवाद के बढ़ते कदमों के साथ हम लोकतंत्र के बढ़ने और मजबूत होने दावे भी करते हैं।

नवउदारवाद की निर्बाध तानाशाही ने अर्थनीति और राजनीति को ही नहीं, शिक्षा, भाषा, संस्कृति, धर्म आदि को भी अपना पालतू बना लिया है। खुद इन क्षेत्रों से जुड़े लोगों की तरफ से नवउदारीकरण का टिकाऊ और कारगर विरोध नहीं होता है। हर क्षेत्र में देखा जा सकता है कि आवाज उठती है और पता भी नहीं चलता कब बैठ गयी। लोग सब स्वीकार कर लेते हैं और नवउदारवाद के नए काम में लग जाते हैं। जैसे ईस्ट इंडिया कम्पनी एक के बाद एक इलाकों को जीतती चली गयी और एक के बाद एक संधियों द्वारा भारत के चारों तरफ गुलामी का जाल बुन दिया, वही इतिहास तेजी से और नई धज के साथ एक बार फिर दोहराया जा रहा है। किसी भी समाज में साहित्य और कला ऐसे माध्यम हैं, बल्कि यह उनकी

प्रामाणिकता की शर्त है, जहाँ प्रतिरोध का स्वर सारे पहरों, डरों और प्रलोभनों के बावजूद अभिव्यक्ति पाता है। शिष्ट साहित्य और कला अगर कभी चूकते हैं तो लोक साहित्य और कला यह जिम्मेदारी उठा लेते हैं। लेकिन भारतीय समाज में पालतूपन का रोग इस कदर बढ़ चुका है कि साहित्य और कला के पालतूपन का न केवल प्रदर्शन किया जा रहा है, उसके पक्ष में दलीलें दी जा रही हैं। सबसे बुरी बात यह हुई है कि स्वतंत्रता आन्दोलन की विरासत भारत का लोकतंत्र भी नवउदारवादी तानाशाही का पालतू बनाया जा रहा है।

ऐसे माहौल में मायावती और उनकी भर्त्सना करने वालों से पूछा जा सकता है कि इस देश में कौन पालतू नहीं है? मायावती की चुनावसभा में फरियाद करने पहुंची महिला उनकी प्रतिद्वंद्वी पार्टी की होती, भले ही सिखा कर भेजी हुई, तब भी लोकतंत्र के तकाजे से उसकी बात सुनी जानी चाहिए थी। मुख्यमंत्री के नाते भी मायावती की जिम्मेदारी बनती थी कि वे उस महिला से पूछतीं कि उनके कार्यकाल में हुए जनहित और जनसुरक्षा के कामों और उपायों के लाभ से वह किन कारणों से वंचित रह गयी? भले ही, जैसा कि भारत में चलन है, अपने नौकरशाहों को उसकी शिकायत और समस्या दूर करने का सामंती फरमान जारी करतीं। आजकल की राजनीति के व्याकरण के हिसाब से खुद की आगे की राजनीति के लिए भी उन्हें महिला की फरियाद को गंभीरता से लेना चाहिए था। अगर उस समय चुनावी घमासान में विपक्षी पार्टियों के चौतरफा हमलों और चुनावी पराजय के अंदेशों के चलते उन्हें गुस्सा था, तो वे बाद में महिला पर ध्यान दे सकती थीं। महिला के 18 साल के बेटे की हत्या की एफआईआर पुलिस नहीं लिख रही है और महिला के मुताबिक अपराधियों को बचा रही है– यह हकीकत सामने आने के बाद मायावती उससे जा कर मिल सकती थीं। महिला को न्याय मिलता या न मिलता, इस तरह वे चालू राजनीति में राहुल गाँधी की काट पेश कर सकती थीं। एक अपेक्षा मानवीय संवेदना के स्तर पर यह भी बनती थी कि मायावती फरियाद करने वाली को महिला जान कर ही कुछ नहीं कहतीं। गरीब तो वह थी ही, और मायावती कितनी भी अरबपति बनी रहें, रहेगी भी। लेकिन ऐसा कुछ नहीं हुआ। मायावती ने अपनी राजनीतिक कामयाबी के एकमात्र कारण लोकतंत्र को सौ में से दो नंबर देना भी मुनासिब नहीं समझा।

लोकतंत्र के सबसे महत्त्वपूर्ण अंग चुनाव के समय घटी इस घटना का अर्थ खोलें तो उसमें भारतीय लोकतंत्र का वह चरित्र पढ़ा जा सकता है, जो पिछले दो–अढ़ाई दशकों में नवउदारवाद की प्रयोगशाला में ढाला गया है। हालांकि उसके पहले भी उसमें काफी गिरावट आ चुकी थी। क्योंकि भारत की राजनीति संविधाान की विचारधारा को छोड़ कर पूँजीवाद के पीछे लग चुकी थी। उसके चलते लोकतंत्र सबके द्वारा सबकी बेहतरी का वाहक बना नहीं रह सकता था और

न ही रहा। नब्बे के दशक से भारत का लोकतंत्र पूँजीवाद के साथ और ज्यादा और तेजी से एकमेक हुआ है। ऐसा क्यों हुआ है- भारत का लोकतंत्र संविधाान से कट कर पूँजीवाद के साथ जुट गया- इसकी थोड़ी चर्चा हमने आगे की है। मायावती की चुनाव सभा में घटी घटना हमने साभिप्राय ली है। अन्यथा भारतीय लोकतंत्र के चरित्र को पढ़ने के लिए भारत में होने वाले चुनावों की कहीं की, किसी भी घटना को लिया जा सकता है। हम यह नहीं कहते कि कोई अन्य नेता मुख्यमंत्री होता तो फरियाद करने वाली महिला के साथ मायावती से बेहतर व्यवहार करता। उसे बाहर उठा कर भी फेंका जा सकता था। या बाद में उससे 'बदनाम करने' का बदला लिया जा सकता था। मायावती ने ऐसा नहीं किया, लेकिन जो भी किया, वह अन्य कोई नेता या पार्टी जो भी करता, उससे बुरा किया। (बुरा हम भी कर रहे हैं- मायावती के लिए आदरसूचक बहुवचन का और महिला के लिए निरादरसूचक एकवचन का प्रयोग करके, नाम ज्ञात होने के बावजूद महिला कह कर। कोशिश करके भी हम उसके लिए आदरसूचक शैली का प्रयोग नहीं कर पा रहे हैं। करते तो शायद आप भी चौंकते। महिला के बारे में मीडिया की खबरें भी इसी तरह लिखी गयी हैं। हम शासक जमात के लोगों- भले ही किसी पृष्ठभमि से आए हों- का आधुनिक सलीका ऐसा ही है। हमारे सारे काम करने वाली महिला या लड़की घर में सोफे पर नहीं बैठ सकती। उसे कभी-कभार चाय मिल जाती है, लेकिन ज्यादातर कप अलग रहता है। उसके साथ न प्लेट लग सकती है, न बिस्कुट-नमकीन सज सकता है।)

यह लोकतंत्र की देन है कि पिछड़ा और दलित नेतृत्व राजनीति में उभर कर ऊपर आया और सत्ता के गलियारों में उसे जगह मिली। सामाजिक-आर्थिक रूप से पिछड़े बहुजन समाज को बराबरी पर लाना इस नेतृत्व की स्वाभाविक जिम्मेदारी बनती है। इसलिए और भी ज्यादा कि द्विज नेतृत्व, किशन पटनायक के शब्द लें तो मुगल काल और अंग्रेजी राज के अनुभव में पग कर "चरित्र में निकृष्ट" और "बौद्धिकता में... नकलची और चालाक" बन चुका है। उसके भरोसे देश और समाज की गाड़ी ज्यादा दिन नहीं खींची जा सकती। ब्राह्मणवाद-सामंतवाद-पूँजीवाद के मिश्रण से बना द्विज नेतृत्व नित नई गैर-बराबरियां ईजाद करता है और उन पर मुहर लगाता है। पिछड़ा और दलित नेतृत्व उसकी नकल करता है। वह उस बड़ी जिम्मेदारी का निर्वाह करने से कतराता है जो इतिहास ने उस पर डाली है। "द्विजों की यह प्रमाणित अयोग्यता पिछड़ों के लिए बहुत बड़ी चुनौती है। पिछड़ा नेतृत्व अभी तक द्विजों का भद्दा अनुकरण करता आया है। उसके सामने सिर्फ यह प्रश्न है कि वह किसमें कितना हिस्सा मांगेगा? असल प्रश्न है, क्या भारत का शूद्र वह काम कर सकेगा जो करने में द्विज नेतृत्व असफल और अयोग्य साबित हुआ है? शूद्र नेता नौकरी की माँग कर रहा है,

देश एक शूद्र नेतृत्व की माँग कर रहा है, क्योंकि करोड़ों की संख्या में उत्पीड़ित जनता शूद्रवंशी और दलितवंशी है।'' ('भारत शूद्रों का होगा', पृष्ठ 93)

कुछ लोग कहते हैं कि पहले पिछड़े और दलित नेता पहले द्विज नेतृत्व के मातहत होते थे और उसे मजबूत बनाने के काम आते थे। लोकतंत्र की खूबी के चलते वे स्वतंत्र हैसियत से द्विज नेतृत्व को चुनौती देने की स्थिति में आ गये हैं। इस आधी सच्चाई पर ही बस कर लिया जाता है। गोया वे द्विज विचारधारा को भी चुनौती देते हों। जबकि पिछड़ा और दलित नेतृत्व द्विजों की विचारधारा को चुनौती नहीं देकर, उसकी दौड़ में शामिल हो गया है। दावा अपनी अपनी अलग धारा का जरूर किया जाता है, उसके मुताबिक जिसे द्विजों ने अवरुद्ध और नष्ट करने का निरंतरषडयंत्र किया है, लेकिन दौड़ द्विजों की धारा में ही लगाता है। इस दौड़ में वह कभी द्विजों से आगे नहीं निकल सकता। न निजी क्षेत्र में आरक्षण पा कर, न एक दिन सत्ता पर पूरा कब्जा करके। द्विजों की नकल करके उसने उनके मुकाबले 'पिछड़ा' और 'दलित' बने रहने की एक नई भाग्यरेखा तय कर दी है।

यह निश्चित ही बुरा है कि द्विज नेतृत्व ने देश को लूटा और अपनी प्रतिमाएं और स्मारक गाड़ दिए। पिछड़े व दलित नेताओं के समर्थक हमेशा कहते हैं, ऐसा कहते हुए उनमें अपार उत्साह होता है, कि जब द्विजों ने बड़ी लूट मचाई है तो हमारे नेताओं की छोटी लूट पर ऐतराज करने का क्या हक है? वे यह सोचने को भी तैयार नहीं हैं कि पिछड़े और दलित नेताओं की छोटी लूट द्विजों की बड़ी लूट से ज्यादा बुरी है। क्योंकि वह अंततः द्विजों के 'आदर्श' को ही पुष्ट करती है और दमन व शोषण की एक नई परंपरा को भी।

मायावती ने यूपी चुनाव के दौरान एक दिन कहा कि गाँधी परिवार के लोग पिकनिक मनाने आए हुए हैं। यह टिप्पणी बढ़िया है। वे इस पिकनिकबाजी को रोक सकती थीं। उन्हें पिछली बार पूर्ण बहुमत मिला था। समाज के सभी तबकों ने उनको वोट दिया। वे चाहतीं तो बसपा को बहुजन समाज की वास्तविक पार्टी के रूप में यूपी और पूरे देश में खड़ा करने के प्रयास कर सकती थीं। लेकिन अपने कार्यकाल में वे खुद यूपी को पिकनिक स्थल बनाने में लगी रहीं। लोहिया ने कहा है कि किसी भी सार्वजनिक हस्ती की प्रतिमा सौ सालों तक नहीं लगाई जानी चाहिए। यानी जिनका कालजयी महत्व होगा आने वाली पीढ़ियां उनकी स्मृति अपने आप संजो लेंगे। कांग्रेस और अन्य पार्टियों की सरकारों ने प्रतिमाओं और स्मारकों की जम कर राजनीति की है। लेकिन मायावती अकेली हैं जिन्होंने अपनी प्रतिमाएं स्थापित कराई हैं।

द्विज को गुलाम कहो तो वह भड़कता है। मार्क्सवादी ब्राह्मण बेहद। उसने ऐसा कहने के 'अपराध' में डॉ. राम मनोहर लोहिया को आज तक माफ नहीं किया है।

पिछड़े व दलित नेतृत्व को भी गुलाम कहना नागवार गुजरेगा। गुजरना भी चाहिए। गुलामी सहज स्थिति नहीं मानी जानी चाहिए। दुर्भाग्य से द्विजों ने उसे मान लिया है। पिछड़े और दलित अतीत पर अपने मालिकाने का स्वर बुलंद करते हैं तो वह गुलामी के प्रति विद्रोह की अभिव्यक्ति होता है। लेकिन वह पिछली गुलामी की बात होती है जो द्विजों ने उनके ऊपर थोपी। वैसे भी उस विद्रोह की प्रेरणा का स्रोत द्विजों के पुनरुत्थानवाद में पाया जा सकता है। सवाल आज और निर्णायक रूप से स्वतंत्र होने का है। बहुजन समाज ही वास्तव में स्वतंत्र हो सकता है, बशर्ते उसका नेतृत्व स्वतंत्रता की जिम्मेदारी उठाए। स्वतंत्रता का अर्थ ही है आप वर्चस्ववादी विचारधााराओं-संरचनाओं के बरक्स स्वतंत्र जिम्मेदारी लें।

लेकिन ऐसी कोई उम्मीद नजर नहीं आती। संक्रमण की आड़ में द्विज नेतृत्व ने तीन सौ साल निकाल दिए। इस बीच बड़ी संश्लिष्ट विचारणा और बहसें हुईं और कुछ ठोस फैसले हुए। मसलन, आजादी हुई, संविधान बना, उसकी रौशनी में नया भारत बनाने का संकल्प हुआ। भारत की आजादी कितनी भी आधी-अधूरी और खून-खच्चर भरी रही हो, उसका लक्ष्य पूँजीवाद की स्थापना नहीं था। आजादी के बाद जो संविधान बना उसका नीति-निर्देश भी पूँजीवाद की स्थापना का नहीं था। वह हो भी नहीं सकता था। क्योंकि आजादी पूँजीवाद, जिसका होना लोहिया ने साम्राज्यवादी होने पर ही संभव बताया है, के खिलाफ संघर्ष करके हासिल की गयी थी। किशन पटनायक अन्य नवस्वाधीन देशों के मुकाबले भारत में लोकतंत्र के सहज स्वीकार और स्थापना का संबंध राष्ट्रीय आन्दोलन से जोड़ते हैं, ''जो असली कारण था वह भारत का राष्ट्रीय आन्दोलन था। गाँधी जी के नेतृत्व में यह आन्दोलन पूर्णतः लोकतांत्रिक हो गया था। राष्ट्रीय कांग्रेस की सारी राजनैतिक गतिविधियां तथा संगठन प्रणाली लोकतांत्रिक थी। नेताओं के आपसी संवाद में, विवाद में साम्राज्यवादी शासकों के साथ बातचीत में इतनी पारदर्शिता थी कि संगठन के बाहर के लोग भी उसमें अपनी भागीदारी महसूस करते थे। कांग्रेस के नेताओं की क्या गलतियां हैं, उन्हें क्या करना चाहिए, इस तरह की बातें लोगों में होती थीं। लोग जानते थे कांग्रेस उनके प्रति जवाबदेह है। यह परंपरा राष्ट्रीय स्मृति का अंग हो गयी, और भारतीय राजनीति राष्ट्रीय आजादी के पहले ही लोकतांत्रिक हो चुकी थी।'' ('राजनीति पर एक दृष्टि', पृष्ठ 24) इस सच्चाई को समझे बगैर क्रातिकारी लोकतंत्र की बात करना बेमानी है।

गुलाम दिमाग लगातार संक्रमण की बात करता रह सकता है, क्योंकि वह पूर्ण गुलामी की स्थिति स्वीकार नहीं करना चाहता। हमने एक लेख में बताया था कि संक्रमण शासक वर्ग की स्ट्रेटेजी है, जिसके तहत वह सभी समस्याओं को दूर कर उपलब्धियां हासिल करने का भ्रम बनाये रखता है। इससे वह अपनी निगाह में भी बचा रहता है और शासितों की भी। संक्रमण काल का यह बेनेट

अब पिछड़ों और दलितों ने पकड़ लिया है। दौड़ने का ट्रैक वही है। कहने का आशय है कि द्विजों पर दर्शन से लेकर देशभक्ति तकषडयंत्र और पाखंड के आरोप तभी सही हो सकते हैं जब उनका विकल्प दिया जाए। देश को बहुराष्ट्रीय कम्पनियों को बेचने के साथ देशभक्ति का दावा द्विज ठोंकते हैं। अन्ना हजारे के आन्दोलन में जैसे देशभक्ति का सैलाब ही उमड़ आया था। द्विजों के पास दर्शन का भी पर्याप्त भंडार है। पूरी दुनिया उसे पढ़ती और मानती है। ऐसा दर्शन और देशभक्ति निरर्थक हैं तो सार्थकता की नई जमीन तलाशनी चाहिए, जहाँ सुमित्रा देवी की बराबरी की और सम्मानजनक जगह हो। यह सही है कि उसकी हालत के लिए अकेले मायावती जिम्मेदार नहीं हैं। लेकिन उसकी ऐसी हालत न रहे, इसकी जिम्मेदारी केवल मायावती उठा सकती हैं।

सुमित्रा देवी का अकेलापन

अपने बेटे की हत्या का त्रास झेल रही सुमित्रा देवी इस चुनावी घमासान में न्याय पाने के लिए किसे वोट दे, इसका जवाब बड़े से बड़ा लोकतंत्रवादी और लोकतंत्रवेत्ता नहीं दे सकता। यानी बेटा तो वह पा ही नहीं सकती, अपना चुनाव में मत देकर न्याय भी नहीं पा सकती है। वह अकेली पड़ गयी है। अन्याय के प्रतिकार की गाँधी की सिविल नाफरमानी की कार्यप्रणाली का सिविल सोसायटी एक्टिविस्टों ने विद्रूप बना दिया है। जेपी के लोकशक्ति के विचार से लोक को अपदस्थ करके सिविल सोसायटी ने वहाँ खुद को स्थापित कर दिया है। थोड़ा विषयांतर होगा, लेकिन हम यहाँ जेपी की चर्चा करना चाहेंगे ताकि यह स्पष्ट हो सके कि सिविल सोसायटी की विचारधारा शासक वर्ग की विचारधारा है। वह सुमित्रा देवी की मददगार नहीं है।

जेपी शूमाखर फ्जि, जिन्हें उन्होंने श्रीमती इंदिरा गाँधी से मिलवाया था और श्रीमती गाँधी ने उनसे अपने आर्थिक सलाहकारों के लिए कुछ सूत्र देने को कहा था, के लेख 'तकनीकी विकल्प' की चर्चा करते हैं। उस लेख में फ्जि ने लिखा है, "सरकार प्रचलित व्यवस्था की कार्यपालिका से अधिक कुछ नहीं होती और न इस व्यवस्था के दर्शन को क्रियान्वित करने से अधिक कुछ करती भी है।" ('कारावास की कहानी', पृष्ठ 36) सरकार ऐसा न करे, न कर पाए, इसके लिए जेपी ने समाजवाद से सर्वोदय और फिर सम्पूर्ण क्रान्ति तक की लंबी विचारयात्रा तय की। सरकारों और पार्टियों से निराश होकर वे समाज की ओर जाते हैं कि शोषितों के उत्थान और स्वतंत्रता का काम समाज करे। जेपी लिखते हैं, "अब सवाल है कि भारत की प्रचलित व्यवस्था और उसका दर्शन क्या होगा? यह एक बहुत ही दिलचस्प सवाल है। पहली बात तो यह है कि कोई प्रचलित व्यवस्था है भी क्या? अस्सी प्रतिशत आबादी तो गांवों में रहती है और

बीस प्रतिशत शहरों में। उसका कुछ हिस्सा औद्योगिक मजदूर हैं और कुछ चौथे वर्ग के कर्मचारी तथा उनसे भी कुछ अधिक तीसरे वर्ग के कर्मचारी हैं। यद्यपि शहरी क्षेत्रों में गरीबी और गंदगी है, गंदी बस्तियां हैं, फिर भी आबादी गाँव से शहर की ओर लगातार भाग रही है। ... औद्योगिक मजदूरों और तीसरे एवं चौथे वर्ग के कर्मचारियों को छोड़ कर बाकी लोग वहाँ आर्थिक दृष्टि से अपेक्षाकृत संपन्न हैं। उनमें से एक छोटा हिस्सा पाश्चात्य रहन-सहन की दृष्टि से काफी सुखी भी है। उसके बाद हैं विद्यालय तथा विश्वविद्यालय के छात्र। राजधानियों में सरकारी अधिकारी और मंत्री रहते हैं। अगर कोई व्यवस्था है तो वह इन्हीं तत्वों से बनी हुई है, और व्यवस्था का दर्शन शिक्षित एवं आर्थिक दृष्टि से संपन्न वर्ग का दर्शन है। ग्रामीण क्षेत्र में जो विशिष्ट वर्ग है, वह लगातार शहरी क्षेत्रों की ओर खिंचा जा रहा है।'' (वही, पृष्ठ 36-37)

भारत का शिक्षित और आर्थिक दृष्टि से संपन्न वर्ग अगड़ी सवर्ण जातियों से आता है। भारत की सिविल सोसायटी उसीसे बनी है। वह व्यवस्था से अभिन्न है। जेपी आगे लिखते हैं, ''इस व्यवस्था का दर्शन क्या है? यही कि जितना है, उससे भी अधिक हमारे पास हो, हम और भी ऊंचा उठें।... सारी राजनीति, सारी शिक्षा, सारे विशेषाधिकार इसी छोटे शीर्षस्थ तबके तक सीमित हैं। यह आवश्यक नहीं कि ये सभी पूंजीपति ही हों। मगर सबके सब विशेषाधिकारयुक्त हैं, और कृषि को छोड़ दें तो सार्वजनिक क्षेत्र ही औद्योगिक अर्थरचना का सबसे बड़ा हिस्सा है।'' (वही) अन्त में जेपी का निष्कर्ष है, ''कुछ थोड़े व्यक्तियों को छोड़, भारत का विशिष्ट वर्ग चाहता है कि तकनीक और भी अधिक आधुनिक हो, औद्योगिकरण बढ़े तथा कृषि का अधिकाधिक यंत्रीकरण एवं रासायनीकरण हो। भारत में आधुनिकता का मर्म यही है। फ्जि ने अपने सरल सिद्धातों से श्रीमती गाँधी को क्षण भर के लिए प्रभावित तो किया था परंतु व्यवस्था के दर्शन ने उस सिद्धांत को नीचे दफना दिया।'' (वही)

भारत की यह सिविल सोसायटी आजादी के दस-पंद्रह साल बाद ही जड़ जमाने लगी पूंजीवादी व्यवस्था और विचारधारा की संतान है। वही उसका दर्शन है। भारत का जायज नागरिक समाज बहुजन समाज, यानी, जैसा कि लोहिया की पेशकश थी, दलितों, आदिवासियों, पिछड़ों, महिलाओं और गरीब मुसलमानों के बीच से पैदा होना था। लोहिया के दलितों, आदिवासियों, पिछड़ों, महिलाओं और अल्पसंख्यकों को आगे लाने के विचार का पिछड़े और दलित नेताओं ने चुनावी फायदा उठाया है। जबकि उससे एक नई समाजवादी व्यवस्था और संस्कृति के निर्माण का काम होना था। बहुजन समाज परंपरागत ब्राह्मणवादी-सामंतवादी और आधुनिक उपनिवेशवादी वैचारिक-सांस्कृतिक प्रभावों से बहुत हद तक मुक्त था। उसके आगे आने से नई वैचारिक-सांस्कृतिक संरचनाओं का सष्टजन होता। नकल और गुलामी की द्विज परंपरा

टूटती। जातियां भी टूटती और एक नए समाज व राष्ट्र के निर्माण की प्रक्रिया शुरू होती। तब सुमित्रा देवी इस तरह अकेली और ओझल नहीं रहती।

कुछ देर के लिए सुमित्रा देवी को एक नागरिक भी मान लेते हैं। मान लेते हैं उसके बेटे की हत्या नहीं हुई और वह एक व्यक्ति/नागरिक एक मत, जो कि वोट का असली अर्थ और ताकत है, के सिद्धांत पर चुनाव में मतदान करना चाहती है। लोकतंत्र एक प्रणाली के तौर पर नागरिक को सरकार अथवा सत्ता को बदलने के लिए एक व्यक्ति एक मत का अधिकार देता है। इस अपेक्षा के साथ कि वह उसका उपयोग तर्कशीलता के साथ करेगा। इसी में उसका स्वतंत्रता का अधिकार भी समाहित माना गया है। कोई राजनैतिक पार्टी, नेता, चुनाव आयोग, विद्वान कह सकता है कि सुमित्रा देवी अपने विवेक और स्वतंत्रता से मतदान कर सकती है?

भारत में जाति, धर्म, धनबल और बाहुबल को जैसे लोकतंत्र के मूल तत्व स्वीकार कर लिया गया है। सारा चुनाव प्रचार मतदाताओं को जाति, धर्म, भाषा, इलाका आदि के नाम और आधार पर मतदाताओं को लामबंद करने का खेल हो गया है। इस लामबंदी में धनबल और बाहुबल झोंका जाता है। चुनाव क्या शुरू होते हैं जैसे जमीन से आसमान तक युद्ध छिड़ जाता है। सभी पार्टियों द्वारा लगभग सभी टिकट जाति और धर्म के नाम पर दिए जाते हैं। जाति और धर्म के नेता चुनाव प्रचार में उतारे जाते हैं। खबरें और चुनाव विश्लेषण भी उसी रंग में रंगे होते हैं। बाहुबलियों को पार्टियों से खदेड़ने और पार्टियों में शामिल करने का दौरदौरा होता है। चुनावों के पहले पुराने गठबंधन टूटते हैं, नए गठबंधन बनते हैं। चुनावों के बाद फिर नए गठबंधन होते हैं।

'सोशल इंजीनियरिंग' और 'कोलिशन गवर्नमेंट/पोलिटिक्स' को लोकतंत्र की मजबूती बताया जाता है, लेकिन यह नहीं बताया जाता कि उससे समाजवाद और धर्मनिरपेक्षता की मजबूती बन रही है या नहीं। समाजवाद और धर्मनिरपेक्षता को कमजोर करने वाला लोकतंत्र कैसे मजबूत कहा जा सकता है? समय की जरूरत बताकर लोकतंत्र की मजबूती बताते हुए यह भी देखा जाना चाहिए कि उसमें पिछड़े मुसलमानों की मस्जिद गिरा देते हैं और ब्राह्मण दलितों के हाथी पर चढ़ जाते हैं। 'सुपर ब्राह्मण' कहते हैं हमारे परिवार का राज होता तो मस्जिद नहीं टूटती। फिर एक आईटी एक्सपर्ट को भीड़ को दिखाते हुए कहा जाता है, देखो हमारे परिवार ने एक बढ़ई को कहां से कहां पहुंचा दिया! यूपी में मुसलमान बहुत हैं। वहाँ भाजपा को छोड़ कर सभी पार्टियां मुलमानों को आरक्षण देने और सच्चर कमेटी की रपट लागू करने के लिए होड़ लगाए हुए हैं। भाजपा उस होड़ से अपने को अलग रखती है ताकि हिंदू वोट उसके लिए आरक्षित हो जाएं। भाजपा के साथ तीन बार मिल का सरकार बनाने

वाली और गुजरात में मुसलमानों के राज्य प्रायोजित नरसंहार के ऐन बाद हुए चुनावों में नरेंद्र मोदी के समर्थन में जाकर भाषण करने वाली मायावती घर बैठे मुसलमानों के वोट प्राप्त करती हैं। महाराष्ट्र में ठाकरे परिवार सबके ऊपर शेर बना हुआ है। दक्षिण में उत्तर भारत के पहले से जमा पिछड़ा नेतृत्व ब्राह्मणवाद और नवउदारवाद की मजबूती बनाये हुए है।

मायावती या उनके बाद आने वाला दलित नेतृत्व अथवा मुलायम/लालू/ नीतीश या उनके बाद आने वाला पिछड़ा नेतृत्व दड़ा लगने पर कुछ समय के लिए प्रधानमन्त्री बन सकता है। भारत का बुद्धिजीवी वाह-वाह भी करेगा। जैसा उसने ओबामा के राष्ट्रपति बनने पर की थी। भारत से लेकर अमेरिका तक लोकतंत्र की मजबूती का तर्क करने वाले विद्वान यह सवाल नहीं उठाते कि मजबूत लोकतंत्र में एक गैर-राजनैतिक व्यक्ति, जो सीधे नवउदारवादी प्रतिष्ठान का नुमाइंदा है, और उसकी मंडली भारत के भाग्यविधाता बने हुए हैं। उनके बाद के प्रधानमन्त्री भी लगभग तय हैं। कांग्रेस की तरफ से राहुल गाँधी और भाजपा की तरफ से नरेंद्र मोदी। मोदी और उनकी सांप्रदायिक फासीवादी मानसिकता के समर्थक अफसरों की भूमिका के बारे में कुछ भी छिपा नहीं है। लेकिन मोदी बेखौफ हैं। वे सदभावना का नाटक कर सकते हैं। पश्चाताप की मनुष्यगत योग्यता उनमें भले न बची हो, नवउदारवाद उन्हें बचा रहा है। भारत के लोकतंत्र को एक नाजायज सिविल सोसायटी, नाजायज राजनीति और उसके दर्शन की सेवा में लगाया जा रहा है।

ऐसे भी विद्वान हैं जो बढ़ते जातिवाद में जातिवाद के विनाश के बीज छिपे देखते हैं। शायद उसी तरह जैसे पूँजीवाद अपने विनाश के बीज अपने गर्भ में छिपाए रहता है! वे कहते हैं यूपी चुनाव में या अन्यत्र चुनावों से लेकर दाखिलों और नौकरियों के लिए पिछड़ी जातियों में जो होड़ लगी है, उसकी ऐतिहासिक दिशा जाति विनाश की ओर है। यानी जातिवाद ही जातिवाद की काट करेगा। संप्रदायवादी शक्तियों में भी बखूबी होड़ चल रही है। भाजपा और जनसंघ का झगड़ा तो निपट गया है, लेकिन भाजपा से टूट कर कई नेता और ज्यादा उग्र हिंदुत्व की वकालत करते रहते हैं। नरेंद्र मोदी ने भाजपा के भीतर ही सांप्रदायिक फासीवाद का सफल प्रयोग करके दिखा दिया है। आरएसएस-भाजपा में सांप्रदायिक दायरे के अंतर्गत कई धाराओं की होड़ देखी जा सकती है। उसमें एक धारा का विकास बम विस्फोट करने की हद तक हो चुका है। शिवसेना की टूट के चलते महाराष्ट्र की छाती पर एक की जगह तीन ठाकरे चढ़े हुए हैं। क्या यह मान लिया जाए कि संप्रदायवादी होड़ की ऐतिहासिक दिशा संप्रदायवाद के विनाश की ओर है? वास्तविकता यह है कि जातिवाद और संप्रदावाद दोनों की दिशा नवउदारवाद की मजबूती की ओर है। यह तो नवउदारवाद की खूबी है कि वह

एक साथ जातिवाद और संप्रदायवाद को अपने पेटे में समेट लेता है।

सत्ता के लिए बसपा अंबेडकर को और सपा लोहिया को बेचती है। इस काम के लिए गाँधी का पेटेंट कांग्रेस के पास है। ये तीनों नेता और विचारक अलग-अलग हैं, लेकिन एक बात में समान हैं कि तीनों पूँजीवाद विरोधी हैं। हमारी नजर में जो पूँजीवाद दुनिया में चल रहा है उसे सबसे बड़ी चुनौती गांधीवाद से है। पूँजीवाद शुरू से अब तक बाजार और हथियार के बल पर चलता रहा है और आगे भी वैसा ही इरादा रखता है। गांधीवाद का बाजार और हथियार से धुर विरोध है। यही कारण है कि गाँधी को निष्क्रिय करने के प्रयास उनके समय से ही वैशिवक पूंजीवादी प्रतिष्ठान करता रहा है। इधर उसके प्रयासों में तेजी आयी है। पूँजीवाद से मालामाल आज की दुनिया मानवीय तकाजों के चलते कई तनावों से ग्रस्त रहती है। उसे लगता है शारीरिक सुख के पीछे उसने आत्मा को खो दिया है। वह राहत पाने के लिए गाँधी और कई बार बुद्ध की शरण में भागती है। बुद्ध से उसे खतरा नहीं है, क्योंकि वह पूँजीवाद का कोई विकल्प नहीं देता। उल्टे पूँजीवाद का ज्यादा काम करने के लिए इंसान को ताजादम कर देता है। लेकिन गाँधी विकल्प देता है। यही उसका सबसे बड़ा अपराध हो गया है। पूंजीवादी प्रतिष्ठान को चिन्ता होती है कि तात्कालिक राहत की तलाश में गाँधी की शरण में गया इंसान पूँजीवाद के विकल्प की भी शरण में न चला जाए।

सपा और बसपा नेतृत्व लोहिया और अंबेडकर के नाम पर सत्ता लेकर बिल्डरों, माफियाओं, दलालों की मार्फत नवउदारवाद की मजबूती का काम करता है। कल को उसे इन नामों के बगैर सीधे बिल्डरों, माफियाओं, दलालों के बल पर सत्ता मिलेगी तो लोहिया और अंबेडकर का नाम लेना छोड़ सकता है। लेकिन तब तक काफी नुकसान हो चुका होगा। लोहिया और अंबेडकर दो ऐसे नाम है जिनके चिन्तन में ब्राह्मणवादी-पूंजीवादी व्यवस्था के खिलाफ प्र्याप्त विस्फोटक भरा है। सत्ता के बाजार में इनकी देर तक बिकवाली एक दिन उनके नाम को भी गाँधी की तरह खत्म कर देगी। यह देखा जा सकता है कि मिश्रित अर्थव्यवस्था और कल्याणकारी राज्य की बात करने वाले नेहरू का नाम आज सोनिया-राहुल की कांग्रेस भी नहीं लेती है।

एक हैलीकॉप्टर पर एक घंटे के 75 लाख रुपये खर्च होते हैं। जहाँ चुनाव होता है वहाँ आकाश हैलीकॉप्टरों और चार्टर विमानों की गड़गड़ाहट से भरा रहता है। यूपी का हाल देखिए। कहा जा रहा है कि वहाँ चुनाव धारती से ज्यादा आकाश में लड़ा जा रहा है। जाहिर है, हैलीकॉप्टर और चार्टर विमान किराए पर देने वाली कम्पनियों को भारी रकम अदा की जा जाती है। इस सब के आगे, जहाँ चुनाव आयोग हताश नजर आता है, छोटी पार्टियों के और स्वतंत्र उम्मीदवारों की कोई

हैसियत नहीं होती, अपने विवेक से स्वतंत्रतापूर्वक वोट डालने का हौसला किस नागरिक को होगा? सुमित्रा देवी तो अभी नागरिक भी नहीं हुई है। होती तो उसे 'रियाया' की तरह मुख्यमंत्री की सभा में जाकर रिरियाना नहीं पड़ता।

लोकतंत्र बनाने का काम

लोकतंत्र चलाने के साथ बनाना भी होता है। भारत में केवल चलाने का काम चल रहा है। बनाने के काम के नाम पर कुछ चुनाव संबंधी सुधारों की चर्चा होती है। वे होने चाहिएं। लेकिन इस विचार के साथ कि केवल उनसे काम नहीं चलना है। वे तात्कालिक उपाय ही माने जा सकते हैं। दरअसल, संविधान और आजादी की विरासत से काट कर लोकतंत्र को नवउदारवादी आर्थिक नीतियों के आधार पर चलाने की जोर-जबरदस्ती ज्यादा दिन नहीं चल सकती। अगर लोकतंत्र को बनाये रखना है तो वह समाजवादी आर्थिक नीतियों के आधार पर ही संभव है। तभी वह सही अर्थों में सुरक्षित और मजबूत बनेगा। किशन पटनायक कहते हैं, ''लोकतंत्र को सुरक्षित करने का एक जरूरी उपाय है लोकतंत्र को अधिक अर्थपूर्ण बनाना। इसके लिए लोकतंत्र के आर्थिक आधार को परिभाषित करना होगा। यह परिभाषा लोकतंत्र की अवधारणा का अनिवार्य अंश होगी। अंबेडकर ने संविधान सभा की बहस में जिस आर्थिक लोकतंत्र की दलील दी थी, वह लोकतंत्र के स्थायित्व की गारंटी है। उसी से सामाजिक समानता की शर्त पूरी होती है।'' ('भारतीय राजनीति पर एक दृष्टि', पृष्ठ 28)

इसके लिए राजनीति का विरोध करने वाला सिविल सोसायटी आन्दोलन कारगर नहीं हो सकता। न ही नवउदारवादी व्यवस्था और उसके मुताबिक राजनीति और लोकतंत्र के बचाव के लिए विदेशी धन लेने वाले एनजीओ की भूमिका हो सकती है। यह काम नए संदर्भों में नए तरीकों से राजनीतिक पार्टियों, ट्रेड यूनियनों, किसान संगठनों, छात्र संगठनों के करने का है।

घिर गयी है भारत माता

ये भी तो मादरे हिन्द की बेटी है!

करीब पाँच साल पहले की बात है। हम परिवार के साथ कार में रात के करीब साढ़े ग्यारह बजे नोएडा से एक शादी से लौट रहे थे। गाजीपुर चौराहे पर अंधेरा था और कड़ाके की ठंड थी। करीब पंद्रह साल की एक लड़की लाल बत्ती पर गजरा बेच रही थी। लिबास से वह खानाबदोश या फिर आदिवासी समाज से लग रही थी। वह थोड़ी ही दूरी पर खड़ी थी लेकिन धूसर शरीर और कपड़ों में उसकी शक्ल साफ नहीं दिख रही थी। हालांकि यह साफ था कि वह कुपोषण के चलते पतली-दुबली है और कुदरत की ताकत के सहारे जिन्दा (दिल) है। हमने इधर-उधर नजर दौड़ाई। उसके साथियों में और कोई नजर नहीं आया। वह चौराहा शहर के बाहर और सुनसान था, जहाँ लड़की के साथ कुछ भी हो सकता था। हमने यह मान कर मन को तसल्ली दी कि उसके कोई न कोई साथी जरूर आस-पास कहीं होंगे, लड़की अकेली नहीं है। इतनी रात गये अकेली कैसे हो सकती है?

वह लड़की थोड़ा हमारी कार के पास आई। देखा, वह वैसी चिन्तित और डरी हुई नहीं थी जैसा हम उसको लेकर सोच रहे थे। अपनी जड़ों से वह उखड़ी हुई जरूर थी, लेकिन उसके बावजूद जीवन पर उसकी गिरफ्त मजबूत लगी। हजारों साल का सामंतवाद उसकी स्वायत्तता और स्वच्छंदता को नष्ट नहीं कर पाया था। उसी ताकत के बल पर वह पूँजीवाद से लोहा ले रही थी। हमने महसूस किया कि उस लड़की और हमारे बीच गहरा फासला है। उसका मन-मानस हमसे अलग और आज भी स्वच्छंद है। हमें तब नागार्जुन की उपर्युक्त काव्य-पंक्ति अनायास याद आयी थी। हल्की मुस्कुराहट के साथ - मादरे हिन्द की एक बेटी यह भी है!

आधुनिक कलाकारों को सामंती/पूंजीवादी शोषण के शिकार लोगों पर रचना करने की आदत पड़ चुकी है। आदत के वशीभूत हम कई दिनों तक उस लड़की की दशा पर कोई लेख या कविता लिखने की सोचते रहे। हालांकि

लिखा नहीं गया। यह सोच में पड़ कर कि लोग कब से गरीबों, वंचितों, शोषितों को विषय बना कर लिखते आ रहे हैं। उसे मुक्ति का, क्रान्ति का साहित्य कह कर उसका संघर्ष और सौंदर्य मूल्य भी सिद्ध कर दिया जाता है। लेकिन भारत के शहरों की गंदी बस्तियों, झुग्गियों, लाल बत्तियों, फुटपाथों पर भीड़, कितना ही खदेड़ो, बढ़ती ही जाती है। यह रोज का किस्सा है, कोई कितनी कविता करेगा! महाकवि को इलाहाबाद के पथ पर जो पत्थर तोड़ती दिखी थी, उसकी पोतियों-नातिनों की इतनी ही तरक्की हुई है कि वे एक के बाद एक और नए से नए बनने वाले एक्सप्रैस रास्तों पर पत्थर तोड़ रही हैं। वे इस देश और दुनिया की कभी नागरिक नहीं बन सकती, उन्हें मानव कहना मुश्किल लगता है। उस दिन खास बात थी तो बस यही कि वह अकेली लड़की एक-दो रुपये के लिए इतनी रात गये वहाँ थी।

हमें लगा कि जिस तरह पूंजीवादी कम्पनियों के लिए जल, जंगल, जमीन संसाधान हैं, आधुनिक और तरक्कीपसंद कलाकारों/लेखकों के लिए कम्पनियों द्वारा जड़ों से उजाड़ा गया जीवन भी संसाधान है। कम्पनियों को जैसे ज्यादा से ज्यादा मुनाफा चाहिए, रचना के बदले लेखकों को भी नाम और नकद पुरस्कार चाहिए- ज्यादा से ज्यादा और बड़ा से बड़ा। जो सरकार कम्पनियों को ठेके देती हैं, वही रचनाकारों को पद और पुरस्कार देती हैं। इधर कंपनियां भी अपने पुरस्कार देने लगी हैं। 'रचना सत्ता का प्रतिपक्ष होती है', 'सत्ता रचना/रचनाकार से भय खाती है' - इस तरह की टेक को ऊंचा उठाए रखते हुए रचनाकारों ने वे पुरस्कार लेने भी शुरू कर दिए हैं। आने वाले समय में कम्पनियों की ओर से कुछ पद भी आफॅर किए जा सकते हैं। आखिर कम्पनियों का भी कोई सामाजिक-सांस्कृतिक दायित्व बनता है! यूरोप और अमेरिका में लंबे समय से यह चल रहा है।

बहरहाल, हमने उस लड़की पर कुछ लिखा नहीं। उसे रात के अंधेरे में वहाँ देख कर सहानुभूति का एक तीव्र ज्वार उठा था। आज साफ लगता है कि उसके बारे में लिखे जाने पर जो भी मुक्ति होती, वह अपनी ही होती। उस लड़की की मुक्ति से उसका कोई साझा नहीं होता। हमारा कभी उससे मिलना या बातचीत नहीं होनी थी। पाँच साल बाद देखते हैं कि वह लड़की और ज्यादा अकेली होती और अमानवीय परिस्थितियों में घिरती जा रही है। चिन्ता की जाती है कि इतिहास, विचारधारा, मुक्ति, प्रतिबद्धता, सरोकार, सहानुभूति आदि पद निकम्मे घोषित हो चुके हैं। उस लड़की के संदर्भ उन्हें एक दिन निकम्मे साबित होना ही था। क्योंके वे पूँजीवाद के पेट से उठाए गये थे। जिस दिन पूँजीवाद को मानव सभ्यता के विकास में क्रान्तिाकरी चरण होने का प्रमाणपत्र मिला था, उसी दिन यह तय हो गया था कि वह लड़की महानगर के चौराहे पर, रात के अंधेरे में, अकेली गुबारा या गजरा जैसा कोई सामान बेचेगी। और उसकी एक अन्य बहन

को उसका मालिक ताले में बंद करके सपरिवार निश्चिंत विदेश घूमने निकल जाएगा। यह तय हो गया था कि यह भारत सहित पूरी दुनिया में अनेक जगहों पर अनेक रूपों में अनेक बार और लगातार होगा। भारत में पिछले 20-25 सालों में इस प्रक्रिया में खासी तेजी आयी है।

पिछले दिनों देश की राजधानी दिल्ली की मध्यवर्गीय आवास कॉलोनी द्वारिका के एक मकान से पुलिस ने एक 13 साल की घरेलू नौकरानी को डॉक्टर दंपत्ति के घर की कैद से छुड़ाया। डॉक्टर दंपत्ति मार्च के अंतिम सप्ताह में उसे घर में बंद करके अपनी बेटी के साथ थाईलैंड की सैर पर गये थे। 6 दिन बाद बालकनी से पड़ोसियों ने लड़की की पुकार सुनी। वह पहले भी पुकार करती रही थी, लेकिन किसी ने उसकी मदद नहीं की। 30 मार्च को एक एनजीओ की मदद से पुलिस को बुलाया गया। पुलिस ने फायर इंजिन बुला कर लड़की को कैद से बाहर निकाला। यह मामला मीडिया में काफी चर्चित रहा। खबरों में आया कि लड़की भूखी, डरी हुई और बेहाल थी। मालिकों ने लड़की को उसके लिए छोड़े गये खाने के अलावा रसोई से कुछ और नहीं खाने के लिए सख्ती से मना किया था। खबरों के मुताबिक लड़की ने मालिकों द्वारा अक्सर प्रताड़ित किए जाने की बात भी कही।

मामला टीवी और अखबारों में आने से, जाहिर है, डॉक्टर दंपत्ति के रिश्तेदारों ने उन्हें बैंकॉक में सूचित कर दिया। वे आए और पुलिस से बचते रहे। उन्होंने कहा कि उनकी नौकरानी बच्ची नहीं, 18 साल की बालिग है और उसके साथ कोई दुर्व्यवहार नहीं किया जाता रहा है। वे उसे साथ ले जाना चाहते थे, लेकिन लड़की ने जाने से इंकार कर दिया। जो भी हो, मामला पकड़ में आ गया था, पुलिस ने डॉक्टर दंपत्ति को न्यायिक हिरासत में ले लिया। अब वे जमानत पर हैं और अदालत में केस दायर है। वाकये को ज्यादा दिन नहीं हुए हैं लेकिन लोग अभी से उसके बारे में भूल चुके हैं। हो सकता है कोई गम्भीर पत्रकार मामले में आगे रुचि ले और केस की प्रगति और नतीजे के बारे में बताए। और उस लड़की के बारे में भी कि उसका क्या हुआ? उसे क्या न्याय मिला?

जैसा कि अक्सर होता है, इस मामले में भी मीडिया की खबरों में लड़की को मेड (maid) अथवा घरेलू नौकरानी लिखा/कहा गया है। लड़की का उत्पीड़न करने वाले डॉक्टर दंपत्ति का नाम - संजय वर्मा, सुमित्र वर्मा - हर खबर में पढ़ने/सुनने में आया। काफी खोजने पर हमें लड़की का नाम एक जगह सोना लिखा मिला। हालांकि हमें यह नाम असली नहीं लगता। लड़की की मां जब झारखंड से आयी तो उसका नाम भी मीडिया में पढ़ने को नहीं मिला। उसे लड़की की मां लिखा और कहा गया। भारत का मध्यवर्ग अपने बच्चों के नामकरण के पीछे कितना पागल होता है, इसकी एक झलक अशोक सेकसरिया की करीब 15

साल पहले छपी कहानी 'राइजिंग टू द अकेजन' में देखी जा सकती है। पिछले, विशेषकर 25 सालों में सुंदर-सुंदर संस्कृतनिष्ठ नाम रखने की देश में जबरदस्त चल्ला चली हुई है। केवल द्विज जातियां ही नहीं, शूद्र और अनुसूचित जाति और जनजाति से मध्यवर्ग में प्रवेश पाने वाले दूसरी-तीसरी पीढ़ी के लोग द्विजों की देखा-देखी यह करते हैं। लाड़लों पर लाड़ तो उंड़ेला जाता ही है, जो स्वाभाविक है, भारत का मध्यवर्ग अपने सांस्कृतिक खोखल को सांस्कृतिक किस्म के नामों से भरने की कोशिश करता है। इस समाज में झारखंड के आदिवासी इलाके से आने वाली निरक्षर मां-बेटियों का नाम नहीं होता।

द्वारिका कॉलोनी का यह मामला सुर्खियों में आने पर नागरिक समाज ने ऐसा भाव प्रदर्शित किया मानो वे स्वयं ऐसा कुछ नहीं करते जो डाक्टर दंपत्ति ने किया। मानो वह द्वारिका कॉलोनी, दिल्ली या देश में एक विरल मामला था जो भले पड़ोसियों के चलते समय पर सामने आ गया। कानून तोड़ने और लड़की के साथ अमानवीय व्यवहार करने वाले शख्स को गिरफ्तार कर लिया गया। अब पुलिस और कानून अपना काम करेगा। ऐसा सोचने में उसका पीड़िता से कोई सरोकार नहीं, खुद से है। ऐसा सोच कर वह अपने को कानून का पाबंद नागरिक और परम मानवीय इंसान मानने की तसल्ली पा लेता है। इस तसल्ली में अगर कुछ कमी रह जाती है तो वह बाबाओं के दर्शन और प्रवचन से पूरी करता है। इस झूठी तसल्ली में वह इतना सच्चा हो जाता है कि गंदी राजनीति और राजनेताओं पर अक्सर तीखे हमला बोलता है। उनके द्वारा कर दी गयी देश की दुर्दशा पर आक्रोश व्यक्त करता है। राजनीति को बुरा बताते वक्त भी राजनैतिक सुधार उसकी इच्छा नहीं होती, वैसा करके वह अपने अच्छा होने का भ्रम पालता है। यह सच्ची बात है कि भारत की मौजूदा राजनीति बुरी बन चुकी है। लेकिन इस बुरी राजनीति की मलाई काटने की सच्चाई मध्यवर्ग छिपा लेता है।

हम सब जानते हैं भारत में कारखानों, ढाबों, दुकानों से लेकर घरों तक में बाल मजदूरों की भरमार है। शहर की लाल बत्तियों पर छोटे-छोटे लड़के-लड़कियां तमाशा दिखाते, कोई सामान बेचते या भीख मांगते मिलते हैं। जो 14 साल से ऊपर हो जाते हैं उन्हें भी हाड़तोड़ श्रम के बदले सही से दो वक्त पेट भरने लायक मेहनताना नहीं मिलता। सुबह 6 बजे से रात 8 बजे तक माइयां कॉलोनियों में इस घर से उस घर चौका-बर्तन, झाड़ू-बुहारू, कपड़े धोने, बच्चे सम्हालने और खाना बनाने के काम में चकरी की तरह घूमती हैं। वे दस-बीस रुपया बढ़ाने को कह दें तो सारे मोहल्ले में हल्ला हो जाता है। उनके मेहनताने - ज्यादा से ज्यादा काम, कम से कम भुगतान - को लेकर पूरे मध्यवर्गीय भारत में गजब का एका है।

दूसरी तरफ, मध्यवर्ग के लोग जिस महकमे, कम्पनी या व्यापार में काम

करते हैं, अपने सहित पूरे परिवार की हर तरह की सुविधा-सुरक्षा मांगते और प्राप्त करते हैं। इसमें संततियों के लिए ज्यादा से ज्यादा संपत्ति जोड़ना भी शामिल है। फिर भी उनका पूरा नहीं पड़ता। वे कमाई के और जरिए निकालते हैं। रिश्वत लेते हैं। टैक्स बचाते हैं। अपने निजी फायदे के लिए कानून तोड़ते हैं। अभिनेता, खिलाड़ी, विश्व सुंदरियां, कलाकार, जावेद अख्तर जैसे लेखक अपने फन से होने वाली अंधी कमाई से संतुष्ट नहीं रहते। वे विज्ञापन की दुनिया में भी डट कर कमाई करते हैं। सरकारें ऐसी प्रतिभाओं से लोक कल्याण के संदेश भी प्रसारित करवाती हैं। वे अपनी कमाई को लेकर जरा भी शंकित हुए, देश की आन-बान-शान का उपदेश झाड़ते हैं। उनमें कुछ सचमुच बड़े कलाकार हैं! किसानों की आत्महत्याओं, महिलाओं के उत्पीड़न, गरीबों की बेबसी, बच्चों की वलनरेबिलिटी को भी मुनाफे का सामान बना लेते हैं। इस तरह अपनी बड़ी-छोटी सोने की लंका खड़ी करके उसे और मजबूत बनाने में जीवन के अन्त काल तक जुटे रहते हैं। इनकी हविस का कोई अन्त नहीं है। रोजाना करोड़ों बचपन तिल-तिल दफन होते हैं, तब उनकी यह दुनिया बनती और चलती है।

भोग की लालसा में फंसे मध्यवर्ग का एक और रोचक पहलू है जो फिल्मों और साहित्य में भी देखा जा सकता है। यह सब करते वक्त उन्हें अपनी मजबूरी सोना की मां की मजबूरी से भी बड़ी लगती है, जिसे अपनी नाबालिग लड़की अंधेरे में धकेलनी पड़ती है। 'पापी पेट की मजबूरी' में वे झूठ बोलने, धोखा देने, "लर्ट करने, प्रपंच रचने की खुली छूट लेते हैं। कई बार यह पैंतरा भी लिया जाता है कि हम भी तो कुछ पाने के लिए अपनी आत्मा को अंधेरे में धकेलते हैं। रोशनी दिखाने वाले बाबा लोग न हों तो जीना कितना मुश्किल हो जाए! यह अकारण नहीं है कि अन्ना हजारे और बाबा रामदेव के भ्रष्टाचार विरोधी आन्दोलन के समर्थन में आम मध्यवर्गीय भारतीय से लेकर बड़े-बड़े उद्योगपति, उनकी संस्थाएं और नवसाम्राज्यवाद का पंजा गड़ाने वाली कुख्यात फंडिंग एजेंसियों का धन खाने वाले बुद्धिजीवी और समाजसेवक शामिल हैं।

लोग यह भी जानते हैं कि देश में चाइल्ड लेबर (प्रोहिबिशन एंड रेगुलेशन) एक्ट 2006 है। लेकिन उसकी शायद ही कोई परवाह करता है। कुछ एनजीओ और स्वयंसेवी संस्थाएं ही इस मुद्दे पर सक्रिय रहते हैं। बाकी कहीं से कोई आवाज नहीं उठती कि बचपन को कैद और प्रताड़ित करने वालों के खिलाफ कड़ी कानूनी कार्रवाई हो, अगर मौजूदा कानून में कमी है तो उसे और प्रभावी बनाया जाए। कड़क लोकपाल की स्वतंत्र संस्था और कानून बनाने के लिए आसमान सिर पर उठाने वाले लोग ये ही हैं। उनके लिए ही बाल मजदूरी और सस्ती मजदूरी की यह 'प्रथा' चल रही है। वह न चले तो इनका जीवन भी चलना असंभव हो जाएगा।

आइए सोना की बात करें। सोना अपनी मां की बेटी है। लेकिन क्या वह भारत

माता की भी बेटी है? नागार्जुन ने अपनी कविता में जब आराम फरमा मादा सुअर का चित्रण किया तो वे उसकी मस्ती और स्वतंत्र हस्ती पर फिदा हुए लगते हैं – देखो मादरे हिन्द की गोद में उसकी कैसी–कैसी बेटियां खेलती हैं! कविता का शीर्षक 'पैने दांतों वाली ...' कविता की अंतिम पंक्ति है। शायद कवि कहना चाहता है कि "जमना किनारे/मखमली दूबों पर/पूस की गुनगुनी धूप में/पसर कर लेटी .../यह ... मादरे हिन्द की बेटी ..." अपनी स्वतंत्रता की रक्षा करने में समर्थ है।

सोना का वह भाग्य नहीं है। उससे भारत माता की गोद छीन ली गयी है। भारत माता सोना की मां जैसी ही मजबूर कर दी गयी है, जिसे अपनी बेटी अनजाने देश भेजनी पड़ती है, जहाँ वह सीधे वेश्यावष्ट्त्ति के धंधे में भी धकेली जा सकती है। वह चाह कर भी अपनी बेटी को अपने पास नहीं रख सकती। पूंजीवादी आधुनिक सभ्यता आदिवासियों को उनके घर–परिवेश–परिजनों से उखाड़ कर जमती है। ऐसा नहीं है कि नागरिक समाज में ईमानदार और दयालु लोग नहीं हैं या नवउदारवाद के चलते आगे नहीं रहेंगे। लेकिन उससे अनेकार्थी विषमताजनित शोषण नहीं रुकेगा। आदिवासी लड़कियों, महिलाओं, लड़कों, पुरुषों को अपने घर–परिवेश से निकल कर हमारे घरों और निर्माण स्थलों पर आना ही होगा। उन्हें कुदरत का भी श्राप है। उनकी घर–धरती के नीचे जो खनिज संपदा जमा है, उसे निकाले बगैर पूँजीवाद का एक कदम काम नहीं चल सकता।

आपको याद होगा अन्ना आन्दोलन के दौरान दिल्ली में पोस्टर लगे थे– 'देश की बेटी कैसी हो, किरण बेदी जैसी हो।' किरण बेदी काफी चर्चा में रहती हैं। कहती हैं, जो भी करती हैं, देश की सेवा में करती हैं। हमें किरण बेदी की कारगुजारियों से यहाँ मतलब नहीं है। सवाल है – मादरे हिन्द की बेटी कौन है? किरण बेदी या सोना? आप कह सकते हैं दोनों हैं। लेकिन हम सोना को मादरे हिन्द की बेटी मानते हैं। इसलिए नहीं कि हमारी ज्यादा सही समझ और पक्षधरता है। सोनाएं किरण बेदियों के मुकाबले भारी सख्या में हैं और किसी का बिना शोषण किए, बिना बेईमानी किए, बिना देश सेवा का ढिंढोरा पीटे, दिन रात श्रम करके, किफायत करके अपना जीवन चलाती हैं। यौन शोषण समेत अनेक तरह की प्रताड़नाएं सहती हैं। अपनी ऐसी गरीब बेटियों के लिए हर मां मरती–पचती और आंसू बहाती है। सोनाओं की मांओं के समुच्चय का नाम ही भारत माता है। इस भारत माता को कपूतों ने एकजुट होकर अपनी कैद में कर लिया है।

कपूतों की करतूत

हमारे गाँव के पंडित लिखी राम अब दुनिया में नहीं हैं। वे एक स्वरचित गीत गाते थे। गीत के बोल बड़े मार्मिक और रोमांच पैदा करने वाले थे। गीत की टेक थी – 'भारत माता रोती जाती निकल हजारों कोस गया'। हजारों कोस

का बीहड़ रास्ता हमारी बचपन की नजरों के सामने खिंच जाता था, जिस पर रोती-बिलखती भारत माता नंगे पांव चली जाती थी। गीत सुखांत नहीं था। हमें इससे परेशानी होती थी। भगत सिंह और उनके पहले के क्रान्तिकारियों की शहादत, सुभाष चंद्र बोस की आजाद हिन्द फौज और गाँधी जी की हत्या पर गीत समाप्त होता था। तब हमें राष्ट्रवाद, उसकी विचारधारा और वर्ग चरित्र के बारे में जानकारी नहीं थी। हम अपनी जन्म देने वाली मां के अलावा एक और मां - भारत माता - से जुड़ाव का अनुभव करते थे और पाते थे कि वह कष्ट में है। भावना होती थी कि भारत माता के कष्ट का निवारण होना चाहिए। तब हमें भारत माता साड़ी, मुकुट और गहनों में सजी-धाजी नहीं दिखाई देती थी। उसके हाथ में तिरंगा भी नहीं होता था। वह दिन-रात खटने वाली गाँव की औरतों के वेश में उन्हीं जैसी लगती थी।

बड़े होकर भी हम पंडित लिखी राम का गीत सुनते रहे। भारत माता की विशिष्ट छवि, उससे संबंधित साहित्य और बहसों के बीच बचपन में पंडित लिखी राम द्वारा खींची गयी भारत माता की तस्वीर मौजूद रहती रही है। 'मैला आंचल' में तैवारी जी का गीत - 'गंगा रे जमुनवा की धार नवनवा से नीर बही। फूटल भारथिया के भाग भारत माता रोई रही।'' पढ़ा तो उसकी टान (लय) लिखी राम के गीत की टान के साथ खट से जुड़ गयी। तैवारी जी के गीत की टान को सुन कर बावनदास आजादी के आन्दोलन में खिंचा चला आया था। उस टान पर वह अपना जीवन आजादी के संघर्ष में बिता देता है। अन्त में माफिया द्वारा निर्ममता पूर्वक मारा भी जाता है। उसे मारा ही जाना था, क्योंकि वह यह सच्चाई जान लेता है कि आजादी के बावजूद भारत माता को स्वार्थी तत्वों ने अपने कब्जे में ले लिया है और वह जार-जार रो रही है। बावनदास गाँधी का अंधभक्त है। भारत माता अंग्रेजों की कैद से छूट कर कपूतों के हाथ में पड़ गयी है - इस सच्चाई पर वह कोई 'निगोसिएशन' करने को तैयार नहीं था। उसकी वैसी तैयारी ही नहीं थी। वह राजनैतिक से अधिक नैतिक धरातल पर जीता था। वह अहिंसक क्रातिकारी था। भला भारत माता को लेकर सौदेबाजी की जा सकती है?

हमारे मित्र चमनलाल ने भगत सिंह पर काम किया है। काम को और बढ़ाने के लिए उन्होंने भारत में नवउदारवाद के प्रतिष्ठापक मनमोहन सिंह को मदद के लिए पत्र लिखा था जिसे नेट द्वारा सबको भेजा कि सभी उनकी माँग का समर्थन करें। पता नहीं मनमोहन सिंह ने उनकी बात सुनी या नहीं। एक बार वे कह रहे थे कि भगत सिंह जिन्दा रहते तो भारत के लेनिन होते। उनसे कोई पूछ सकता है कि नवउदारवादी मनमोहन सिंह से भगत सिंह पर काम के लिए मदद मांगने का क्या तर्क बनता है, और भगत सिंह लेनिन क्यों होते, भगत सिंह

क्यों नहीं होते? किन्हीं रूपकिशोर कपूर द्वारा 1930 के दशक में बनाये गये एक चित्र की प्रतिलिपि मिलती है। उसमें भगत सिंह तलवार से अपना सिर काट कर दोनों हाथों से भारत माता को अर्पित कर रहा है। भारत माता भगत सिंह को हाथ उठा कर रोते हुए आशीर्वाद दे रही है। (संदर्भ : 'मैप्स, मदर/गोडेस, मार्टिर्डम इन मॉडर्न इंडिया)।

नवजागरणकालीन चिंतकों, क्रान्तिकारियों, कवियों-लेखकों, चित्रकारों ने विविध प्रसंगों में भारत माता की छवि का अंकन किया है। 'भारत माता ग्रामवासिनी' से लेकर 'हिमाद्रि तुंग श्रृंग से प्रबुद्ध शुद्ध भारती' के रूप में उसके गुण गाए गये हैं। भारत माता की छवि की राष्ट्रीय और सामाजिक-सांस्कृतिक जीवन में भूमिका की सीमाएं और अंतर्विरोध आज हम जानते हैं। विद्वानों के लिए शोध का यह एक प्रमुख विषय है। लेकिन हम यह भूल गये हैं कि क्रान्तिकारियों का आन्दोलन हो या गाँधी के नेतृत्व में चलने वाला आन्दोलन या इन दोनों से पहले आदिवासियों और किसानों का आन्दोलन - उनमें भारत माता को पूंजीवादी बेड़ियों से मुक्त करने की मंशा थी। आजादी के बाद समाजवादी और कम्युनिस्ट आन्दोलन की तो टेक ही पूँजीवाद विरोध थी। लेकिन देखते-देखते देशी-विदेशी कारपोरेट घरानों, बहुराष्ट्रीय कम्पनियों, दवाइयों से लेकर हथियारों तक हर तरह की दलाली करने वालों, बिल्डरों, माफियाओं, नेताओं, बुद्धिजीवियों ने एका बना कर भारत माता को घेर लिया है। सब मिल कर उसे नवउदारवादी हमाम में खींच रहे हैं।

हम यहाँ टीम अन्ना और उसके आन्दोलन पर इसलिए चर्चा करना चाहेंगे क्योंकि वे भारत माता का नाम बढ़-चढ़ कर लेने वालों में हैं। इस विषय में ज्यादातर जो आलोचना या विरोध हुआ, वह यह कि टीम अन्ना ने जन्तर-मन्तर पर भारत माता की जो तस्वीर लगाई वह आरएसएस लगाता है। यह बहुत ही सतही आलोचना या विरोध है। हमने आलोचकों से पूछा था कि जो आरएसएस की भारत माता से खफा हैं, वे बताएं कि उनकी अपनी भारत माता कौन-सी है? दूसरे, आरएसएस की भारत माता की तस्वीर से क्या परहेज हो सकता है जब पूरा आरएसएस ही आन्दोलन में मौजूद है? भारत माता के घिराव में टीम अन्ना की सहभागिता पर थोड़ा विचार करते हैं।

अन्ना आन्दोलन के दौरान सबसे ज्यादा अवमूल्यन भाषा का हुआ है। इस आन्दोलन की बाबत यह गम्भीर मसला है। कहीं से कोई वाकया उठा लीजिए, उसमें बड़बोलापन और खोखलापन एक साथ दिखाई देगा। आन्दोलन में कई गम्भीर लोग शामिल हुए। कुछ बाहर आ गये, कुछ अभी वहीं हैं। ऐसे लोगों की भाषा पर भी असर आया है। उनकी भाषा पिछली ताकत खो बैठी। जब विरोधी पृष्ठभूमियों के और विरोधी लक्ष्य लेकर चलने वाले व्यक्ति या समूह आन्दोलन

के उद्देश्य से एक साथ आते हैं तो भाषा में छल-कपट और सतहीपन आता ही है। टीम अन्ना के प्रमुख सदस्यों द्वारा भाषा का अवमूल्यन अभी जारी है। एक उदाहरण लें। उसकी प्रमुख सदस्य किरण बेदी ने हाल में कहा कि अन्ना हजारे, बाबा रामदेव और श्री श्री रविशंकर तीन फकीर हैं, जो देश का कल्याण करने निकले हैं। हमें 1989 का वह नारा – 'राजा नहीं फकीर है, भारत की तकदीर है' – याद आ गया जो समर्थकों ने वीपी सिंह के लिए गढ़ा था।

जिनका नाम किरण बेदी ने लिया है उन तीनों को अगर सबसे ज्यादा प्यार है तो वह धन से है। धन के लिए वे कोई भी धत्कर्म करने के लिए तत्पर हैं। इसीलिए वर्ल्ड बैंक से लेकर भारत और विदेश के आला अमीरों तक इनके तार जुड़े हैं। बंदा अमीर होना चाहिए, वह कौन है, कैसे अमीर बना है, इसकी तहकीकात का काम बाबाओं का नहीं होता! यह 'फकीरी' खुद किरण बेदी और टीम अन्ना के पीछे मतवाले मीडिया तथा सिविल सोसायटी को भी बड़ी प्यारी है। फकीरी का यह नया अर्थ और ठाठ है, जो नवउदारवाद के पिठ्ठुओं ने गढ़ा है। भारत का भक्ति आन्दोलन सर्वव्यापक था, जिसमें अनेक अंतर्धाराएं सक्रिय थीं। फकीर शब्द तभी का है। संत, फकीर, साधु, दरवेश – इनका जनता पर गहरा प्रभाव था। दरअसल, उनके अपने सादगी और त्याग भरे जीवन का उतना महत्व नहीं है। ज्यादा महत्व इसका है कि उन्होंने सामंती ठाठ-बाट के बरक्स विशाल श्रमशील जीवन के दर्शन को वाणी दी।

ऐसा नहीं है उन्हें संसार और बाजार का ज्ञान और सुध नहीं है। 'पदमावत' में ऐसे बाजार का चित्रण है जहाँ एक-एक वस्तु लाखों-करोड़ों में बिकती है। लेकिन भक्त बाजार से नहीं बंधता। भक्तिकाल में फकीरी भक्त होने की कसौटी है। जो फकीर नहीं है, गरीब नहीं है, वह भक्त नहीं हो सकता। फकीरी महज मंगतई नहीं है। वह एक मानसिक गठन है, जिसे संसार में काम करते हुए उत्तरोत्तर, यानी साधना के जरिए पाया जाता है। वह हद (सामाजिक-राजनीतिक-आर्थिक संरचनाओं) से बेहद (जहाँ ये संरचनाएं प्रभावी नहीं रह जाती) में जाने की साधना है, जहाँ भक्त केवल प्रभु का रह जाता है। जब गरीब ही भक्त हो सकता है तो प्रभु गरीब नेवाज होगा ही।

यह साधना बिना सच्चे गुरु के संभव नहीं होती। इसीलिए उसे गोविंद से बड़ा बताने का भी चलन है। जाहिर है, फकीरी गुरु होने की भी कसौटी है। दिन-रात भारी-भरकम अनुदान और दान के फेरे में पड़े तथाकथित गुरुओं और संतों को क्या कहेंगे – फकीर या फ्रॉड! काफी पहले हमने 'त्याग का भोग' शीर्षक से एक 'समय संवाद' लिखा था। उसमें सोनिया गाँधी के 'त्याग' का निरूपण किया था। अन्ना हजारे सरीखों के आरएसएस टाइप त्याग के चौतरफा पूँजीवाद और उपभोक्तवाद चलता और फलता है। ऐसे त्यागी महापुरुषों को उस व्यवस्था से कोई परेशानी नहीं

होती। क्योंकि वहाँ दान के धन से ही सामाजिक काम किए जाते हैं। दान सामंत देता है या पूंजीपति या दलाल, इससे कोई फर्क नहीं पड़ता।

हमारे मित्र जयकुमार ने सुबह की सैर में हमें 'खुशखबरी' दी कि बाबा रामदेव डॉ. लोहिया का नाम ले रहे थे। करीब दो साल पहले साथी हरभगवान मेंहदीरत्ता (अब दिवंगत) ने भी हमें बताया था कि रामदेव के एक कार्यक्रम में उन्हें डॉ. लोहिया का चित्र दिखा। कुछ दिन बाद हमने उनके चेलों के हाथ में भारत स्वाभिमान अभियान का वह फोल्डर देखा जिस पर एक पूरी चित्रावली बनी थी। लोहिया का चित्र उसमें भी था। इस देश में गाँधी के नाम पर कोई भी जबान साफ कर सकता है। न किसी को ऐतराज होता है, न अचरज। लगभग ऐसी ही गति क्रान्तिकारियों की बन चुकी है। वे माफियाओं से लेकर बाबाओं तक के हीरो हैं। लेकिन अन्ना के अंबेडकर का और रामदेव के लोहिया का नाम लेने पर किसी को भी कौतुक होगा। अज्ञेय ने लिखा है, 'कालिदास की पीड़ा थी, अरसिकों को कवित्त निवेदन न करना पड़ जा जाए, केशवदास की पीड़ा थी, चन्द्रबदनि मष्टगलोचनी बाबा कहि-कहि न चली जाए, अज्ञेय की पीड़ा है, मैं क्या जानता था यह गति होगी कि हिन्दी विभागों में हिन्दी के अध्यापकों द्वारा पढ़ाया जाऊंगा!' भारत में आत्मा मरने के पहले भी रहती है और मरने के बाद भी। लोहिया की आत्मा को जरूर कौतुक हुआ होगा कि भारत माता के नाम पर अपने उपभोक्ता उत्पाद बेचने वाले धंधेबाज उनका नाम ले रहे हैं!

सुना है रामदेव का अपना 'विचार साहित्य' भी है। उसके बारे में जो ब्यौरे इधर-उधर पढ़ने को मिलते हैं, उनसे उनकी कुंठित मानसिकता का पता चलता है। वे दरअसल कुंठित मानसिकता के प्रतिनिधि बाबा हैं। भारत के मध्यवर्ग ने पढ़ना-लिखना बिल्कुल छोड़ दिया है। स्कूल स्तर पर की गयी विभिन्न विषयों की पढ़ाई भी उसके जीवन में नहीं झलकती। मध्यवर्ग की नई से नई बसने वाली कॉलोनियों में सब कुछ मिलेगा, सिवाय विचार और रचना-साहित्य के। जहाँ तक पत्रिकाओं का सवाल है, मनोरंजन, खेल, प्रतियोगिता और राजनीतिक खबरों की पत्रिकाओं के अलावा वहाँ कुछ नहीं मिलता। मध्यवर्ग ने कर्मकांड को संस्कृति और अंधविश्वास को आस्था मान लिया है। ऐसे में कुंठित मानसिकता ही पनपती है, जो मीडिया की मार्फत परवान चढ़ी हुई है। जब 'पढ़े-लिखे' मध्यवर्ग का यह हाल है तो गांवों और कस्बों के बारे में अंदाज लगाया जा सकता है। ज्यादातर फिल्में, सीरियल और धार्मिक-आध्यात्मिक प्रवचन कुंठित मानसिकता का प्रतिफलन और उसे पोसने वाले होते हैं। उपभोक्तवाद के शिकंजे में पूरी तरह फंसा भारत का 'महान' मध्यवर्ग भावनाओं, संबंधों, मूल्यों आदि को लेकर अजीबो-गरीब आचरण करता है। मध्यवर्ग की इस विशिष्ट परिघटना पर हमें कभी विस्तार से लिखना है।

यह फंसाव राजनीति में भी देखने को मिलता है। ताजा उदाहरण सीपीएम का 'देसी समाजवाद' है। संगठित और अपने को विचारधारात्मक कहने वाली पार्टी कैसे टोटके कर रही है! उससे पूछा जा सकता है कि आचार्य नरेंद्रदेव, जेपी और लोहिया के बाहर देसी समाजवाद के कौन स्रोत हैं? लेकिन यह किसी ने नहीं पूछा और पूरे मीडिया में सीपीएम प्रस्तावित भारतीय समाजवाद की खूब धूम रही। बाबा रामदेव और श्री श्री रविशंकर को नेताओं से और नेताओं को इन दोनों से संबंध बनाने का बड़ा शौक है। रामदेव 'व्यवस्था परिवर्तन' के लिए राजनीतिक पार्टी बनाने से पहले लालू यादव और नीतीश कुमार के एक साथ चहेते थे। श्री श्री की हसरतें 'जीवन की कला' का कारोबार शुरू करने के समय से ही जवान रही हैं। हमें ज्यादा हैरानी नहीं हुई, जब देखा कि वे दिल्ली विश्वविद्यालय में भी घुस गये हैं। एक रोज हम स्टाफ रूम में बैठे थे। चार-पाँच युवक-युवतियां भक्तिभाव से भरे हुए आए और सूचना दी कि श्री श्री फलां तारीख को हिंदू कॉलेज में आ रहे हैं। फिर कहने लगे कि वे श्री श्री और कार्यक्रम के बारे में एम.ए. की क्लास को संबोधित करना चाहते हैं। हमने उन्हें कहा कि अपना पोस्टर लगाइए और जाइए। हमें लगा कि क्या सचमुच हमारा बीमार समाज बाबाओं की बदौलत चल रहा है!

रामदेव के साथ न्याय करते हुए कहा जा सकता है कि जब अपने को समाजवादी कहने वाले नेता और पार्टियां कारपोरेट घरानों की राजनीति करते हैं तो बाबा के लोहिया को चेला मूंडने पर क्योंकर ऐतराज किया जा सकता है? यूपी के नए मुख्यमंत्री प्रधानमन्त्री से मिलने गये तो उन्होंने वही सब बातचीत की जो दूसरे मुख्यमंत्री करते हैं। सोना से उसकी मां और भारत माता की गोद छीन लेने वाले पूँजीवाद और मनमोहन सिंह द्वारा लाई गयी नवउदारवादी नीतियों पर उन्होंने जरा भी सवाल नहीं उठाया। इसके बावजूद भाई लोगों को वहाँ लोहिया का समाजवाद फलीभूत होने की संभावनाएं नजर आ रही हैं। भारतीय समाज और राजनीति में यह जो स्थिति बनी है, उसकी अभिव्यक्ति के लिए विडंबना, विद्रूप, विसंगति जैसे पद अपर्याप्त हैं। जब कोई समाज अंधी गली में प्रवेश कर जाता है तो यही होता है। जिस आन्दोलन की पीठ पर उद्योग और व्यापार जगत की हस्तियां/संस्थाएं हैं, बड़े-बड़े एनजीओ हैं, संघियों के उसमें शामिल होने की बात तो समझ आती है, अचरज है कि समाजवादी, गांधीवादी, मार्क्सवादी उसमें डुबकी लगा रहे हैं।

राजनैतिक समझ के अभाव में अन्ना और रामदेव नहीं समझ सकते कि वे क्या कह और कर रहे हैं। दूसरे शब्दों में, वे वही कह और कर रहे हैं जो उनकी समझदारी है। उनकी समझदारी के मेल का समाज बना हुआ है तो उनका कहना और करना रंग लाता है। उनके सिपहसालार उन्हें किसी विशेष नेता या विचारक

का नाम लेने और मुद्दा उठाने की सलाह देते हैं। लेकिन किसी के कहने पर नेता या विचारक विशेष का नाम लेना या किसी विशेष मुद्दे को उठाना रंग को चोखा नहीं कर सकता। इसके पीछे एक जिंदगी बीत जाती है। लेकिन जिनकी राजनीतिक समझदारी है, जो महत्त्वपूर्ण भूमिका या तो निभा चुके हैं या निभा रहे हैं, उन्हें आज नहीं तो कल जवाब देना पड़ेगा।

यह विचारणीय है कि अगर 1990 के पहले के माहौल में पले-बढ़े लोगों का यह आलम है तो आगे आने वाली पीढ़ियों का क्या रुख-रवैया होगा? आज अगर भले ही थोड़े लोग, कम से कम संविधान की कसौटी पर, सही हैं तो आगे ज्यादा सही होने की संभावना बनी रहेगी। लेकिन आज अगर सही नहीं हैं, तब आगे भी सही नहीं होंगे। भ्रष्टाचार विरोध की ओट बहुत दिन तक साथ नहीं दे सकती। विदेशी बैंकों में जमा काला धन हो या यहाँ की लूट, दोनों पूंजीवादी व्यवस्था के अंतर्गत हैं। काला धन फिर जमा हो जाएगा। जमा करने वालों में बाबाओं के चेले नहीं हैं या होंगे, इसकी क्या गारंटी है?

आजकल प्रेस परिषद के अध्यक्ष मार्कंडे काटजू साहब खासे चर्चा में रहते हैं। उन्होंने कई मुद्दों, विशेषकर मीडिया से संबंधित, पर दो टूक बात रख कर बहस पैदा की है। कुल मिला कर, बाजार और विचार की बहस में उन्होंने विचार पर बल दिया। उन्होंने यह भी कहा है कि जन्तर-मन्तर पर तिरंगा लहराने से भ्रष्टाचार दूर नहीं होगा। हमें लगा कि काटजू साहब की वैचारिकता नवउदारवाद विरोधी रुख अख्तियार करेगी। उनके पद और प्रतिष्ठा को देखते हुए उसका लाभ नवउदारवाद विरोधी मुहिम को मिलेगा। लेकिन ऐसा नहीं हुआ। जल्दी ही पता लग गया कि वे शासक वर्ग के साथ खड़े हैं। अंग्रेजी का अंधविश्वास उन पर भी वैसा ही हावी है। उन्होंने अंग्रेजी न जानने वालों को बैलगाड़ी हांकने वाला कहा है। उनका तर्क मानें तो केवल अंग्रेजी जानने वाले ही भारत माता के बेटे-बेटियां हैं। आपको ध्यान होगा, ऐसा ही तर्क सर्वोच्च न्यायालय के पूर्व प्रमुख न्यायधीश बालाकृष्णन साहब ने भी दिया था। उन्होंने कहा कि अंग्रेजी नहीं जानने वाले केवल चपरासी बन सकते हैं। जाहिर है, उनकी नजर में चपरासी और उनके बेटे-बेटिया भारत माता के बेटे-बेटियां नहीं हैं और न ही कभी बन पाएंगे।

काटजू साहब और बालाकृष्णन साहब के हिसाब से सोना का भारत माता पर कोई दावा ही नहीं है। वह बेचारी कभी अंग्रेजी बोल ही नहीं पाएगी। दूरदर्शन पर देहाती महिलाओं को अंग्रेजी में बताया जाता है कि उनकी बेटियां अच्छी पढ़ाई करती हैं, यानी अंग्रेजी बोलती हैं। नवउदारवाद के पिछले 20 सालों में हिंदुस्तान का शासक वर्ग पूरी तरह अंग्रेजी का अंधा हो चुका है। लोहिया इस वर्ग के इसलिए अपराधी हैं कि उन्होंने अंग्रेजी का विरोध कर सभी बच्चों को भारत माता की गोद में बिठाना चाहा था, जो उनका प्राकृतिक हक है।

अन्ना आन्दोलन से भाषा के साथ दूसरा अवमूल्यन प्रतिरोध की अहिंसक कार्यप्रणाली, जिसे लोहिया ने सिविल नाफरमानी कहा है, का हुआ है। इस मायने में कि जिस पूंजीवादी–साम्राज्यवादी व्यवस्था और शोषण के खिलाफ उसका आविष्कार और उपयोग हुआ, उसी के समर्थन में उसे लगाया जा रहा है। इसके गहरे और दूरगामी परिणाम होने हैं। जाहिर है, इससे अहिंसक आन्दोलन को गहरा धक्का लगेगा। अहिंसक कार्यप्रणाली में विश्वास करने वाले कई महत्त्वपूर्ण जनांदोलनकारी और राजनैतिक कार्यकर्ता इस आन्दोलन को समर्पित हो गये हैं। यह शेखी भी जताई जाती है कि अरब देशों में जहाँ बदलाव के लिए हिंसा हो रही है, वहाँ यह आन्दोलन पूरी तरह अहिंसक है। लेकिन यह सच्चाई छिपा ली जाती है कि यह आन्दोलन किसी बदलाव के लिए नहीं है। अपने स्वार्थ के लिए अहिंसाक और अनुशासित रहना कोई बड़ाई की बात नहीं है। नवउदारवाद के पक्ष में अहिंसा को अगवा किया गया है। और उसके विरोध के लिए हिंसा का रास्ता छोड़ा गया है। मनमोहन सिंह और चिदंबरम यही चाहते हैं। हमने पीछे लिखा था कि अगर अनशनरत अन्ना को कहीं जरा–सी खंरोच या मूर्च्छा आ जाती तो अहिंसकों की हिंसा का जबरदस्त नजारा देखने में आता।

इधर खबर आयी है कि टीम अन्ना के एक सदस्य मुफ्ती शहमीम कासमी साहब को स्वामी अग्निवेश बना दिया गया है! वे टीम का मुस्लिम चेहरा थे। टीम अन्ना के सरदार ने कहा है कि कासमी चर्चा के किसी नतीजे पर पहुंचने से पहले ही उसकी रिकॉर्डिंग कर रहे थे, जिसे वे चैनलों को देते। अजीब बात है। चर्चा के दौरान रिकॉर्डिंग करने में भला क्या बुराई हो सकती है। सही फैसला सही चर्चा से ही होकर आता है। इसलिए चर्चा की जानकारी टीम के बाहर भी साझा हो तो इसमें क्या ऐतराज हो सकता है? हालांकि कासमी साहब ने कहा है कि उन्हें रिकॉर्डिंग करना आता ही नहीं है। मतभेद के कारण दूसरे हैं। जो भी हो, एक रिकॉर्डिंग आदमी के दिमाग में भी चलती है। आपसी चर्चा के दौरान टीम अन्ना के सदस्यों के दिमाग में भी चलती होगी। क्या टीम अन्ना के सरदार का उसे भी प्रतिबंधित करने का इरादा है? लोकतंत्र और पारदर्शिता के पहरेदार इस पर क्या कहते हैं, अभी तक सुनने में नहीं आया है। कौन नहीं जानता कि विदेशी धन खाने वाले एनजीओ और उन्हें चलाने वाले ऐसे ही फर्जीवाड़े पर पलते हैं।

मीडिया और सिविल सोसायटी के समर्थन का जो नशा टीम अन्ना को हुआ है, वह जल्दी नहीं टूटने वाला है। 'हम एक हैं' की घोषणा करते हुए रामदेव और अन्ना फिर साझी हो गये हैं। वे अलग कभी थे ही नहीं। हमने कहा था कि कांग्रेस समेत ये सब एक पूरी टीम हैं। इस टीम का कारोबार आगे और चलेगा। प्रधानमन्त्री के प्रमुख आर्थिक सलाहकार कौशिक बसु ने पिछले दिनों कहा है कि

अब से आगे 2014 के आम चुनाव तक आर्थिक सुधारों की गति धीमी रहेगी। लेकिन आम चुनाव के बाद सुधारों में यथावत और विधिवत तेजी आ जाएगी। यानी सरकार किसी की भी हो, नवउदारवादी व्यवस्था इसी रूप में जारी रहेगी। कभी मनमोहन सिंह और कभी अटल बिहारी वाजेपयी द्वारा उछाला गया जुमला – 'आर्थिक सुधारों का मानवीय चेहरा' – कभी का फालतू हो चुका है। अफ़सोस की बात है दुनिया के सबसे बड़े लोकतंत्र में यह तय हो चुका है कि चुनावी महाभारतों का देश की व्यवस्था के संदर्भ में कोई मायना नहीं रह गया है। आर्थिक सलाहकार के बयान पर सबसे पहले और सबसे तीखी प्रतिक्रिया भाजपा की थी। उसने कहा कि आर्थिक सुधारों की तेजी पर ब्रेक सरकार की असफलता की निशानी है।

नवउदारवाद बढ़ेगा, कांग्रेस के राज में भी और भाजपा के राज में भी। जाहिरा तौर पर उसके दो नतीजे होंगे। एक तरफ पहले से बदहाल आबादी की बदहाली में तेजी आएगी और दूसरी तरफ पहले से विकराल भ्रष्टाचार और तेज होगा। इसके साथ यह भी होगा कि जनता की बदहाली के अंधकार को लूट के माल से मालामाल होने वाले 'शाहनिंग इंडिया' की चमक से ओट करने की कोशिश की जाएगी और दूसरी ओर कठोर कानून बनाने की माँग करके भ्रष्टाचार पैदा करने और बढ़ाने वाली व्यवस्था पर परदा डालने का खेल रचा जाता रहेगा। जन लोकपाल कानून यथारूप में बन जाने पर आगे और कड़े कानून की जरूरत उसके पैरोकार और वारिस बताएंगे। भले ही अभी तक कड़े कानूनों की दौड़ का अन्त सैनिक तानाशाही में होता रहा है।

नवउदारवाद ने टीम अन्ना का रूप धर कर जनान्दोलनकारियों का अपने हिसाब से पूरा इस्तेमाल कर लिया है। मुख्यधारा राजनीति के अंतर्गत फर्क होने का दावा करने वाले भी उस रूप के चक्कर में आ गये। हमें आश्चर्य भी हुआ और आघात भी लगा जब भाकपा के वयोवृद्ध नेता एबी बर्द्धन रामलीला मैदान में हाजिरी लगाने पहुंच गये। ऐसे में नवउदारवाद के विरोध में अभियान जीरो से शुरू होगा।

तो टीम अन्ना भारत माता को घेरने वाले कपूतों की साथी है। निर्लज्जों ने भारत माता की लाज बचाने का ठेका उठा लिया है! इसके अलावा उसका कोई और चरित्र होता या कुछ अच्छे लोगों के उसमें शामिल होने के चलते बन पाता तो वह सामने आ चुका होता। यही सच्चाई है। इसका विश्लेषण जैसे और जितना चाहें कर सकते हैं।

भारत माता धरती माता

हम यह नहीं कहते कि सोना अपने घर, गाँव, कस्बे, शहर तक महदूद रहे। लोहिया ने कहा था देश माता के साथ हर इंसान की एक धरती माता होती है। लोहिया ने स्टालिन की बेटी स्वेतलाना के भारत में बसने के अनुरोध का

समर्थन किया था। यह कितनी सुंदर बात होगी कि सोना भारत माता के साथ धरती माता की बेटी बने। दुनिया के किसी भी कोने में जाए। घूमे, काम करे, सीखे, सिखाए, मित्र बनाये, मन करे तो वहीं शादी करे, भले ही बस जाए। ऐसा होने पर वह भारत माता के ज्यादा फेरे में न पड़े तो ही अच्छा है। बाहर अगर उसका निधन होता है तो अंतिम क्रिया वहीं संपन्न हो।

अभी तक देश-विदेश के इक्का-दुक्का लोगों ने आदिवासी क्षेत्रों में रह कर वहाँ की लड़कियों से शादी की है। आदिवासी लड़कियां बाहर जा कर ऐसा करें तो बराबर की बात बनेगी। हम किसानों और मजदूरों की लड़कियों के लिए भी ऐसा सपना देखते हैं कि वे स्वतंत्रतापूर्वक बड़ी हों और और देश-दुनिया में अपनी जगह बनाएं। लेकिन समस्या यही है कि जब तक वे भारत माता की गोद से बहिष्कृत हैं, धरती माता की गोद उन्हें नसीब नहीं हो सकती।

हमने ऊपर देखा कि भारत माता किस कदर घिर गयी है। यह घेरा टूटे, इसके लिए हिंदुस्तान में एक बड़ी और बहुआयामी क्रान्ति की सख्त और तत्काल जरूरत है। उस क्रान्ति के कुछ सूत्र लोहिया ने दिए थे। लेकिन शासक वर्ग और उसका क्रीतदास बौद्धिक वर्ग प्रतिक्रान्ति पर डटा रहा। सत्ता के साथ मिल कर लोहिया के राजनीतिक-आर्थिक-सामाजिक-दार्शनिक-सांस्कृतिक चिन्तन को स्कूल से लेकर उच्च शिक्षा तक बहिष्कृत करके अपना 'वाद' बचा और चला लेने की खुशी पालने वाले लोगों ने हिंदुस्तान की क्रान्ति के साथ गहरी दगाबाजी की है। देश में उथल-पुथल है, उसका फायदा लेना चाहिए, कह कर टीम अन्ना और उसके आन्दोलन में जुटे लोग भी जाने-अनजाने वही कर रहे हैं।

26 अप्रैल 2012

संविधान नहीं नवउदारवाद का अभिरक्षक राष्ट्रपति

एक बार फिर नवउदारवाद

पिछली बार की तरह इस बार भी राष्ट्रपति चुनाव लगातार चर्चा का विषय बना हुआ है। राष्ट्र के सर्वोच्च संवैधानिक प्रमुख के चुनाव के अवसर पर चर्चा होना अच्छी बात है। इस अवसर पर चर्चा के कई बिंदु हो सकते है। मसलन, चर्चा में पिछले राष्ट्रपतियों के चुनाव, समझदारी और विशेष कार्यों का आलोचनात्मक स्मरण किया जाए। यहाँ हम याद दिलाना चाहेंगे कि देश के दो बार राष्ट्रपति रहे डॉ. राजेंद्र प्रसाद की डॉ. लोहिया ने इस बात के लिए कड़ी आलोचना की थी कि उन्होंने राष्ट्रपति रहते बनारस के पंडितों के पैर पखारे थे। संविधान निर्माण के समय की राष्ट्रपति संबंधी बहसों का स्मरण भी किया जा सकता है। संसदीय प्रणाली की जगह राष्ट्रपति प्रणाली लागू करने की जो बात अक्सर होती है – अक्सर यह मान कर कि अमेरिका की तरह भारत में भी राष्ट्रपति प्रणाली अपना ली जाए तो सारी समस्याएं दूर हो जाएंगी – उस पर गम्भीर बहस चलाई जाए। राष्ट्रपति पद की दौड़ में शामिल महानुभावों से देश और दुनिया के सामने दरपेश समस्याओं पर गम्भीर वार्तालाप आयोजित किया जाए। उनसे संविधान के बारे में भी बात की जाए और वे संविधान को कितना समझते और महत्व देते हैं, यह जाना जाए। सीधे राजनीति से इतर जीवन के विभिन्न आयामों पर उनसे उनका अध्ययन और राय पूछी जाए। राष्ट्रपति का चुनाव लड़ने के पीछे उनकी प्रेरणा और जीतने के बाद रुटीन भूमिका के अलावा करने के लिए सोचे गये कामों की जानकारी ली जाए। चर्चा के और भी विषय और मुद्दे हो सकते हैं। हालांकि पूरी चर्चा का मुख्य बिंदु यही हो कि मौजूदा दौर में राष्ट्रपति से भारतीय राष्ट्र यानी देश के समस्त नागरिकों की क्या अपेक्षाएं हो सकती हैं और उम्मीदवार उन्हें कितना समझते हैं। कहने की जरूरत नहीं कि संविधान का अभिरक्षक (कस्टोडियन) होने के नाते राष्ट्रपति के व्यक्तित्व, पद और भूमिका को लेकर

पूरी चर्चा भारत के संविधान की संगति में हो, न कि उससे स्वतंत्र। इस तरह राष्ट्रपति चुनाव का अवसर हमारे संवैधानिक नागरिक बोध को पुष्ट करने में सहायक हो सकता है।

लेकिन जो चर्चा चल रही है उससे लगता है कि हमारे लिए राष्ट्रपति चुनाव कोई महत्व का अवसर नहीं है। मीडिया और राजनीतिक पार्टियां दोनों का संदेश यही है कि महत्व की बात केवल यह है कि कौन राजनीतिक पार्टी या नेता अपना आदमी राष्ट्रपति बना कर राष्ट्रपति भवन पर कब्जा करता है। (आगे देखेंगे कि यह जरूरी नहीं कि राजनीति से बाहर का सर्वसम्मति से चुना गया व्यक्ति राजनेता के मुकाबले संविधान की कसौटी और अन्य अपेक्षाओं पर ज्यादा खरा उतरता हो।) इस बार के चुनाव में राजनीतिक पार्टियां और नेता दांव-पेच में कुछ ज्यादा ही उलझे हैं। किसी ने गुगली फेंकी है तो कोई पांसा फेंक रहा है! प्रधानमन्त्री मनमोहन सिंह को राष्ट्रपति बनाने का सुझाव फेंका गया तो यह पूरा प्रकरण एक एब्सर्ड ड्रामा जैसा लगने लगा। जो दांव-पेच हुए और आगे होने की संभावना है, उनका पूरा ब्योरा देने लगें तो कॉलम उसी में सर्फ हो जाएगा। एक वाक्य में कहें तो यह पूरा प्रकरण भारतीय राजनीति की दिशाहीनता दर्शाता है। कई बार दिशाहीनता का संकट सही दिशा के संधान में सहायक हो सकता है। बशर्ते उसके पीछे एक वाजिब दिशा की तलाश की प्रेरणा निहित हो। लेकिन मुख्यधारा भारतीय राजनीति की दिशाहीनता की एक ही दिशा है – नवउदारवाद की तरफ अंधी दौड़। राष्ट्रपति का चुनाव भी उसी अंधी दौड़ की भेंट चढ़ चुका है। राष्ट्रपति संविधान का अभिरक्षक कहलाता है, लेकिन पूरी चर्चा में – चाहे वह विद्वानों की ओर से हो, नेताओं या उम्मीदवारों की ओर से – वह नवउदारवाद के अभिरक्षक के रूप में सामने आ रहा है। किसी कोने से यह चर्चा नहीं आयी है कि राष्ट्रपति को पिछले 25 सालों में ज्यादातर अध्यादेशों के जरिए नवउदारवाद के हक में बदल डाले गये संविधान की खबरदारी और निष्ठा के साथ निगरानी करनी है; कि ऐसा राष्ट्रपति होना चाहिए जो संविधान को पहुंचाई गयी चौतरफा क्षति को समझ कर उसे दुरुस्त करने की प्रेरणा से परिचालित हो; और जो संविधान के समाजवादी लक्ष्य से बंधा हो।

जाहिर है, नवउदारवाद को अपना चुकी कांग्रेस और भाजपा की तरफ से ऐसा उम्मीदवार नहीं आएगा। क्षेत्रीय पार्टियां भी कांग्रेस-भाजपा के साथ नवउदारवादी नीतियों पर चलती हैं। उनमें कई अपने को समाजवादी भी कहती हैं। उनमें एक जनता दल (यू) है जिसके प्रवक्ता ने कांग्रेस के उम्मीदवार प्रणव मुखर्जी के समर्थन में कहा हैं कि नवउदारवादी आर्थिक नीतियां अटल हैं। उनके मुताबिक भाजपा के प्रवक्ता रवि प्रसाद वित्तमंत्री बन जाएं तो वे भी वही करेंगे जो प्रणव मुखर्जी ने किया है। सीधे समाजवादी नाम वाली समाजवादी पार्टी के सुप्रीमो

मुलायम सिंह की भूमिका को देख कर लगता नहीं कि जिस लोहिया को वे मायावती के अंबेडकर की काट में इस्तेमाल करते हैं, उस महान समाजवादी चिंतक की एक पंक्ति भी उन्होंने पढ़ी है। बीजू जनता दल और अन्ना द्रमुक पीए संगमा की उम्मीदवारी के प्राथमिक प्रस्तावक हैं। संगमा ने प्रणव मुखर्जी को बहस की चुनौती दी है। इसलिए नहीं कि बतौर वित्तमंत्री उन्होंने नवउदारवादी आर्थिक नीतियों को लागू करके संविधान विरोधी कार्य किया है। बल्कि नवउदारवादी आर्थिक नीतियां तेजी से लागू करने में उनकी विफलता उद्घाटित करने के लिए वे प्रणव मुखर्जी से 'शास्त्रार्थ' करना चाहते हैं। वे अपने को नवउदारवादी नीतियों का प्रणव मुखर्जी से बड़ा विशेषज्ञ और समर्थक मानते हैं।

प्रणव मुखर्जी के समर्थन पर जिस तरह से राजग में विभाजन हुआ है, उसी तरह वाम मोर्चा भी विभाजित है। हालांकि वाम मोर्चा का विभाजन ज्यादा महत्व रखता है, क्योंकि वह समाजवाद के लक्ष्य से परिचालित एक विचारधारात्मक मोर्चा है जो पिछले करीब चार दशकों से कायम चला आ रहा है। वाम मोर्चा में मार्क्सवादी कम्युनिस्ट पार्टी ने प्रणव मुखर्जी का समर्थन किया है जबकि भारतीय कम्युनिस्ट पार्टी का मतदान में हिस्सा नहीं लेने का फैसला है। माकपा के साथ फारवर्ड ब्लॉक है और सीपीआई के साथ आरएसपी। माकपा ने पिछली बार भी प्रतिभा पाटिल की जगह प्रणव मुखर्जी का नाम कांग्रेस अध्यक्ष के सामने रखा था। तब वाम मोर्चा की ताकत ज्यादा थी और पश्चिम बंगाल में माकपा नीत वाम मोर्चा की सरकार थी।

समर्थन का माकपा का तर्क अजीब और खुद की पार्टी की लाइन के विपरीत है। जैसा कि प्रकाश करात ने कहा है, राष्ट्रपति का चुनाव विचारधारा के बाहर कैसे हो गया? अगर मार्क्सवादी विचारधारा के बाहर मान भी लें, तो क्या वह संविधान की विचारधारा के भी बाहर माना जाएगा? राष्ट्रपति संविधान का अभिरक्षक होता है, फिर इसके क्या मायने रह जाते हैं? भारत में मार्क्सवादी विमर्श और पार्टी अथवा संगठन तंत्र की अपनी दुनिया है। उसका अपना शास्त्र एवं शब्दावली और उसके आधार पर आपसी सहयोग और टकराहटें हैं। माकपा के इस फैसले पर कम्युनिस्ट सर्किल में बहस चल रही है और उसे सही नहीं माना जा रहा है। खुद माकपा के शोध प्रकोष्ठ के एक युवा नेता ने फैसले को सिरे से गलत और पार्टी लाइन के विपरीत बताते हुए अपने पद से इस्तीफा दिया है। माकपा ने उसे पार्टी से ही बाहर कर दिया है। माकपा का कहना है कि प्रणव मुखर्जी की व्यापक स्वीकृति है और माकपा की ताकत विरोध करने की नहीं है। सवाल है कि क्या व्यापक स्वीकृति नवउदारवाद की नहीं है? तो क्या उसका विरोध न करके उसके साथ हो जाना चाहिए? स्पष्ट है कि माकपा का फैसला पश्चिम बंगाल की राजनीति से संबद्ध है। अपनी प्रतिद्वंद्वी ममता बनर्जी

द्वारा प्रणव मुखर्जी के विरोध के चलते माकपा 'बंगाली मानुष' को रिझाने के लिए मुखर्जी का समर्थन कर रही है।

लेकिन इसमें विचारधारात्मक उलझन भी शामिल है। संकट में घिरी माकपा भारतीय समाजवाद की बात करने के बावजूद पूँजीवाद के बगैर समाजवाद की परिकल्पना नहीं कर पाती है। उसके सामने दो ही रास्ते हैं – या तो वह पूँजीवाद का मोह छोड़े या एकबारगी पूँजीवाद के पक्ष में खुल कर मैदान में आए। एक दूसरी उलझन भी है। मार्क्सवादियों के लिए भारत का संविधान (और उसके तहत चलने वाला संसदीय लोकतंत्र) समाजवादी क्रान्ति में बाधा है। उन्होंने मजबूरी में उसे स्वीकार किया हुआ है। इसलिए संविधान के प्रति सच्ची प्रेरणा उनकी नहीं बन पाती। तीसरी उलझन यह है कि आज भी वे राजनीति की ताकत के पहले पार्टी की ताकत पर भरोसा करते हैं। संगठन से बाहर – चाहे वह पार्टी का हो, लेखकों का, या सरकार का – मार्क्सवादी असहज और असुरक्षित महसूस करते हैं। लिहाजा, बाहर की दुनिया उनके लिए ज्यादातर सिद्धांत बन कर रह जाती है। इसके चलते राजनीतिक ताकत का विस्तार नहीं हो पाता।

अच्छा यह होता कि वाम मोर्चा अपना उम्मीदवार खड़ा करता। चुनावी गणित में वह कमजोर होता, लेकिन जब तक जनता तक यह संदेश नहीं जाएगा कि उसकी पक्षधर राजनीति कमजोर है, तब तक वह उसे ताकत कैसे देगी? अभी तो यह हो रहा है कि खुद जनता की पक्षधर राजनीति के दावेदार यह कह कर मुख्यधारा के साथ हो जा रहे हैं कि उनकी चुनाव लड़ने की ताकत नहीं है। अकेली आवाज, अगर सच्ची है, तो उसे अपना दावा पेश करना चाहिए। नवउदारवादी साम्राज्यवाद के इस दौर में समाजवादी राजनैतिक चेतना के निर्माण का यही एक रास्ता है जो संविधान ने दिखाया है। जरूरी नहीं है कि नवउदारवाद की पैरोकार राजनीतिक पार्टियों के सभी नेता और कार्यकर्ता नवउदारवाद के समर्थक हों। वे भी उठ खड़े हो सकते हैं और अपनी पार्टियों में बहस चला सकते हैं। कहने का आशय यह है कि नवउदारवाद समर्थक प्रणव मुखर्जी और पीए संगमा के मुकाबले में वाम मोर्चा की तरफ से एक संविधान समर्थक उम्मीदवार दिया जाना चाहिए था।

वह उम्मीदवार राजनीतिक पार्टियों के बाहर से भी हो सकता था। जैसे कि जस्टिस राजेंद्र सच्चर का नाम सामने आया था। लेकिन उस दिशा में आगे कुछ नहीं हो पाया। जबकि नागरिक समाज संविधान के प्रति निष्ठावान किसी एक व्यक्ति को चुन कर नवउदारवादी हमले के खिलाफ एक अच्छी बहस इस बहाने चला सकता था। ऐसे व्यक्ति का नामांकन नहीं भी होता, तब भी उद्देश्य पूरा हो जाता। लेकिन भारत के नागरिक समाज की समस्या वही है जो मुख्यधारा राजनीति में बनी हुई है। वहाँ समाजवादी आस्था वाले लोग बहुत कम

हैं। ज्यादातर आर्थिक सुधारों की तेज रफ्तार के सवार हैं। यही कारण है कि जस्टिस सच्चर अथवा किसी अन्य व्यक्ति के पक्ष में नागरिक समाज की ओर से मजबूत प्रयास नहीं हो पाया।

कह सकते हैं कि राष्ट्रपति का यह चुनाव संकट के समाधान की दिशा में कोई रोशनी नहीं दिखाता। बल्कि संकट को और गहरा करता है। प्रणव मुखर्जी की राष्ट्रपति के रूप में जीत को मनमोहन सिंह और मंटोक सिंह आहलुवालिया आर्थिक सुधारों को तेज करने का अवसर बनाएंगे। प्रणव मुखर्जी के राष्ट्रपति चुनाव जीतते ही सबसे पहले संभवतः खुदरा क्षेत्र में 51 प्रतिशत विदेशी निवेश के स्थगित फैसले को लागू कर दिया जाएगा।

यह भी कह सकते हैं कि इस संकट से जूझा जा सकता था, बशर्ते नागरिक समाज संविधान की टेक पर टिका होता। हम नक्सलवादियों को बुरा बताते हैं और उन पर देशद्रोह का अपराध जड़ते हैं, क्योंकि वे भारत के संविधान को स्वीकार नहीं करते। लेकिन नक्सलवादियों को देशद्रोही बताने वाले राजनेताओं और नागरिक समाज एक्टिविस्टों की संविधान के प्रति अपनी निष्ठा सच्ची नहीं हैं। पिछले 25 सालों में यह उत्तरोत्तर सिद्ध होता गया है। इस चुनाव से भी यही सबक मिलता है।

टीम अन्ना ने प्रधानमन्त्री समेत उनकी केबिनेट के जिन मंत्रियों पर भ्रष्टाचार के आरोप लगाए हैं उनमें प्रणव मुखर्जी भी हैं। वे राष्ट्रपति बनने जा रहे हैं। यह स्पष्ट हो चुका है कि टीम अन्ना की लड़ाई भ्रष्टाचार से उतनी नहीं, जितनी कांग्रेस से ठन गयी है। प्रणव मुखर्जी का राष्ट्रपति बनना कांग्रेस की जीत है। भाजपा कांग्रेसी उम्मीदवार को रोकने की, या कम से कम उसे मजबूत टक्कर देने की रणनीति नहीं बना पाई। उसके वरिष्ठतम नेता अडवाणी दयनीयता से कह रहे हैं कि कांग्रेस ने अपने उम्मीदवार के नाम पर सर्वसम्मति बनाने के लिए भाजपा से बात नहीं की। ममता बनर्जी अभी यूपीए से निकली नहीं हैं और मुलायम सिंह झोली में गिरने को तैयार बैठे हैं। भाई रामगोपाल यादव को उपराष्ट्पति का पद मिल जाए, दूसरे भाई शिवपाल यादव और बहू डिंपल केंद्र में मंत्री बन जाएं तो परिवार के मुखिया का कर्तव्य सम्पूर्ण हो जाएगा! आरएसएस हालांकि मोदी पर अड़ेगा नहीं, लेकिन 'विनाश काले विपरीत बुद्धि' हो जाए तो राजग के घटक दल ही नहीं, भाजपा में भी विग्रह तेज होगा। ऐसी स्थिति में 2014 में कांग्रेस की पक्की हार मानने वाले टीम अन्ना के कुछ सदस्य अभी से अलग लाइन पकड़ सकते हैं। वैसे भी राजनीति से दूर रहने की बात केवल कहने की है। केजरीवाल और प्रशान्त भूषण चुनाव लड़ने की संभावनाएं तलाशते घूम रहे हैं। रामदेव गडकरी से लेकर बर्द्धन तक नेता-मिलाप करते घूम रहे हैं। ये सब एक ही टीम है- नवउदारवाद की पक्षधर और पोषक। इनके पास सारा धन इसी भ्रष्ट व्यवस्था से आता है। अपने नाम और नामे के फिक्रमंद ये सिविल

सोसायटी एक्टिविस्ट भला किसी सही व्यक्ति के नाम पर अड़ कर अपनी ऊर्जा क्यों बरबाद करते?

बहरहाल, कई नाम चर्चा में आने के बाद दो उम्मीदवार तय हो गये हैं। यूपीए की तरफ से प्रणब मुखर्जी और एनडीए की तरफ से पीए संगमा। कांग्रेस में राष्ट्रपति पद के लिए कांग्रेस प्रत्याशी का चुनाव सोनिया गाँधी ने किया। पार्टी के नेताओं ने इसके लिए बाकायदा उनसे गुहार लगाई। जैसे संसद में सब कुछ तय करने का अधिकार सोनिया गाँधी का है और विधानसभा में एमएलए प्रत्याशी से लेकर मुख्यमंत्री तक तय करने का अधिकार है, उसी तरह राष्ट्रपति पद का उम्मीदवार भी वे स्वयं ही तय करती हैं। पिछली बार भी उन्होंने यही किया था। इससे कांग्रेस पर तो क्या फर्क पड़ना है, राष्ट्रपति पद की गरिमा पर प्रतिकूल प्रभाव पड़ा है।

जैसा कि कहा जा रहा है, प्रणव मुखर्जी बहुत हद तक सर्वस्वीकार्य हैं। लेकिन सोनिया गाँधी ने उस वजह से उन्हें उम्मीदवार नहीं बनाया है। सोनिया गाँधी के प्रति व्यक्तिगत और नवउदारवाद के प्रति विचारधारागत समर्पण की लंबी तपस्या के बाद उन्हें रायसीना हिल पर आराम फरमाने का पुरस्कार दिया गया है। हालांकि तपस्यारत प्रणव मुखर्जी को, कहते हैं, प्रधानमन्त्री पद की आशा थी। लेकिन सोनिया गाँधी किसी राजनीतिक व्यक्ति को इस पद के आस-पास नहीं फटकने दे सकतीं। नवउदारवादी प्रतिष्ठान सोनिया गाँधी को स्वाभाविक तौर पर अपना मानता है। सोनिया गाँधी की ताकत का स्रोत केवल कांग्रेसियों द्वारा की जाने वाली उनकी भक्ति नहीं है। केवल उतना होता तो अब तक तंबू गिर चुका होता। वैशिवक पूंजीवादी ताकतें उन्हें सत्ता के शीर्ष पर बनाये हुए हैं।

जाहिर है, सर्वस्वीकार्य, अनुभवी और योग्यतम प्रणव मुखर्जी किसी गम्भीर दायित्व-बोध के तहत राष्ट्रपति के चुनाव में नहीं हैं। बल्कि यह चुनाव उनका अपना है ही नहीं। वे चुनाव जीतेंगे और संविधान की एक बार फिर हार होगी। पार्टी और सरकार से विदाई के बिल्कुल पहले तक आर्थिक सुधारों की रफ्तार तेज करने की जरूरत बताने वाले प्रणव मुखर्जी की डोर राष्ट्रपति भवन में भी सुधारों के साथ बंधी रहेगी।

दूसरे उम्मीदवार संगमा भी किसी गम्भीर दायित्व-बोध के तहत चुनाव नहीं लड़ रहे हैं। बल्कि अपने अब तक के राजनैतिक कैरियर का उत्कर्ष हासिल करने के लिए मैदान में हैं। वे सत्ता के सुख में मगन रहने वाले नेता हैं जो 1977 से अब तक आठ बार लोकसभा के सदस्य चुने गये हैं। वे केंद्र में मंत्री रहे हैं, मेघालय के मुख्यमंत्री रहे हैं और सर्वसम्मति से लोकसभा के अध्यक्ष रह चुके हैं। उनकी बेटी केंद्र में मंत्री है और बेटा मेघालय में। कांग्रेस से राकांपा, राकांपा से तृणमूल कांग्रेस, फिर राकांपा और अपनी उम्मीदवारी न

छोड़ने के चलते अब राकांपा से बाहर हैं। इस पद पर उनकी पहले से नजर थी। कोई आदिवासी अभी तक राष्ट्रपति नहीं बना है, यह तर्क उन्होंने अपने पक्ष में निकाला और पाँच-छह लोगों का ट्राइबल फॉरम ऑफ इंडिया बना कर खुद को उस फॉरम का उम्मीदवार घोषित कर दिया। यह कहते हुए कि वे देश के करोड़ों आदिवासियों के प्रतिनिधि हैं।

संयोग से हमें एक टीवी चैनल पर संगमा का इंटरव्यू सुनने को मिल गया। तब तक भाजपा ने उन्हें अपना उम्मीदवार स्वीकार नहीं किया था। इंटरव्यू के अन्त का भाग ही हम सुन पाए। उनके जवाब कहीं से भी राष्ट्रपति के पद की गरिमा के अनुरूप नहीं थे। जिस सर्वोच्च पद के लिए वे खड़े हैं, अपने को उसके के लिए उन्होंने कतई तैयार नहीं किया है। वे राजनीति का मतलब अपने और अपने बच्चों के लिए बड़े-बड़े पदों की प्राप्ति मानते हैं। यह सब उन्हें मिला है, इसके लिए उन्होंने ईश्वर को धन्यवाद दिया। लेकिन राजनीतिक सत्ता की उनकी भूख किंचित भी कम नहीं हुई है। वे अपनी और अपने बच्चों की और बढ़ती देखना चाहते हैं। जब एंकर ने पूछा कि अभी तो वे काफी स्वस्थ हैं और आगे की बढ़ती देख पाएंगे तो उन्होंने कहा कि राजेश पायलट कहां देख पाए अपने बेटे को मंत्री बने? यानी जिंदगी का कोई भरोसा नहीं कब दगा दे जाए, इसलिए जो पाना है जल्दी से जल्दी पाना चाहिए। उन्होंने अन्त में यह संकेत भी छोड़ा कि इस बार न सही, अगली बार उन्हें राष्ट्रपति बनाया जाए।

उपनिवेशवादी दौर रहा हो, आजादी के बाद मिश्रित अर्थव्यवस्था का दौर रहा हो या पिछला 25 सालों का नवउदारवादी दौर- विकास के पूंजीवादी मॉडल की सबसे ज्यादा तबाही आदिवासियों ने झेली है। संगमा उत्तर-पूर्व से हैं। वहाँ के आदिवासियों और शेष भारत के आदिवासियों की स्थितियों में ऐतिहासिक, भौगोलिक व सांस्कृतिक कारकों के चलते फर्क रहा है। पूँजीवाद का कहर बाकी भारत के आदिवासियों पर ज्यादा टूटा है। संगमा आदिवासियों की तबाही करने वाली राजनीति और विकास के 1977 से अग्रणी नेता रहे हैं। उन्होंने कभी आदिवासियों के लिए आवाज नहीं उठाई। आदिवासियों को उजाड़ने वाली राजनीति के सफल नेता रहे संगमा अब उनके नाम पर राष्ट्रपति बनना चाहते हैं। सत्ता की उनकी भूख इतनी 'सहज' है कि वे किसी भी समझौते के तहत मैदान से हट कर उपराष्ट्रपति बनने को तैयार हो सकते हैं। ताकि आगे चल कर राष्ट्रपति बन सकें।

हवाई सपनों के सौदागर डॉ. कलाम

पूर्व राष्ट्रपति एपीजे अब्दुल कलाम का नाम भी देर तक चलता रहा। ममता बनर्जी ने उन्हें उम्मीदवार बनाना चाहा और भाजपा ने। मुलायम सिंह ने जो तीन नाम

उछाले थे उनमें डॉ. कलाम का नाम भी था। जिस तरह पिछली बार डॉ. कलाम ने दूसरा कार्यकाल पाने के लिए कोशिश की थी, इस बार भी सक्रिय नजर आए। पिछली बार की तरह इस बार भी फेसबुक पर उनके लिए लॉबिंग की गयी। उन्हें शायद आशा रही होगी कि भ्रष्टाचार विरोधी आन्दोलन की दाब में कांग्रेस उन्हें समर्थन दे देगी और वे एक बार फिर सर्वसम्मत उम्मीदवार बन जाएंगे। लेकिन प्रणव मुखर्जी का नाम तय होने और उन्हें व्यापक समर्थन मिलने के बाद जब देखा कि जीत नहीं, फजीहत होने वाली है, अपनी उम्मीदवारी से इनकार कर दिया।

याद करें प्रतिभा पाटिल के राष्ट्रपति बनने पर काफी नाक-भौं सिकोड़ी गयी थी। इसलिए नहीं कि वे बतौर राष्ट्रपति अपेक्षाएं पूरा नहीं कर सकती थीं, या उन्होंने चुनाव के पहले ही अपने दिवंगत गुरु से वार्तालाप संबंधी 'रहस्य' का उद्‌घाटन कर दिया था। या इसलिए कि सोनिया गाँधी ने उन्हें थोप दिया था। बल्कि इसलिए कि उनका अपीयरेंस एक ग्रामीण महिला जैसा है, वे विदेश में भारत की बेइज्जती कराएंगी। हमने यह खास तौर गौर किया था कि निम्न मध्यवर्ग से आने वाले हमारे छात्र, जिनके अपने माता-पिता प्रतिभा पाटिल जैसे लगते होंगे, देश की बेइज्जती कराने का तर्क ज्यादा दे रहे थे। उनमें भी खास कर लड़कियां। उन्हें यह भी शिकायत थी कि प्रतिभा पाटिल फर्राटे से अंग्रेजी नहीं बोलती। उन्हें डॉ. कलाम जैसा हाईफाई राष्ट्रपति चाहिए था।

प्रतिभा पाटिल अपना कार्यकाल ठीक-ठाक निभा ले गईं। उन्होंने कुछ भी खास नहीं किया। संविधान पर जो कुठाराघात हो रहा है, उस तरफ उन्होंने इशारा तक नहीं किया। स्त्री सशक्तिकरण का तर्क सोनिया गाँधी ने दिया था। उस दिशा में उन्होंने कुछ भी विशेष नहीं किया। लेकिन यह स्वीकार करना होगा कि उन्होंने डॉ. कलाम जैसी हवाई बातें कभी नहीं कीं। हम इसे उनका एक बड़ा गुण मानते हैं। अपनी छवि चमकाने के लिए जिस तरह से डॉ. कलाम ने राष्ट्रपति के ओहदे से हवाई बातें की, वह गलत परंपरा थी, जिसे प्रतिभा पाटिल ने तोड़ा। डॉ. कलाम की हाई-हवाई बातों में युवा ही नहीं, कई वरिष्ठ लोग भी आ गये थे। उसीका सरमाया खाने के लिए वे दो बार फिर से राष्ट्रपति बनने के लिए उद्यत दिखे। उनकी अवकाश-प्राप्ती के अवसर पर हमने 'युवा संवाद' (अगस्त 2007) में 'हवाई सपनों के सौदागर डॉ. कलाम' शीर्षक से लेख लिखा था जो इस प्रकार है :

"जिन कलाम साहब के बारे में यह कहा गया कि उन्होंने अपने कार्यकाल में 'प्रेसीडेंसी' के मायने बदल दिए, मैं कभी उनका प्रशंसक नहीं हो सका। मैंने काफी कोशिश की उनकी सराहना कर सकूं, लेकिन वैसा नहीं हुआ। यह मेरी सीमा हो सकती है और उस सीमा के कई कारण। मुझे उनके विचारों में न कभी मौलिक चिन्तन की कौंध प्रतीत हुई, न इस देश की विशाल वंचित आबादी

के प्रति करुणा का संस्पर्श। जिस तरह की हाई-हवाई बातें वे करते रहे और उनके गुणग्राहक उनका बढ़ा-चढ़ा कर प्रचार करते रहे, उसके बाद यह सोचना मुश्किल है कि अपनी ऊंची उड़ान में कलाम साहब कभी इस 'अपराधबोध' का शिकार होते हों कि 'आदर्शवादियों' ने, मुक्तिबोध के शब्दों में, देश को मार कर अपने आप को जिन्दा रखा है। राष्ट्राध्यक्षों का प्रेरणादायी भाषण देना, सपने दिखाना आम रिवाज है। लेकिन निराधार प्रेरणा और सपने का कोई अर्थ नहीं होता। उनके नीचे ठोस जमीन होनी चाहिए।

यह लेख मैं नहीं लिखता अगर सुरेंद्र मोहन और कुलदीप नैयर जैसे समाजवाद और धर्मनिरपेक्षता की विचारधारा में विश्वास रखने वाले दो वरिष्ठतम विद्वान अवकाश ग्रहण करने के अवसर पर राष्ट्रपति एपीजे अब्दुल कलाम की अतिरंजनापूर्ण बड़ाई नहीं करते। सुरेंद्र मोहन जी तो अपनी प्रशंसात्मक अभिव्यक्ति को 'न भूतो, न भविष्यति' तक खींच लाए। वे लिखते हैं : 'सपनों को जगाने वाला, आशाओं और उमंगों को हर दिल में बसाने वाला और नई दृष्टियों का संवाहक डॉ. अब्दुल कलाम जैसा राष्ट्रपति फिर कभी भारत को मिल पाएगा यह कहना कठिन ही है। राष्ट्र को ऐसा विज्ञानवेत्ता और यांत्रिकी का विशेषज्ञ राष्ट्रपति अब तक नहीं मिला था। न वे भाषणकला के धनी थे और न ही डॉ. राजेंद्र प्रसाद या वेंकटरमण की तरह संविधानवेत्ता ही थे। डॉ. जाकिर हुसैन और डॉ. शंकरदयाल शर्मा राजनीतिक, प्रशासन और शिक्षा के क्षेत्रों के सम्मानित विद्वान थे, इन गुणों से भी डॉ. कलाम का संबंध नहीं था। इसके बावजूद जो अपार लोकप्रियता, खास कर नई नस्लों का असीम प्यार डॉ. कलाम को मिला, वह शायद अन्य किसी पूर्व राष्ट्रपति को नहीं मिला। सपनों, कल्पनाओं, उमंगों और अरमानों से सभी दिलों को भरने वाला ऐसा प्रेरणादायक शिक्षक न तो कभी इस गौरवपूर्ण पद पर बैठा है, न बैठेगा - न भूतो, न भविष्यति।' ('दैनिक भास्कर', 22 जुलाई 2007)

इस तरह सुरेंद्र जी ने 'सपनों के सौदागर' कलाम साहब को शीशे में उतार दिया है, जो 'अर्थशास्त्रियों से कहते रहे हैं कि मनुष्य सिर्फ पेट की भूख से ही नहीं तड़पता, उसे ज्ञान का प्रकाश भी चाहिए।' (वही) यह अफसोस की बात है कि सुरेंद्र जी की पैनी नजर सतह पर तैरती यह सच्चाई नहीं देख पाती कि कलाम साहब जैसों की दुनिया में ज्ञान का प्रकाश पाए लोगों का पेट कभी नहीं भरता। कलाम साहब के कार्यकाल में उन्हीं के हस्ताक्षर से स्वीकृत हुआ सांसदों और विधायकों के लाभ के पद से संबंधित विधेयक इसका एक छोटा-सा उदाहरण है। यह कहना कि कलाम साहब खुद सादगी पसंद हैं, कोई मायने नहीं रखता। जिस देश में सरकार के अनुसार देश की आधी से ज्यादा आबादी - नौनिहालों, नौजवानों, महिलाओं, बुजुर्गों समेत - हर तरह और हर तरफ से असुक्षिरत है,

वहाँ कलाम साहब और मनमोहन सिंह जैसों की सादगी 'शाही' कही जाएगी। उस तंत्र का हिस्सा होना जो ऐश्वर्य और ऐशोआराम में मध्यकालीन शासकों को लज्जित करने वाला है, सादगी के अर्थ को शून्य कर देता है।

उपर्युक्त कथन के पूर्व सुरेंद्र जी ने लिखा है : 'डॉ. कलाम देश को उस अंधी दौड़ से ऊपर उठाना चाहते हैं, जो हमें अमेरिका की राह पर ले जाती है, जहाँ अमीरी और गरीबी में बहुत अंतर है और एक सैंकड़ा लोग देश के पचीस सैंकड़ा गरीबों की समूची संपत्ति से भी अधिक संपत्ति के स्वामी हैं।' (वही) हमें याद नहीं पड़ता कि कलाम साहब ने देश की अर्थनीति से लेकर राजनीति तक को अमरीकी पटरी पर डालने वाली मौजूदा या पिछली सरकार को कभी इसके प्रति आगाह किया हो। हमें यह भी नहीं लगता कि देश के अमरीकीकरण का विरोध करने वाले आंदोलनों और उनके नेताओं-विचारकों के बारे में कलाम साहब को कोई जानकारी या सहानुभूति हो। वे देश में दो राजनीतिक पार्टियां होने के समर्थक हैं। वे दो पार्टियां कांग्रेस और भाजपा ही हो सकती हैं। ये दोनों देश को अमरीका के रास्ते पर चलाने वाली हैं। इनके अलावा कलाम साहब वामपंथी, सामाजिक न्यायवादी या क्षेत्रेय पार्टियों को देश के विकास में बाधा मानते हैं, जिनके चलते कांग्रेस और भाजपा को गठबंधन सरकार चलाने के लिए बाध्य होना पड़ता है। कलाम साहब की जिस लोकप्रियता का विरुद गाया जाता है, वह उसी जनता के बीच है जो विशाल भारत के भीतर बनने वाले मिनी अमेरिका की निवासी हैं। मिनी अमेरिका के बाहर की जनता पर उनकी लोकप्रियता लादी गयी है।

नैयर साहब को मलाल है कि कलाम साहब के रहते राष्ट्रपति पद के लिए किसी दूसरे उम्मीदवार के बारे में सोचा गया। अवकाश प्राप्त करने की बेला में उन्होंने कलाम साहब से मुलाकात की और उनसे कोई खास खबर निकालने की कोशिश की। लेकिन कलाम साहब का कमाल कि वे उनके 'विजन 2020', जिसके तहत सन 2020 तक भारत दुनिया का महानतम देश हो जाएगा, के गम्भीर रूप से कायल होकर बाहर निकले। राष्ट्रीय और अंतर्राष्ट्रीय घटनाओं और बहसों पर गहरी पकड़ रखने वाले नैयर साहब ने 'मिसाइल मैन' के समक्ष यह सवाल नहीं उठाया कि अगर सभी देश विकसित, महाशक्ति और महानतम बनेंगे तो किसकी कीमत पर? भारत 2020 तक विकसित महाशक्ति और महानतम हो जाएगा तो किस विचारधारा और रास्ते के तहत? नैयर साहब की खुशी और बढ़ गयी होगी जब कलाम साहब ने अपने विदाई भाषण में यह घोषणा की कि 2020 से पहले भी भारत दुनिया का महानतम राष्ट्र बन सकता है। यह शीशे की तरह साफ है कि कलाम साहब उसी राष्ट्र के विकास और महानता की बाात कर रहे हैं जिसे नवउदारवादी पिछले डेढ़ दशक से बनाने में लगे हैं। कलाम साहब का आह्वान पूरी तरह से अमरीकावादियों-नवसाम्राज्यवादियों की संगति में है। वरना कोई बताए

कि एक अरब 20 करोड़ की आबादी का देश आधुनिक विज्ञान और तकनीकी, जिसके कलाम साहब विशेषज्ञ हैं, पर आधारित पूंजीवादी विकास के मॉडल के मुताबिक 2020 तक कैसे विकसित हो सकता है? क्या कहा जा सकता है कि अपने कार्यकाल में कलाम साहब ने सपने नहीं, अंधविश्वास परोसे हैं!

सरकारी तंत्र और मीडिया में कलाम साहब की गुणगाथा पूरे पाँच साल सतत चलती रही। वह अगले पाँच साल और चलती रहे इसके लिए कलाम साहब के गुणगायकों ने एसएमएस के जरिए जोरदार प्रयास किया। लेकिन जब लगा कि राष्ट्रपति का पद, जिसे उनकी नजर में कलाम साहब ने अभूतपूर्व महानता और पवित्रता से मंडित कर दिया था, राजनीति के गंदे कीचड़ में लथेड़ा जा रहा है, तो गुणग्राहक दुखी हो गये। राजनीति कलाम साहब को बुरी लगती है तो उनके गुणगायकों को कैसे अच्छी लग सकती है! गठन के समय से ही कलाम साहब के गुणगायक तीसरे मोर्चे का उपहास उड़ाने और उन पर लानत भेजने में अग्रणी थे। लेकिन जैसे ही मोर्चे ने अपनी तरफ से कलाम साहब का नाम चलाया, गुणगायक और खुद कलाम साहब मोर्चे के मुरीद हो गये। काश कि मोर्चा उनकी जीत सुनिश्चित कर पाता और गुणगायकों को कलाम साहब को आखिरी सलाम नहीं करना पड़ता! 'कमाल के कलाम साहब' का आखिरी सलाम का कार्यक्रम एक 'ग्रांड फिनाले' रहना ही था। हैरत यही है कि उसमें सबसे ऊंचा स्वर हमारे आदरणीय सुरेंद्र मोहन जी और कुलदीप नैयर साहब का रहा।

कहना न होगा कि कलाम साहब के कमाल का मिथक उनके गुणगायकों और मीडिया का रचा हुआ था। उनके पद से हटने के बाद अब वह कहीं नजर नहीं आएगा। (ये गुणगायक और मीडिया अब किसी और बड़ी हस्ती को पकड़ेंगे जो उनके 'मिशन अमेरिका' को वैधता प्रदान करे।) अन्त की घोषणाओं के बावजूद इतिहास चल रहा है। वहाँ ठोस विचार अथवा कार्य करने वाले लोगों की जगह बनती है। इसलिए इतिहास में कलाम साहब की जगह गिनती भर के लिए होगी, जो पदासीन हो जाने के नाते किसी की भी होती है। ऐसे में ज्ञान और अनुभव में पगे दो वरिष्ठतम विद्वानों की कलाम साहब के बारे में इस कदर ऊंची धारणा का औचित्य किसी भी दृष्टिकोण से समझ में नहीं आता। अगर अवकाश-प्राप्ति के अवसर की औपचारिकता मानें तो वह वंदना के सुरों में एक सुर और मिलाने जितनी ही होनी चाहिए थी। लेकिन दोनों का सुर भानुप्रताप मेहता सरीखों को भी पार कर गया, जिन्होंने वंदना में व्याजनिंदा का भी थोड़ा अवसर निकाल लिया। (देखें, 'इंडियन एक्सप्रैस' 25 जुलाई 2007 में प्रकाशित उनका लेख 'प्राइम मिनिस्टर कलाम?')

धर्मनिरपेक्षता के संदर्भ में भी कलाम साहब के राष्ट्रपतित्व पर कुछ चर्चा की जा सकती है। राष्ट्रपति के पद के लिए कलाम साहब का नाम भले ही मुसलमानों

को रिझाने के लिए समाजवादी पार्टी के सुप्रीमो मुलायम सिंह ने चलाया हो, उनके नाम पर सहमति बनने का वास्तविक कारण गुजरात में सांप्रदायिक फासीवादी नरेंद्र मोदी की सरकार द्वारा हजारों मुसलमानों की हत्या और बरबादी था। अगर गुजरात में राज्य-प्रायोजित हिंसा में मुसलमानों का नरसंहार न हुआ होता तो कलाम के नाम पर भाजपा तो तैयार नहीं ही होती, उस सांप्रदायिक हिंसा और उसके कर्ता को रोकने में खोटा सिक्का साबित हुई कांग्रेस भी कदापि तैयार नहीं होती। यह कहने में अच्छा नहीं लगेगा, लेकिन वास्तविकता यही है कि कलाम साहब को राष्ट्रपति का पद एक मुसलमान होने के नाते गुजरात में मुसलमानों की हत्याओं के बदले तोहफे में मिला था। अगर कोई संजीदा इंसान होता तो वह विनम्रतापूर्वक उस 'सांप्रदायिक' आम सहमति से इनकार कर देता और वैसा करके धर्मनिरपेक्षता के साथ ही मानवता की नींव भी मजबूत करता। हमारी यह मान्यता अनुबोध (after thought) पर आधारित नहीं है। गुजरात के कांड के बाद उनके नाम पर बनी सहमति के वक्त हमने अपनी भावना एक कविता लिख कर अभिव्यक्त की थी जो 'सामयिक वार्ता' में प्रकाशित हुई थी। अपने लेख की शुरुआत में सुरेंद्र मोहन जी ने भी इस वास्तविकता का जिक्र किया है : 'जब इस पद के लिए राष्ट्रीय जनतांत्रिक गठबंधन की सरकार ने उनका नाम प्रस्तावित किया था, तब उसे अपनी छवि सुधारने के लिए एक मुस्लिम नाम की जरूरत थी, क्योंकि गुजरात के घटनाक्रम के कारण उसका चेहरा दागदार बन गया था। लेकिन इन पाँच वर्षों में किसी नागरिक को यह पहचान याद नहीं आई। वे ऐसी सांप्रदायिक, जातिगत या क्षेत्रीय गणनाओं से कहीं ऊपर उठे हुए थे और पूरे देश में यह सहमति थी कि वे उसी पद पर दोबारा आसीन हों।' यह सही है कि कलाम साहब सांप्रदायिक, जातिगत और क्षेत्रीय गणनाओं से ऊपर रहे। यह बड़ी बात है और अभी तक देश के हर राष्ट्रपति ने इसका निर्वाह किया है। लेकिन इससे यह वास्तविकता निरस्त नहीं होती कि कलाम साहब का चयन, जैसा कि खुद श्री सुरेंद्र मोहन जी ने कहा है, सांप्रदायिक आधार पर हुआ था। अगर वे सांप्रदायिक आधार पर होने वाले अपने चयन को नकार देते तो उनका बड़प्पन हमारे जैसे लोग भी मानते और उन्हें बगैर राष्ट्रपति बने भी सलाम करते।''

जाहिर है, राष्ट्रपति चुनाव के संदर्भ में कलाम साहब का व्यवहार भी गरिमापूर्ण नहीं कहा जा सकता। वे पिछली बार भी राष्ट्रपति बनना चाहते थे और इस बार भी ऐन चुनाव के मौके पर सक्रिय हो गये। सवाल सर्वानुमति का नहीं, जीत का था। अगर जीत की संभावना होती तो वे कंटेस्ट भी कर सकते थे। पहले की तरह उन्हें इससे फर्क नहीं पड़ता कि कौन-सी पार्टियां उनका समर्थन कर रही हैं। जैसे उनकी भारत के महाशक्ति होने की धारणा पर अढ़ाई लाख किसानों की आत्महत्याओं से कोई फर्क नहीं पड़ता।

धर्मनिरपेक्षता के दावेदार : कितने गाफिल कितने खबरदार

राष्ट्रपति के उम्मीदवारों की चर्चा में भाजपा के भावी प्रधानमंत्री के उम्मीदवार पर भी चर्चा चल निकली। आरएसएस ने नरेंद्र मोदी का नाम आगे किया तो बिहार के मुख्यमंत्री नीतीश कुमार अपने को धर्मनिरपेक्षता का बड़ा दावेदार सिद्ध करने के लिए आगे आ गये। क्योंकि राष्ट्रपति चुनाव पर 2014 में होने वाले आम चुनाव की छाया है। लिहाजा, नीतीश-नरेंद्र मोदी प्रकरण पर भी थोड़ी चर्चा वाजिब होगी।

'गुड़ खाना परंतु गुलगुलों से परहेज करना' - बिहार के मुख्यमंत्री नीतीश कुमार एक बार फिर इस कहावत को चरितार्थ कर रहे हैं। 2004 के पहले केंद्र में जब अटल बिहारी वाजपेयी के नेतृत्व में राजग की सरकार बनी थी तो उसका समर्थन करने और उसमें शामिल होने वाले नीतीश कुमार जैसे नेताओं ने कहा था कि भाजपा की तरफ से 'उदार' वाजपेयी की जगह अगर 'कट्टर' अडवाणी प्रधानमन्त्री बनाये जाते तो वे राजग सरकार का न समर्थन करते, न उसमें शामिल होते। धर्मनिरपेक्षता की दावेदारी जताते हुए अपनी इस शर्त का उन्होंने काफी ढिंढोरा पीटा था। हालांकि कुछ समय बाद उसी सरकार में अडवाणी उपप्रधानमंत्री बनाये गये और मंत्री बने नीतीश कुमार ने कोई आपत्ति नहीं उठाई थी। वे पूरे समय राजग सरकार में मंत्री रहे और बिहार में भाजपा के साथ मिल कर बतौर मुख्यमंत्री दूसरी बार सरकार चला रहे हैं। गुजरात कांड उनके लिए घटना से लेकर आज तक कोई मुद्दा नहीं रहा। लेकिन बीच-बीच में नरेंद्र मोदी का व्यक्तिगत विरोध का शगल करते रहते हैं। गोया नरेंद्र मोदी अपने संगठन से अलग कोई बला है!

राजनीतिक सफलता ने नीतीश कुमार को आश्वस्त कर दिया है कि आरएसएस-भाजपा के साथ लंबे समय तक राजनीति करके भी वे धर्मनिरपेक्ष बने रह सकते हैं। यह स्थिति नीतीश कुमार से ज्यादा धर्मनिरपेक्षता के अर्थ पर एक गम्भीर टिप्पणी है। मुख्यधारा राजनीति में धर्मनिरपेक्षता का अर्थ भाजपा के साथ रह कर या भाजपा का भय दिखा कर मुसलमानों के वोट हासिल कर लेना है। जाहिर है, धर्मनिरपेक्षता का यह अर्थ संविधान में प्रस्थापित धर्मनिरपेक्षता के मूल्य के पूरी तरह विपरीत और विरोधा में है। भाजपा आरएसएस का राजनैतिक मंच होने के नाते स्वाभाविक रूप से सांप्रदायिक है। भारतीय संविधान के तहत राजनीति करने की मजबूरी में उसे अपनी सांप्रदायिकता को ही सच्ची धर्मनिरपेक्षता प्रचारित करना होता है। दूसरे शब्दों में, एक राजनीतिक दल के रूप में भाजपा संविधान के साथ धोखाधड़ी करती है। लेकिन भाजपा के साथ या उसका भय दिखा कर मुस्लिम वोटों की राजनीति करने वाले दल और नेता भी संविधान के साथ वही सलूक करते हैं।

कहने का आशय है कि पिछले 25 साल की राजनीति में धर्मनिरपेक्षता के मूल्य को जो लगातार ठोकरें खानी पड़ रही हैं, उसके लिए अकेले सांप्रदायिक ताकतों को दोष नहीं दिया जा सकता। सांप्रदायिकता उनका 'धर्म' है। इसमें धर्मनिरपेक्ष ताकतों का दोष ज्यादा है, क्योंकि वे धर्मनिरपेक्षता की दावेदार बन कर उसका अवमूल्यन करती हैं। यह परिघटना राजनीति से लेकर नागरिक समाज तक देखी जा सकती है। और असली खतरा यही है।

नरेंद्र मोदी का विरोध करने पर आरएसएस ने भले ही नीतीश कुमार को धता बताई हो, लेकिन नीतीश कुमार आरएसएस की बढ़ती का ही काम कर रहे हैं। आरएसएस शायद यह जानता भी है। उसने सेकुलर नेताओं और बुद्धिजीवियों को अपने 'आंतरिक झगड़े' में उलझा लिया है। वह नरेंद्र मोदी पर दांव लगा कर अडवाणी के प्रधानमन्त्री बनने का रास्ता सफ़ कर रहा है। जैसे अडवाणी के सामने वाजपेयी 'उदार' हुआ करते थे, वैसे अब नरेंद्र मोदी के मुकाबले अडवाणी उदार बन जाएंगे। आगे चल कर जब 'गुजरात का शेर' अडवाणी जैसा नखदंतहीन बूढ़ा हो जाएगा तो उसके प्रधानमन्त्री बनने का रास्ता भी सफ़ होगा। क्योंकि तब तक हिंदुत्व का कोई और नया शेर आरएसएस में पैदा हो चुका होगा। खुद मोदी उस तरह के कई शेरों के साथ प्रतियोगता करके अव्वल आए हैं। जब मोदी को गुजरात का मुख्यमंत्री बनाया गया था तो उनसे पहले उस समय कट्टरता के मामले में उनसे कहीं ज्यादा प्रख्यात प्रवीण तोगड़िया का नाम था। मोदी ने उन्हें पछाड़ कर मुख्यमंत्री का पद हासिल किया था। यह जानकारी अक्सर दोहराई जाती है कि मोदी की कट्टरता से वाकिफ 'उदार' वाजेपयी ने आरएसएस-भाजपा को आगाह किया था। साथ ही यह कि गुजरात कांड के मौके पर वाजपेयी ने मोदी को राजधर्म निभाने की नसीहत दी थी। लेकिन होने वही दिया जो हुआ। आरएसएस की 'उदारता' की बस इतनी ही सिफत है।

आरएसएस यह जानता है कि मनमोहन सिंह के बाद देश के पूंजीपतियों की पहली पसंद नरेंद्र मोदी हैं। खुद मनमोहन सिंह के वे चहेते हैं। नरेंद्र मोदी को भी अपनी हिंदुत्ववादी हुंकार के साथ सबसे ज्यादा भरोसा पूंजीपतियों का है। वे पूंजीपतियों के बल पर इठलाते हैं। पूँजी के पैरोकार इधर लगातार कह रहे हैं कि गुजरात कांड अब को भुला देना चाहिए। उनका तर्क है इससे देश के विकास में बाधा पैदा हो रही है। यानी मोदी ने गुजरात को विकास का मरकज बना दिया है। अब उन्हें देश के विकास की बागडोर सौंप देनी चाहिए। विदेशी पूँजी को मुनाफे से मतलब होता है। वह मुनाफा मनमोहन सिंह कराएं या मोदी, इससे विदेशी पूँजी को सरोकार नहीं है। इसलिए हो सकता है मोदी को अडवाणी जैसा लम्बा इंतजार न करना पड़े। दरअसल, यह खुद नरेंद्र मोदी के हक में है कि वे इस बार अडवाणी को प्रधानमन्त्री के उम्मीदवार के रूप में आगे

रहने दें। वे रहने भी देंगे। फिलहाल वे जो फूं-फां वे कर रहे हैं, वह भविष्य के कतिपय दूसरे दावेदारों को दूर रखने के लिए है।

आरएसएस के भीतर कट्टरता और उदारता का यह द्वंद्व चलते रहना है। भारतीय समाज की बहुलताधर्मी बनावट के चलते आरएसएस के लिए अपने भीतर इस तरह का द्वंद्व बनाये रखना जरूरी है। इससे गतिशीलता का भ्रम तो रहता ही है (ऊर्जा भी मिलती है। अडवाणी नीत उग्र राममंदिर आन्दोलन ने आरएसएस-भाजपा कार्यकर्ताओं में अपूर्व ऊर्जा का संचार किया। मस्जिद टूटी, दंगे हुए, मुस्लिम अलगाववाद बढ़ा और अन्त में 'उदार' वाजपेयी प्रधानमंत्री बने। मस्जिद ध्वंस के 10 साल बाद हुए गुजरात कांड ने भी आरएसएस-भाजपा कार्यकर्ताओं में नई ऊर्जा का संचार किया। उस ऊर्जा का रूप भयानक था। उसकी फसल 'उदार' अडवाणी काट सकते हैं। हिंदू धर्म का बाजार में जो तमाशा बन रहा है, उसके चलते कभी ऐसा हो सकता है कि हिंदू धर्म की वास्तवकि उदार धारा आरएसएस की छद्‌म उदारता से भ्रमित (कन्फ्यूज) हो जाए। आरएसएस की वह बड़ी जीत होगी।

आरएसएस जितनी आरामदायक स्थिति में आज है, वैसा कभी नहीं रहा। समाज में उसकी व्यापक स्वीकृति और प्रभाव है जो निरंतर बढ़ता जा रहा है। राजनीति में तथाकथित सेकुलर पार्टियां और नेता तथा गैर-राजनीतिक सिविल सोसायटी आन्दोलन उसमें मदद कर रहे हैं। भ्रष्टाचार विरोधी आन्दोलन के दोनों सितारे - अन्ना हजारे और रामदेव - नरेंद्र मोदी और आरएसएस के प्रशंसक ही नहीं हैं, यह पूरा आन्दोलन फासीवादी-तानाशाही रुझान लिए है। आरएसएस के लिए इससे ज्यादा मुफीद क्या होगा कि अनेक छोटी-बड़ी सेकुलर हस्तियां इस आन्दोलन की कहार बनी हुई हैं। धर्म का राजनैतिक इस्तेमाल सांप्रदायिकता का मुख्य किंतु अपूर्ण अर्थ है। धर्म को बाजार के भाव बेचना और समाज को अंधविश्वासों में झोंकना भी सांप्रदायिकता में शामिल है। इस भरे-पूरे अर्थ में सांप्रदायिकता का कारोबार जितना भरपूर आज चल रहा है, भारत में पहले कभी नहीं चला।

इसे थोड़ा और पीछे जाकर देखें। देश की सबसे बड़ी पार्टी कांग्रेस सांप्रदायिक कार्ड खेलती है तो वह भी आरएसएस का ही काम करती है। कांग्रेस ऐसा एक बार नहीं, अनेक बार करती है। समाजवादी पार्टी से बाहर आने पर बेनीप्रसाद वर्मा ने बताया था कि जब बाबरी मस्जिद का ध्वंस हो रहा था तो उन्होंने मुलायम सिंह को कहा था कि समाजवादी पार्टी को आगे बढ़ कर इसका विरोध करना चाहिए। लेकिन, बेनीप्रसाद वर्मा के मुताबिक, मुलायम सिंह ने यह कहते हुए हस्तक्षेप करने से इनकार कर दिया कि मस्जिद ध्वंस से उनकी पार्टी की ताकत मजबूत होगी। बाद में मस्जिद ध्वंस के नायक कल्याण सिंह के साथ उन्होंने सरकार बनाई और भाजपा-आरएसएस का बखूबी सहारा लिया। फरवरी 2002 में नरेंद्र मोदी के नेतृत्व में मुसलमानों के राज्य प्रायोजित खुले नरसंहार पर कुछ

कट्टर आरएसएस वालों ने भी दांतों तले उंगलियां दबा ली थीं। लेकिन उसके बाद होने वाले गुजरात विधानसभा चुनाव में मायावती नरेंद्र मोदी का चुनाव प्रचार करने गुजरात गयी थीं। उन्होंने मोदी के साथ एक मंच से उन्हें जिताने की अपील की थी। क्योंकि यूपी में उन्हें भाजपा के साथ सरकार बनानी थी।

लोक जनशक्ति पार्टी के अध्यक्ष रामविलास पासवान वाजपेयी सरकार में मंत्री थे। भारत की राजनीति में झूठ बोलना बुरा नहीं, कला माना जाता है। पासवान गुजरात कांड के बाद बाकायदा राजग सरकार में बने रहे। उन्होंने दलित राजनीति में अपनी प्रतिद्वंद्वी मायावती को यूपी में समर्थन न देने के लिए भाजपा पर दबाव डाला। भाजपा के उनकी बात न स्वीकार करने पर उन्होंने वाजपेयी सरकार से इस्तीफा दिया। जबकि वे पाकिस्तान तक कह आए हैं कि उन्होंने गुजरात कांड के विरोध में इस्तीफा दिया था। उड़ीसा में ग्राहम स्टेंस और उनके बच्चों को जिन्दा जलाने पर जॉर्ज फर्नांडीज ने संसद में आरएसएस का बचाव किया था। राजग सरकार में शामिल रहे तेलुगु देशम के अध्यक्ष चंद्रबाबू नायडू को भी सांप्रदायिक भाजपा से कोई आपत्ति नहीं रही है। तृणमूल कांग्रेस, बीजू जनता दल, अन्ना द्रमुक, द्रमुक, जनता दल (सेकुलर) असम गण परिषद, लोकदल, नेशनल कांफ्रेंस आदि धर्मनिरपेक्ष माने जाने वाले दल और उनके नेता बिना झिझक आरएसएस-भाजपा के सहयोगी बनते हैं।

जीवन की तरह राजनीति में भी तात्कालिक के साथ दूरगामी लक्ष्य निर्धारित होते हैं। आरएसएस और इन तथाकथित धर्मनिरपेक्ष दलों में फर्क यह है कि ये दल महज सरकार बनाने अथवा सत्ता में हिस्सेदारी करने के तात्कालिक लक्ष्य से परिचालित होते हैं। जबकि आरएसएस के लिए सरकार बनाने, राजनीतिक सत्ता पाने से ज्यादा समाज में अपनी विचारधारा फैलाना महत्त्वपूर्ण है। हाल के भ्रष्टाचार विरोधी आन्दोलन में वह भाजपा की अगली सरकार बने, इससे ज्यादा इसलिए शरीक है कि समाज में उसकी वैधता बढ़ रही है और विचारधारा भी।

भाजपा के प्रधानमंत्री पद के उम्मीदवार के बतौर नरेंद्र मोदी की जगह अडवाणी का नाम आएगा तो नीतीश कुमार उसे अपनी जीत बताएंगे। लेकिन, जैसा कि ऊपर बताया गया है, वह आरएसएस की जीत होगी। और भी, अडवाणी आएंगे तो सिविल सोसायटी आन्दोलन के कई सेकुलर नेता सरकार या उसे बनाने और चलाने के इंतजाम में शामिल हो सकते हैं। यह तर्क देते हुए कि उन्होंने कट्टर नरेंद्र मोदी को आगे नहीं आने दिया। नीतीश कुमार जैसे 'धर्मनिरपेक्ष' नेता उनका स्वागत करने के लिए पहले से वहाँ मौजूद होंगे। उदाहरण के लिए, राजग की सरकार बनने पर, अपने पिता का इतिहास दोहराते हुए प्रशान्त भूषण बहुत विनम्रतापूर्व कानून मंत्री बन सकते हैं। उस सरकार अथवा इंतजाम में अडवाणी के विश्वासभाजन अरविंद केजरीवाल का भी ऊंचा मुकाम होगा। रामदेव से राष्ट्रीय

स्वाभिमान का पाठ पढ़ने वाले पूर्व के कुछ जनांदोलनकारी और विकल्पवादी भी उसमें कुछ न कुछ काम का पा जाएंगे। कहने की जरूरत नहीं, अन्ना हजारे और रामदेव उस सरकार के नैतिक प्रतीक और प्रेरणास्रोत होंगे।

अभी तक के अनुभव से कह सकते हैं पिछले 25 सालों का नवउदारवाद सबसे ज्यादा आरएसएस को फला है। इन दोनों – नवउदारवाद और संप्रदायवाद– ने मिल कर सबसे ज्यादा नुकसान भारतीय संविधान का किया है। इस दौरान संविधान के नीति-निर्देशक तत्व किसी भी राजनीतिक पार्टी और नेता के लिए प्रेरक नहीं रहे हैं। देश के संसाधनों को उसकी मेहनतकश जनता के अधिकार से छीन कर देशी-विदेशी मुनाफाखोर कम्पनियों को मोटी रिश्वतें खा कर बेचा जा रहा है। शिक्षा से लेकर सुरक्षा तक की व्यवस्था को पूंजीवादी सांचे में ढाला जा रहा है। आबादी के अधिकांश हिस्से को नवउदारवादी नीतियों के उच्छिष्ट पर जिन्दा रहने के लिए मजबूर कर दिया गया है। यहाँ तक कि मौलिक अधिकारों पर गहरा संकट आ पड़ा है। बोलने की आजादी छीन ली गयी है। पूंजीवादी सत्ता के खिलाफ बोलने वालों पर देशद्रोह के मुकदमे दायर किए जा रहे हैं और सजाएं सुनाई जा रही हैं। इसके खिलाफ न राष्ट्रपति चुनाव की बहस में कोई पक्ष है, न दो साल बाद चुने जाने वाले प्रधानमन्त्री पर होने वाली बहस में। भारत की प्रगतिशील राजनीति नवउदारवाद और उसकी घुट्टी पीकर और ज्यादा बलवान बने संप्रदायवाद के सामने झुक गयी है। नीतीश कुमार जैसे आत्मव्यामोह में गाफिल नेता शायद यह सच्चाई देख ही नहीं पा रहे हैं। तभी उन्हें अपने टके के बोल सोने के लगते हैं – 'गोल्डन वर्ड्स कैन नॉट बी रिपीटिड!'

एक समय माना गया था कि जातिवादी राजनीति सांप्रदायवादी राजनीति की काट करती है। उसे सामाजिक न्याय की राजनीति का अच्छा-सा नाम भी दिया गया था। लेकिन अब स्पष्ट हो चुका है कि तथाकथित सामाजिक न्याय की राजनीति सांप्रदायिक राजनीति की काट नहीं है। बल्कि उसे बढ़ाने का काम करती है।

अन्त में कह सकते हैं कि भारत की सरकारें नवउदारवादी व्यवस्था को मजबूत करती जाएंगी, लेकिन संविधान के अभिरक्षक राष्ट्रपति – वे प्रणव मुखर्जी हों, संगमा साहब हों या डॉ. कलाम होते – उसके विरोध में परोक्ष टिप्पणी भी नहीं करेंगे। जो कुछ लोग सच्चे संघर्ष में जुटे हैं वे अपने ज्ञापन महामहिम को पहले की तरह सौंपते रहेंगे। केवल यह नहीं कि सरकारें उन पर कोई कार्रवाई नहीं करेंगी, खुद राष्ट्रपति को वे निरर्थक लगेंगे। राष्ट्रपति चुनाव के साथ सार्थकता का संघर्ष कितना कठिन हो गया है?

26 जून 2012

अगस्त क्रान्ति और भारत का शासक वर्ग

आजादी की इच्छा का विस्फोट

''यह एक छोटा-सा मंत्र मैं आपको देता हूं। आप इसे हृदयपटल पर अंकित कर लीजिए और हर श्वास के साथ उसका जाप कीजिए। वह मंत्र है - 'करो या मरो'। या तो हम भारत को आजाद करेंगे या आजादी की कोशिश में प्राण दे देंगे। हम अपनी आंखों से अपने देश का सदा गुलाम और परतंत्र बना रहना नहीं देखेंगे। प्रत्येक सच्चा कांग्रेसी, चाहे वह पुरुष हो या स्त्री, इस दृढ़ निश्चय से संघर्ष में शामिल होगा कि वह देश को बंधन और दासता में बने रहने को देखने के लिए जिन्दा नहीं रहेगा। ऐसी आपकी प्रतिज्ञा होनी चाहिए।'' (अखिल भारतीय कांग्रेस कमेटी की बैठक में दिए गये गांधीजी के भाषण का अंश)

डॉ. राममनोहर लोहिया ने 2 मार्च 1946 को भारत के वायसराय लार्ड लिनलिथगो को एक लम्बा पत्र लिखा था। वह पत्र महत्त्वपूर्ण है और गांधीजी ने उसकी सराहना की थी। पत्र ब्रिटिश साम्राज्यवाद के क्रूर और षडयंत्रकारी चरित्र को सामने लाता है। लोहिया ने वह पत्र जेल से लिखा गया था। भारत छोड़ो आन्दोलन में इक्कीस महीने तक भूमिगत भूमिका निभाने के बाद लोहिया को बंबई में 10 मई 1944 को गिरफ्तार कर लिया गया था। पहले लाहौर किले में और फिर आगरा में उन्हें कैद रखा गया। लाहौर जेल में ब्रिटिश पुलिस ने उन्हें अमानुषिक यंत्रणाएं दीं। दो साल कैद रखने के बाद जून 1946 में लोहिया को छोड़ा गया। इस बीच उनके पिता का निधन हुआ, लेकिन लोहिया ने छुट्टी पर जेल से बाहर आना गवारा नहीं किया।

वायसराय ने कांग्रेस नेताओं पर भारत छोड़ो आन्दोलन के दौरान सशस्त्र बगावत की योजना बनाने और आन्दोलन में बड़े पैमाने पर हिस्सा लेने वाली जनता पर हिंसक गतिविधियों में शामिल होने का आरोप लगाया था। उस समय के तीव्र वैशिवक घटनाक्रम और बहस के बीच वायसराय यह दिखाने की कोशिश कर रहे थे कि ब्रिटिश शासन अत्यंत न्यायप्रिय व्यवस्था है और उसका विरोध करने वाली कांग्रेस व भारतीय जनता हिंसक और निरंकुश। आजादी मिलने में

केवल साल-दो साल बचा था, लेकिन वायसराय ऐसा जता रहे थे मानो भारत पर हमेशा के लिए शासन करने का उनका जन्मसिद्ध अधिकार है!

पत्र में लोहिया ने वायसराय के आरोपों का खंडन करते हुए निहत्थी जनता पर ब्रिटिश हुकूमत के भीषण अत्याचारों को सामने रखा। उन्होंने कहा कि आन्दोलन का दमन करते वक्त देश में कई जलियांवाला बाग घटित हुए, लेकिन भारत की जनता ने दैवीय साहस का परिचय देते हुए अपनी आजादी का अहिंसक संघर्ष किया। लोहिया ने वायसराय के उस बयान को भी गलत बताया जिसमें उन्होंने भारत छोड़ो आन्दोलन में एक हजार से भी कम लोगों के मारे जाने की बात कही। लोहिया ने वायसराय को कहा कि उन्होंने असलियत में पचास हजार देशभक्तों को मारा है। उन्होंने कहा कि यदि उन्हें देश में स्वतंत्र घूमने की छूट मिले तो वे इसका प्रमाण सरकार को दे सकते हैं। लोहिया ने पत्र में लिखा, ''श्रीमान लिनलिथगो, मैं आपको विश्वास दिलाता हूं कि यदि हमने सशस्त्र बगावत की योजना बनाई होती, लोगों से हिंसा अपनाने के लिए कहा होता तो आज गांधीजी स्वतंत्र जनता और उसकी सरकार से आपके प्राणदंड को रुकवाने के लिए कोशिश कर रहे होते।''

लोहिया ने वायसराय को उनका बर्बर चेहरा दिखाते हुए लिखा, ''आपके आदमियों ने भारतीय माताओं को नंगा कर, पेड़ों से बांध, उनके अंगों से छेड़छाड़ कर जान से मारा। आपके आदमियों ने उन्हें जबरदस्ती सड़कों पर लिटा-लिटा कर उनके साथ बलात्कार किए और जानें लीं। आप फासिस्ट प्रतिशोध की बात करते हैं जबकि आपके आदमियों ने पकड़ में न आ पाने वाले देशभक्तों की औरतों के साथ बलात्कार किए और उन्हें जान से मारा। वह समय शीघ्र ही आने वाला है जब आप और आपके आदमियों को इसका जवाब देना होगा।'' कुर्बानियों की कीमत रहती है, इस आशा से भरे हुए लोहिया ने अलबत्ता व्यथित करने वाले उन क्षणों में वायसराय को आगे लिखा, ''लेकिन मैं नाखुश नहीं हूं। दूसरों के लिए दुख भोगना और मनुष्य को गलत रास्ते से हटा कर सही रास्ते पर लाना तो भारत की नियति रही है। निहत्थे आम आदमी के इतिहास की शुरुआत 9 अगस्त की भारतीय क्रान्ति से होती है।''

हालांकि कांग्रेस के कई बड़े नेता 'फाासिस्ट' शक्तियों के खिलाफ युद्ध में फंसे 'लोकतंत्रवादी' इंग्लैंड को परेशानी में डालने पर अन्त तक दुविधाग्रस्त बने रहे। उनका जिक्र लोहिया ने अपने पत्र में किया है। लेकिन खुद लोहिया को अंग्रजों को बाहर खदेड़ने के फैसले पर कोई दुविधा नहीं थी। आधुनिकतावादियों जैसी दुविधा उनमें भी होती तो वे जनता के संघर्ष में पूरी निष्ठा और शक्ति से नहीं रम पाते। पत्र में उन्होंने स्पष्ट किया, ''हम भविष्य के प्रति जिज्ञासु हैं। चाहे जीत आपकी हो या धुरी शक्ति की, उदासी और अंधकार चारों ओर बना रहेगा।

आशा की मात्र एक ही टिमटिमाहट है। स्वतंत्र भारत इस लड़ाई को प्रजातांत्रिक समापन की ओर ले जा सकता है।'' (देखें, 'कलेक्टेड वर्क्स ऑफ डॉ. राममनोहर लोहिया' खंड 9, संपा. मस्तराम कपूर, पृष्ठ. 176-181)

भारत के स्वतंत्रता आन्दोलन के इतिहास में अगस्त क्रान्ति के नाम से मशहूर भारत छोड़ो आन्दोलन का करीब तीन-चार साल का दौर अत्यंत महत्त्वपूर्ण होने के साथ पेचीदा भी है। यह आन्दोलन देश-व्यापी था जिसमें बड़े पैमाने पर भारत की जनता ने हिस्सेदारी की और अभूतपूर्व साहस और सहनशीलता का परिचय दिया। लोहिया ने ट्राटस्की के हवाले से लिखा है कि रूस की क्रान्ति में वहाँ की एक प्रतिशत जनता ने हिस्सा लिया जबकि भारत की अगस्त क्रान्ति में देश के 20 प्रतिशत लोगों ने हिस्सेदारी की। (देखें, 'कलेक्टेड वर्क्स ऑफ डॉ. राममनोहर लोहिया' खंड 9, संपा. मस्तराम कपूर, पृष्ठ. 129)

हालांकि जनता का विद्रोह पहले तीन-चार महीनों तक ही तेजी से हुआ। नेतृत्व व दूरगामी योजना के अभाव तथा अंग्रेज सरकार के दमन ने विद्रोह को दबा दिया। 8 अगस्त 1942 को 'भारत छोड़ो' प्रस्ताव पारित हुआ और 9 अगस्त की रात को कांग्रेस के बड़े नेता गिरफ्तार कर लिए गये। नेताओं की गिरफ्तारी के चलते आन्दोलन की सुनिश्चित कार्ययोजना नहीं बन पाई थी। कांग्रेस सोशलिस्ट पार्टी का अपेक्षाकृत युवा नेतृत्व सक्रिय था लेकिन उसे भूमिगत रह कर काम करना पड़ रहा था। जेपी ने क्रान्तिकारियों का मार्गदर्शन और हौसला अफजायी करने तथा आन्दोलन का चरित्र और तरीका स्पष्ट करने वाले दो लंबे पत्र अज्ञात स्थानों से लिखे। भारत छोड़ो आन्दोलन के महत्व का एक पक्ष यह भी है कि आन्दोलन के दौरान जनता खुद अपनी नेता थी।

भारत छोड़ो आन्दोलन की कई विशेषताएं हैं। कई चरणों और नेतृत्व से गुजरे भूमिगत क्रान्तिकारी आन्दोलन और गाँधी के नेतृत्व में चले जनता के अहिंसक आन्दोलन का मिलन भारत छोड़ो आन्दोलन में होता है। दोनों की समानता और फर्क के बिंदुओं को लेकर 1857 के पहले स्वतंत्रता संग्राम के साथ भी भारत छोड़ो आन्दोलन के सूत्र जोड़े जा सकते हैं। भारत छोड़ो आन्दोलन हिंसक था या अहिंसक, इस सवाल को लेकर काफी बहस हुई। गाँधी, जिन्होंने 'करो या मरो' का नारा दिया और जिन्हें उसी रात गिरफ्तार कर लिया गया, ने जनता से अहिंसक आन्दोलन का आह्वान किया था।

जेपी ने गुप्त स्थानों से 'आजादी के सैनिकों के नाम' दो पत्र क्रमशः दिसंबर 1942 और सितंबर 1943 में लिखे। अपने दोनों पत्रों में, विशेषकर पहले में, उन्होंने हिंसा-अहिंसा के सवाल को विस्तार से उठाया। हिंसा-अहिंसा के मसले पर गाँधी और कांग्रेस का मत अलग-अलग है, यह उन्होंने अपने पत्र में कहा। उन्होंने अंग्रेज सरकार को लताड़ लगाई कि उसे यह बताने का हक नहीं है कि भारत की जनता

अपनी आजादी की लड़ाई का क्या तरीका अपनाती है। उन्होंने कहा कि भारत छोड़ो आन्दोलन के मूल में हत्या नहीं करने और चोट नहीं पहुंचाने का संकल्प है।

उन्होंने लिखा, "अगर हिंदुस्तान में हत्याएं हुईं – और बेशक हुईं – तो उनमें से 99 फीसदी ब्रिटिश फासिस्ट गुडों द्वारा और केवल एक फीसदी क्रोधित और क्षुब्ध जनता के द्वारा। हर अहिंसात्मक तरीके से अंग्रेजी राज के लिए जिच पैदा करना, उसे पंगु बना कर उखाड़ फेंकना ही उस प्रोग्राम का मूल मंत्र है और 'अहिंसा के दायरे में सब कुछ कर सकते हो' यही है हमारा ध्रुवतारा। इसमें शक की कोई गुंजाइश नहीं कि जिस प्रोग्राम पर 1942 के अगस्त से अब तक कांग्रेस संस्थाओं ने अमल किया है उसका बौद्धिक आधार अहिंसा है – उस अर्थ में अहिंसा, जैसा उसके अधिकारी पुरुषों ने इस अर्से में बताया है।" ('नया संघर्ष', अगस्त क्रान्ति विशेषांक, अगस्त-सितंबर 1991, पृष्ठ. 31)

भारत छोड़ो आन्दोलन में अहिंसा-हिंसा के सवाल पर जनता से लेकर नेताओं तक जो विमर्श उस दौरान हुआ, उसका विश्लेषण होना चाहिए। हिंसा के पर्याय और उसकी पराकाष्ठा पर समाप्त होने वाले दूसरे विश्वयुद्ध के बीच एक अहिंसक आन्दोलन का संभव होना निश्चित ही गम्भीर विश्लेषण की माँग करता है। यह विश्लेषण इसलिए जरूरी है कि भारत का अधिकांश बौद्धिक 1857 और 1942 की हिंसा का केवल भारतीय पक्ष देखता है और उसकी निंदा करने में कभी नहीं चूकता। केवल हिंसा के बल पर तीन-चौथाई दुनिया को गुलाम बनाने वाले उपनिवेशवादियों को सभ्य और प्रगतिशील मानता है।

भारत छोड़ो आन्दोलन दूसरे विश्वयुद्ध के दौरान हुआ। लिहाजा, उसका एक अंतरराष्ट्रीय आयाम भी था। आन्दोलन के अंतरराष्ट्रीय पहलू का इतना दबदबा था कि विश्वयुद्ध में अंग्रेजों का साथ देने के औचित्य और भारत की आजादी को विश्वयुद्ध में हुए अंग्रेजों के नुकसान का नतीजा बताने के तर्क भारत में आज तक चलते हैं। अंतरराष्ट्रीयतावादियों के लिए आजदी के लिए स्थानीय भारतीय जनता का संघर्ष ज्यादा मायने नहीं रखता। आज जो भारतीय जनता की खस्ता हालत है, उसमें आजादी के इस तरह के मूल्यांकनों का बड़ा हाथ है। आधुनिकतावादी और प्रगतिवादी दोनों ने उसे नीचा दिखाया है। हालांकि इसकी जड़ें और गहरी जाती हैं जिनके विश्लेषण का यहाँ स्थान नहीं है। नेताजी सुभाष चंद्र बोस का आजाद हिन्द फौज बना कर अंग्रेजों को बाहर करने के लिए किया गया संघर्षभ्भी भारत छोड़ो आन्दोलन के पेटे में आता है। अंग्रेजों और स्थानीय विभाजक शक्तियों द्वारा देश के विभाजन की बिसात बिछाई जाने का काम भी इसी दौरान पूरा हुआ। जेपी ने इन सब पहलुओं पर अपने पत्रों में रोशनी डाली है।

भारत छोड़ो आन्दोलन देश की आजादी के लिए चले समग्र आन्दोलन, जैसा भी भला-बुरा वह रहा हो, का निर्णायक निचोड़ था। विभिन्न स्रोतों से आजादी की

जो इच्छा और उसे हासिल करने की जो ताकत भारत में बनी थी, उसका अंतिम प्रदर्शन भारत छोड़ो आन्दोलन में हुआ। भारत छोड़ो आन्दोलन ने यह निर्णय किया कि आजादी की इच्छा में भले ही नेताओं का भी साझा रहा हो, उसे हासिल करने की ताकत निर्णायक रूप से जनता की थी। हालांकि अंग्रेजी शासन को नियामत मानने वाले और अपना स्वार्थ साधने वाले तत्व भारत छोड़ो आन्दोलन के दौरान भी पूरी तरह सक्रिय थे। वे कौन थे, इसकी जानकारी जेपी के पत्रों से मिलती है।

यह ध्यान देने की बात है कि गांधीजी ने आन्दोलन को समावेशी बनाने के लिए अखिल भारतीय कांग्रेस कमेटी की बैठक में दिए अपने भाषण में समाज के सभी तबकों को संबोधित किया था– जनता, पत्रकार, नरेश, सरकारी अमला, सैनिक, विद्यार्थी। उन्होंने अंग्रेजों, यूरोपीय देशों और मित्र राष्ट्रों के नेतृत्व को भी अपने उस भाषण में संबोधित किया था। सभी तबकों और समूहों से देश की आजादी के लिए 'करो या मरो' के व्यापक आह्वान का आधार उनका पिछले 25 सालों के संघर्ष का अनुभव था।

किसी समाज एवं सभ्यता की बड़ी घटना का प्रभाव साहित्य रचना पर पड़ता है। 1857 का पहला स्वतंत्रता संग्राम भारत की एक बड़ी घटना थी। अंग्रेजों का डर कह लीजिए या भक्ति, 1857 का संघर्ष लंबे समय तक साहित्यकारों की कल्पना से बाहर बना रहा। जबकि भारत छोड़ो आन्दोलन ने रचनात्मक कल्पना (क्रियेटिव इमेजिनेशन) को तत्काल और बड़े पैमाने पर आकर्षित किया। विभाजन साहित्य (पार्टीशन लिटरेचर) के बाद भारतीय साहित्य में सबसे महत्त्वपूर्ण घटना के रूप में भारत छोड़ो आन्दोलन का चित्रण रहा है। इसका कारण लगता है कि गाँधी के राजनैतिक कर्म और विचारों ने पूँजीवाद के आकर्षण को भारतीय भद्रलोक के मानस से कुछ हद तक काटा था और जनता के संघर्ष की बदौलत आजादी लगभग आ चुकी थी।

मार्क्सवादी लेखकों ने भी भारत छोड़ो आन्दोलन को विषय बना कर उपन्यास लिखे। हिन्दी में यशपाल, जो अपने साहित्य को मार्क्सवादी विचारधारा के प्रचार का माध्यम मानते थे, ने आन्दोलन के दौरान ही दो उपन्यास– 'देशद्रोही' और 'गीता पार्टी कामरेड'– लिखे। यह ध्यान देने की बात है कि भारत छोड़ो आन्दोलन अपने ढंग के विशिष्ट राजनीतिक उपन्यासकार यशपाल का देर तक पीछा करता है। यशपाल सशस्त्र क्रान्तिकारी आन्दोलन में सक्रिय रहे थे। उन्होंने अपने अंतिम महाकाय उपन्यास 'मेरी तेरी उसकी बात' (1979) में एक बार फिर भारत छोड़ो आन्दोलन का विस्तार से चित्रण किया।

सोवियत रूस के दूसरे विश्वयुद्ध में शामिल होने पर भारत के मार्क्सवादी नेतृत्व ने भारत छोड़ो आन्दोलन का विरोध और अंग्रेजों का साथ देने का फैसला किया। वह कांग्रेस समाजवादियों और मार्क्सवादियों के बीच कटु टकराहट का कारण तो

बना ही, उस निर्णय के चलते मार्क्सवादी कार्यकर्ता देशभक्ति और देशद्रोह की परिभाषा व कसौटी को लेकर भ्रमित हुए। यशपाल ने अपने तीनों उपन्यासों में मार्क्सवादी कथानायकों को देशभक्त सिद्ध किया है। सतीनाथ भादुड़ी का 'जागरी', बीरेंद्र कुमार भट्टाचार्य का 'मृत्युंजय', समरेश बसु का 'जुग जुग जियो' (चार खंड) जैसे अत्यंत महत्त्वपूर्ण उपन्यासों के अलावा भारतीय भाषाओं में, भारतीय अंग्रेजी उपन्यास सहित, कई उपन्यास भारत छोड़ो आन्दोलन की घटना पर लिखे गये या उनमें उस घटना का जिक्र आया है। फणीश्वरनाथ रेणु के उपन्यास 'मैला आंचल' का समय करीब आजादी के एक साल पहले और एक साल बाद का है। उनके इस कालजयी उपन्यास पर भारत छोड़ो आन्दोलन की गहरी छाया व्याप्त है। यह परिघटना दर्शाती है कि भारत छोड़ो आन्दोलन राजनीतिक रूप से महत्त्वपूर्ण होने के साथ हमारी जातीय स्मृति का हिस्सा है।

भारत छोड़ो आन्दोलन का जो भी घटनाक्रम, प्रभाव और विवाद रहे हों, मूल बात थी भारत की जनता की लंबे समय से पल रही आजादी की इच्छा – will to freedom – का विस्फोट। भारत छोड़ो आन्दोलन के दबाव में भारत के आधुनिकतावादी मध्यवर्ग से लेकर सामंती नरेशों तक को यह लग गया था कि अंग्रेजों को अब भारत छोड़ना होगा। अतः अपने वर्ग-स्वार्थ को बचाने और मजबूत करने की फिक्र उन्हें लगी। प्रशासन का लौह-शिकंजा और उसे चलाने वाली भाषा तो अंग्रेजों की बनी ही रही, विकास का मॉडल भी वही रहा। भारत का 'लोकतांत्रिक, समाजवादी व धर्मनिरपेक्ष' संविधान भी पूँजीवाद और सामंतवाद के गठजोड़ की छाया से पूरी तरह नहीं बच पाया।

अंग्रेजों के वैभव और रौब-दाब की विरासत, जिससे भारत की जनता के दिलों में भय बैठाया जाता था, भारत के शासक वर्ग ने अपनाए रखी। वह उसे उत्तरोत्तर मजबूत भी करता चला गया। गरीबी, मंहगाई, बीमारी, बेरोजगारी, शोषण, कुपोषण, विस्थापन और आत्महत्याओं का मलबा बने हिंदुस्तान में शासक वर्ग का वैभव अश्लील ही कहा जा सकता है। सेवाग्राम और साबरमती आश्रम के छोटे और कच्चे कक्षों में बैठ कर गाँधी को दुनिया की सबसे बड़ी साम्राज्यशाही से राजनीतिक-कूटनीतिक संवाद करने में असुविधा नहीं हुई। अपना चिन्तन/लेखन/आन्दोलन करने में भी नहीं। गाँधी का आदर्श यदि सही नहीं था तो शासक-वर्ग सादगी का कोई और आदर्श सामने रख सकता था। बशर्ते वैसी इच्छा होती।

वायसराय के आदमी

लोहिया ने आजाद भारत के शासक-वर्ग और शासनतंत्र की सतत और विस्तृत आलोचना की है। उन्होंने उसे अंग्रेजी राज का विस्तार बताया है। लोहिया को लगता रहा होगा कि उनकी आलोचना से शासक-वर्ग का चरित्र बदलेगा

(तद्नुरूप शासनतंत्र में परिवर्तन आएगा और भारत की अवरुद्ध क्रान्ति आगे बढ़ेगी। हालांकि संसद और उसके बाहर जनता के पक्ष में उनका संघर्ष शासक-वर्ग की प्रतिष्ठा को नहीं हिला पाया। आज जब हम अगस्त क्रान्ति की सत्तरवीं सालगिरह मनाने जा रहे हैं तो सोचें – किसलिए? क्या हम जनता जनता का पक्ष मजबूत करना चाहते हैं? या स्वतंत्रता आन्दोलन के प्रेरणा प्रतीकों, प्रसंगों और विभूतियों का उत्सव मना कर उनके सारतत्व को खत्म कर देना चाहते हैं?

नवउदारवाद के विरोध की किसी भी प्रेरणा को नष्ट करने की प्रवृत्ति भारत में जोर-शोर से चल रही है। 1857 के डेढ़ सौवें साल पर कांग्रेस ने दिल्ली से मेरठ और मेरठ से दिल्ली की यात्रा का आयोजन किया था। धूमधाम से किए गये उस आयोजन में कई नवउदारवाद विरोधी बुद्धिजीवियों और एक्टिविस्टों ने शिरकत की। देश की संवैधानिक संप्रभुता समेत उसके समस्त संसाधनों और श्रमशक्ति को नवसाम्राज्यवादी ताकतों का निवाला बना देने वाले प्रधानमन्त्री मनमोहन सिंह ने मेरठ से लौटे क्रान्ति यात्रियों का लालकिले पर स्वागत किया था। यह कटूक्ति है, लेकिन इससे कम कुछ नहीं कहा जा सकता कि 1857 के शहीदों का इससे बड़ा अपमान नहीं हो सकता था।

डेढ़ सौवीं वर्षगांठ के अवसर पर दो वर्षों तक सरकार ने पैसा भी खूब बांटा। पैसा देखते ही बुद्धिजीवियों में भी जोश आ जाता है। जिन्होंने 1857 पर कभी एक पंक्ति न पढ़ी थी, लिखी थी, ऐसे बहुत-से विद्वान सभा-सेमिनारों में सक्रिय हो गये। मार्क्सवादियों ने इस बार कुछ ज्यादा जोर-शोर से 1857 का जश्न मनाया। लेकिन साथ ही उनके नेतृत्व ने यह भी कह दिया कि पूँजीवाद के अलावा विकास का कोई रास्ता नहीं है। यानी मान्यता वही पुरानी रही – अपनी आजादी के लिए लड़ने वाले पिछड़ी/सामंती शक्तियां थे और उन्हें गुलाम बनाने वाले अंग्रेज आगे बढ़ी हुई। ऐसे में पिछड़ी और सामंती शाक्तियों का हारना तय था। आज तक भारत का मार्क्सवादी और आधुनिकतावादी दिमाग, उत्सव चाहे जितना मना ले, आजादी की इच्छा में अपने प्राणों पर खेल जाने वालों की हिमाकत को माफ नहीं करता है। उनके हिसाब से यह देश अंधकूप था और अंग्रेज न आते तो अंधकूप ही रह जाता। यह केवल नब्बे के दशक का फैसला नहीं है कि भारत की राजनीति के सारे रास्ते कारपोरेट पूँजीवाद की ओर जाते हैं।

लोहिया ने भारत छोड़ो आन्दोलन की पच्चीसवीं वर्षगांठ पर लिखा, "नौ अगस्त का दिन जनता की महान घटना है और हमेशा बनी रहेगी। पंद्रह अगस्त राज्य की महान घटना थी। लेकिन अभी तक हम 15 अगस्त को धूमधाम से मनाते हैं क्योंकि उस दिन ब्रिटिश वायसराय माउंटबैटन ने भारत के प्रधानमन्त्री के साथ हाथ मिलाया था और क्षतिग्रस्त आजादी देश को दी थी। नौ अगस्त जनता की इस इच्छा की अभिव्यक्ति थी – हमें आजादी चाहिए और हम

आजादी लेंगे। हमारे लंबे इतिहास में पहली बार करोड़ों लोगों ने आजादी की अपनी इच्छा जाहिर की। कुछ जगहों पर इसे जोरदार ढंग से प्रकट किया गया।'' पच्चीस साल की दूरी से देखने पर लोहिया को उस आन्दोलन की कमजोरी - सतत दृढ़ता की कमी - पर अंगुली रखी। वे लिखते हैं, ''लेकिन यह इच्छा थोड़े समय तक ही रही लेकिन मजबूत रही। उसमें दीर्घकालिक तीव्रता नहीं थी। जिस दिन हमारा देश दृढ़ इच्छा प्राप्त कर लेगा उस दिन हम विश्व का सामना कर सकेंगे। बहरहाल, यह 9 अगस्त 1942 की पच्चीसवीं वर्षगांठ है। इसे अच्छे तरीके से मनाया जाना चाहिए। इसकी पचासवीं वर्षगांठ इस प्रकार मनाई जाएगी कि 15 अगस्त भूल जाए, बल्कि 26 जनवरी भी पृष्ठभूमि में चला जाए या उसकी समानता में आए। 26 जनवरी और 9 अगस्त एक ही श्रेणी की घटनाएं हैं। एक ने आजादी की इच्छा की अभिव्यक्ति की और दूसरी ने आजादी के लिए लड़ने का संकल्प दिखाया।'' (देखें, 'राममनोहर लोहिया रचनावली' खंड 9, संपा. मस्तराम कपूर, पृष्ठ. 413)

अगस्त क्रान्ति की पचासवीं वर्षगांठ देखने के लिए लोहिया जिन्दा नहीं रहे। लोग मरने के बाद उनकी बात सुनेंगे, उनकी यह धारणा अभी तक मुगालता ही साबित हुई है। अगस्त क्रान्ति की पचासवीं वर्षगांठ 1992 में पड़ी। कहां लोहिया की इच्छा और कहां 1992 का साल! यह वह साल है जब नई आर्थिक नीतियों के तहत देश के दरवाजे बहुराष्ट्रीय कम्पनियों की लूट के लिए खोल दिए गये और एक पाँच सौ साल पुरानी मस्जिद को 'राममंदिर आन्दोलन' चला कर ध्वस्त कर दिया गया। तब से लेकर नवउदारवाद और संप्रदायवाद की गिरोहबंदी के बूते भारत का शासक-वर्ग उस जनता का जानी दुश्मन बन गया है जिसने भारत छोड़ो आन्दोलन में साम्राज्यवादी शासकों के दमन का सामना करते हुए आजादी का रास्ता प्रशस्त किया था। जो हालात हैं, उन्हें देख कर कह सकते हैं कि नब्बे के दशक के बाद उपनिवेशवादी दौर के मुकाबले ज्यादा भयानक तरीके से जनता के दमन को अंजाम दिया जा रहा है।

अगस्त क्रान्ति दिवस के मौके पर हम यह विचार कर सकते हैं कि भारत छोड़ो आन्दोलन की तर्ज पर 'बहुराष्ट्रीय कंपनियां भारत छोड़ो' के नारे क्यों कारगर नहीं होते और क्यों कारपोरेट पूँजीवाद का कब्जा उत्तरोत्तर मजबूत होता जाता है? क्यों सारे देश को नगर और सारी आबादी को उपभोक्ता (कंज्यूमर) बनाने का दुःस्वप्न धड़ल्ले से बेचा जा रहा है? कारण स्पष्ट है, भारत का शासक वर्ग पूरी तरह से कारपोरेट पूँजीवाद का पक्षधर है। देश के नेता, उद्योगपति, बुद्धिजीवी, लेखक, कलाकार, फिल्मी सितारे, पत्रकार, खिलाड़ी, जनांदोलनकारी, नौकरशाह, तरह-तरह के सिविल सोसायटी एक्टिविस्ट कारपोरेट पूँजीवाद के समर्थन और मजबूती की मुहिम में जुटे हैं। इनमें जो शामिल नहीं हैं उनके बारे में माना

जाता है उनकी प्रतिभा में जरूर कोई खोट या कमी है। नवउदारवाद और उसके पक्षधरों की स्थिति इतनी मजबूत है कि अब उनकी आलोचना भी उनके गुणों का बखान हो जाती है और उनका पक्ष और मजबूत करती है।

जैसा कि हमने पहले भी कई बार बताया है, नवउदारवादियों के साथ प्रच्छन्न नवउदारवादियों की एक बड़ी और मजबूत टीम तैयार हो चुकी है। वह शासक वर्ग के साथ नाभिनालबद्ध है और नवउदारवाद विरोध की राजनैतिक संभावनाओं को नष्ट करने में तत्पर रहती है। दरअसल, सीधे नवउदारवादियों के मुकाबले प्रच्छन्न नवउदारवादी जनता और समाजवाद के बड़े दुश्मन बने हुए हैं। नवउदारवाद के मुकाबले में उभरे सच्चे जनांदोलनों और समाजवादी राजनीति के प्रयासों को प्रच्छन्न नवउदारवादियों ने बार-बार भ्रष्ट किया है। इन्होंने एक बड़ा हल्ला, अंतर्राष्ट्रीय स्तर का, वर्ल्ड सोशल फोरम (डब्ल्यूएसएफ) के तत्वावधान में बोला था और उससे बड़ा हमला, राष्ट्रीय स्तर पर, इंडिया अगेंस्ट करप्शन (आईएसी) के तत्वावधान में बोला हुआ है। प्रच्छन्न नवउदारवादियों के लिए सब कुछ अच्छा हो सकता है, बुरी है तो केवल राजनीति। हालांकि उनकी अपनी राजनीतिक ऐषणाएं शायद ही कभी एक पल के लिए सोती हों।

डब्ल्यूएसएफ के समय कम से कम सांप्रदायिकता से बचाव था। गैर-राजनीतिक रूप में ही सही, 'दूसरी दुनिया संभव है' का नारा था। आईएसी के आन्दोलन में संप्रदायवादी और धर्मनिरपेक्षतावादी आपस में मिल गये हैं और वे एक 'जन लोकपाल' के बदले नवउदारवादी व्यवस्था और नेतृत्व को अभयदान देते हैं। आईएसी के भ्रष्टाचार विरोधी आन्दोलन का शुरुआती नारा था - 'मनमोहन सिंह वोट चाहिए तो जन लोकपाल विधेयक लाओ'। अब बाबा रामदेव कहते घूम रहे हैं, 'राहुल गाँधी काला धन वापस लाओ, प्रधानमन्त्री बन जाओ'। सुना है नवउदारवाद के उत्पाद इन बाबा ने विदेशों में जमा काला धन वापस लाने का आन्दोलन फिर से छेड़ने के लिए अगस्त क्रान्ति दिवस को चुना है!

मुख्यधारा मीडिया पूरी तरह नवउदारवादियों और प्रच्छन्न नवउदारवादियों के साथ है, जिसमें नेता और मुद्दे कम्पनियों के उत्पाद की तरह प्रचारित किए जाते हैं। नतीजा यह है कि भारतीय मानस संपूर्णता में शासक-अभिमुख यानी नवउदारवादी रुझान का बनता जा रहा है। नवउदारवादी नीतियों से प्रताड़ित जनता भी इस मुहिम की गिरफ्त में है। यह प्रक्रिया जब मुकममल हो जाएगी, कोई भी बदलाव संभव नहीं होगा। केवल फालतू लोगों का सफाया होगा। हम प्रच्छन्न नवउदारवादियों के इस तर्क के कायल नहीं हैं कि वे सरकार पर दबाव डाल कर गरीबों के लिए जनकल्याणकारी योजनाएं बनवाते हैं। उनकी यह मदद गरीबों को नहीं, कोरपोरेट घरानों को सुरक्षित करती है।

हम हाल का एक वाकया बताना चाहते हैं। 8 जुलाई को पूना में समाजवादी

नेता और लेखक/पत्रकार पन्नालाल सुराणा के सम्मान में एक कार्यक्रम आयोजित किया गया। अवसर उनके अस्सीवें साल में प्रवेश करने का था। कार्यक्रम के आयोजन में राष्ट्र सेवा दल की प्रमुख भूमिका थी जिसके वे अध्यक्ष रह चुके हैं। महाराष्ट्र के हर जिले से आए करीब पाँच सौ लोगों ने साने गुरुजी स्मारक पहुंच कर पन्नालाल जी को बधाई दी। चंदा करके उगाहे गये ग्यारह लाख रुपयों का चेक भी भेंट किया गया। सत्ता की राजनीति से बाहर किए गये राजनीतिक संघर्ष के लिए उत्तर भारत में ऐसा कार्यक्रम होना असंभव है। हमने अपनी आंखों से देखा कि एक व्यक्ति नंगे पैर आया और स्वागत कक्ष में अपना चंदा देकर रसीद ली।

कार्यक्रम हालांकि पन्नालाल जी के अभिनंदन का था, लेकिन चर्चा ज्यादातर राजनीतिक हो गयी। स्वागत समिति के अधयक्ष भाई वैद्य ने पन्नालाल जी के व्यक्तित्व और लेखकीय कृतित्व के साथ समाजवादी आन्दोलन में उनके राजनीतिक संघर्ष पर भी प्रकाश डाला। मुख्य अतिथि जस्टिस राजेंद्र सच्चर ने अपने वक्तव्य में अवसरोपयुक्त टिप्पणी करने के साथ कार्यक्रम की अध्यक्ष अरुणा राय को संबोधित करते हुए कहा कि वे एक बार फिर उन्हें सक्रिय राजनीति में आने की अपील करके उलझन में डालना चाहते हैं। वे शायद पहले भी कतिपय अवसरों पर उनसे वैसी अपील कर चुके होंगे। उन्होंने दूसरे मुख्य अतिथि ऊर्जा मंत्री सुशील कुमार शिंदे को भी नवउदारवादी नीतियों के दुष्परिणामों की चर्चा करके उलझन में डाला। शिंदे साहब का भाषण लम्बा था। वे नवउदारवादी नीतियों की जरूरत और उनसे होने वाले फायदों पर बोले। पन्नालाल जी को हालांकि आयोजकों और वहाँ आने वाले शुभेच्छुओं का धन्यवाद ही करना था, लेकिन समाजवादी प्रतिबद्धता और राजनीतिक संघर्ष के तहत उन्होंने अपने भाषण में शिंदे साहब की धारणाओं का जोरदार ढंग से खंडन किया।

हमें अच्छा लगा कि एक नागरिक अभिनंदन के कार्यक्रम में अच्छी-खासी राजनीतिक बहस सुनने को मिली। लेकिन आश्चर्य भी हुआ कि राष्ट्रीय सलाहकार समिति की सदस्य अरुणा राय ने अपने अध्यक्षीय वक्तव्य में सक्रिय राजनीति की बात करने वालों पर बिना झिझक तानाकशी की। उनका निशाना कारपोरेट पूँजीवाद के खिलाफ समाजवाद की राजनीति करने वालों पर था। गोया सक्रिय राजनीति करने का अधिकार उस पार्टी और सरकार के लिए सुरक्षित है, जिसकी वे सलाहकार हैं! उन्होंने कहा कि वे राजनीति को ज्यादा अच्छी तरह समझती हैं और जो कर रही हैं वही सच्ची राजनीति है। उनके मुताबिक, यह उसी राजनीतिक चेतना का असर है कि लोग अब सवाल पूछ रहे हैं। उन्होंने राजनीतिक चेतना फैलाने में नर्मदा बचाओ आन्दोलन का हवाला भी दिया। मनरेगा को वे राजनीतिक चेतना की देशव्यापी पाठशाला मानती ही होंगी। काफी ऊंचे ओटले से बोलते हुए उन्होंने घोषणा की कि असली आजादी तो अब आई है, जब उन जैसे सिविल

सोसायटी एक्टिविस्टों ने लोगों का जागरूक करना शुरू किया है। अरुणा राय अपने वक्तव्य को लेकर इस कदर आत्मव्यामोहित थीं कि अपनी मान्यता और भूमिका पर रंच मात्र भी आलोचनात्मक निगाह डालने को तैयार नहीं दिखीं।

दरअसल, एनजीओ वालों का राजनीतिक संघर्ष से कोई वास्ता नहीं रहा होता। वे उसके बारे में वाकफियत भी नहीं रखना चाहते। वे गरीबों को साल में सौ दिन सौ रुपया का काम देने को बहुत बड़ी क्रान्ति मान कर अपनी पीठ ठोंकते हैं और इस सच्चाई से आखें फेरे रहते हैं कि देश में कारपोरेट क्रान्ति हो चुकी है। अगस्त क्रान्ति के दिन यह समझना जरूरी है इन लोगों का स्वार्थ शासक-वर्ग के साथ नाभिनालबद्ध है। वरना सीधी बात है, यदि आप किसी सरकार या पार्टी की विचारधारा से सहमत नहीं हैं तो उसके सलाहकार नहीं बन सकते। काम करने के लिए उस सरकार के प्रोजेक्ट नहीं ले सकते। सोनिया गाँधी की सलाहकार समिति, जिसका सदस्य बनने के लिए मारामारी होती है, द्वारा जो भी काम संपादित होता है, सरकार के लिए होता है और कांग्रेस नीत यूपीए सरकार कारपोरेट पूँजीवाद की पैरोकार सरकार है।

मजेदारी यह है कि जनता को धोखा देने का यह खेल खुलेआम और बिना किसी ग्लानि के चलता है। अपने वायसराय को लिखे खत में लोहिया ने जिन्हें 'आपके आदमी' बताया है, सरकारों के सलाहकार बने प्रच्छन्न नवउदारवादी उसी श्रेणी में आते हैं। सोनिया के इन सलाहकारों से पूछा जा सकता है कि आप भारत की करोड़ों माताओं की दुर्दशा में शामिल हैं, उन माताओं के करोड़ों बच्चों के कुपोषण, बीमारी, असमय मष्ट्त्यु, अशिक्षा की जिम्मेदारी आप पर आयद होती है, बहुराष्ट्रीय कम्पनियों द्वारा देश के संसाधनों की लूट, लोगों के विस्थापन और लाखों किसानों की आत्महत्या किसी दैवीय प्रकोप की नहीं, आपकी देन हैं, क्योंकि आप सरकार के सलाहकार हैं और उस सरकार की राजनीति से अलग राजनीति के धुर विरोधी!

सीधे राजनीति ही रास्ता

नवउदारवादी गुलामी के खतरे को सबसे पहले देख पाने वाले राजनेता और चिंतक किशन पटनायक ने यह माना था कि नवउदारवाद के विरोध और विकल्प के लिए जनांदोलनों का राजनीतिकरण और एकीकरण होना चाहिए। वह निश्चित ही एक प्रासंगिक और स्फूर्तिदायक विचार था। किशन पटनायक की साख भी थी और समस्या की सम्यक समझ भी। इस उद्देश्य की प्राप्ति के लिए उन्होंने कई वरिष्ठ और युवा समाजवादी साथियों के साथ मिलकर पहल की। 1995 में एक नई राजनीतिक पार्टी समाजवादी जन परिषद (सजप) का गठन हुआ जिसके तहत वैकल्पिक राजनीति और वैकल्पिक विकास का विचार लोगों के सामने

रखा गया। हालांकि किशन पटनायक की आशा फलीभूत नहीं हो पाई। भारत सहित दुनिया के सभी देशों में एनजीओ का तंत्र नवउदारवाद विरोधी किसी भी राजनीतिक पहल को निष्क्रिय करने के लिए स्वाभाविक तौर पर सक्रिय रहता है। उसी तंत्र में फंस कर एक दिन किशन पटनायक की मौत हो गयी।

नवउदारवाद के खिलाफ सजप के अलावा और भी कई राजनैतिक प्रयास हुए हैं। उदारीकरण के पहले 10 सालों में मुख्यधारा राजनीति की तरफ से भी उसके विरोध में कुछ न कुछ स्वर उठते रहे। देश पर देश के शासक-वर्ग द्वारा नवउदारवादी हमले के बाद उसका मुकाबला करने की प्रेरणा से चुनाव आयोग में बड़ी संख्या में राजनीतिक पार्टियों का पंजीकरण हुआ है। लेकिन कोई प्रयास कामयाब नहीं हो पा रहा है। बल्कि ऐसे प्रयासों को लोकतंत्र को कमजोर करना प्रचारित किया जाता है। इस गतिरोध के कई कारण हैं, लेकिन शासक-अभिमुख प्रछन्न नवउदारवादियों, जो कभी जनान्दोलनकारियों के और कभी सिविल सोसायटी एक्टिविस्टों की सूरत में होते हैं, की नकारात्मक भूमिका उनमें प्रमुख है।

अगस्त क्रान्ति की सत्तरवीं सालगिरह पर हम यह समझ लें, कि एनजीओ आधारित जनांदोलनकारी राजनैतिक प्रयासों पर पानी फेरने का काम करते हैं, तो आगे का रास्ता बनेगा। कहने को ये गैर-सरकारी संस्थाएं हैं, लेकिन उनसे ज्यादा सरकारी सरकारों के अपने विभाग भी नहीं होते। इन्होंने जेनुइन प्रतिरोधी आंदोलनों - चाहे वे किसानों के हों, आदिवासियों के हों, मजदूरों के हों, छोटे व्यापारियों के हों, निचले दरजे के सरकारी कर्मचारियों के हों या छात्रों के - आगे नहीं बढ़ने दिया। वैशिवक कारपोरेट पूँजीवाद की हमसफर फोर्ड फाउंडेशन, राकफेलर फाउंडेशन जैसी दानदाता संस्थाओं और उसी तरह की बहुत-सी ईनामदाता संस्थाओं के धन ने समाजवादी राजनीति के रास्ते को अवरुद्ध किया हुआ है। जैसे बड़े नेता और पार्टियां अपने यहाँ स्वतंत्र राजनीतिक सोच के कार्यकर्ताओं को नहीं पनपने देते, वैसे ही प्रच्छन्न नवउदारवादी समाज में राजनीतिक पहल और प्रक्रिया को नहीं संभव होने देते। इनका मानना है कि हर कार्यकर्ता की कीमत होती है, उसे चुकाने वाला एनजीओ अथवा ईनामदाता संस्था होनी चाहिए। कहना न होगा कि कीमत और मुनाफे से जुड़ी यह सोच पूँजीवाद की पैदाइश है। इन्हें सुरक्षा का दोहरा कवच प्राप्त है - भारत के शासक वर्ग का और वैशिवक आर्थिक संस्थाओं का। इन्हें कारेपोरेट पूँजीवाद के 'सिविल सुरक्षा बल' कहा जा सकता है। एक और बात गौर की जा सकती है, अंग्रेजी नहीं जानने वाले लोग इनकी दुनिया के सदस्य नहीं बन सकते, उन्हें साम्राज्यवादी चाल के इन प्यादों का प्यादा बन कर रहना होता है। जनता की स्वतंत्र राजनीति भला ये कैसे बरदाश्त कर सकते हैं?

अगस्त क्रान्ति दिवस की सही प्रेरणा यही हो सकती है कि नवसाम्राज्यवादी

गुलामी और उसे लादने वाले शासक-वर्ग के खिलाफ संघर्ष की राजनीति संगठित और विकसित हो। बाकी सारे सामाजिक-संस्कृतिक प्रयास उस राजनीति को पुष्ट और बहुआयामी बनाने में लगें। हालांकि पूँजीवाद की चौतरफा गिरफ्त और जीने की मजबूरियों ने देश की जनता को राजनीतिक रूप से लगभग अचेत कर दिया है। किसी नई राजनीतिक पहल को उसका समर्थन नहीं मिल पाता। मध्यवर्ग राजनीति-द्वेषी बन गया है और दिन-रात उसका प्रचार करता है। परोक्ष रूप से वह मौजूदा राजनीति को ही मजबूत करता है जो धनबल, बाहुबल, संप्रदायवाद, जातिवाद, व्यक्तिवाद, परिवारवाद, वंशवाद, क्षेत्रवाद आदि के बल पर चलती है। ऐसे कठिन परिदृष्टश्य में जो राजनीतिक संगठन जनता के पक्ष को मजबूत बनाने के लिए खुला और सतत राजनीतिक संघर्ष करेगा, एक दिन उसे सफलता मिलेगी।

हालांकि प्रच्छन्न नवउदारवादियों को दूर रखना बहुत मुश्किल है, लेकिन दूर रखे बगैर नवउदारवाद विरोध की राजनीति खड़ी नहीं हो सकती। 20-22 साल के अनुभव के बाद यह स्वीकार करना चाहिए कि अगर भारत में समाजवादी राजनीतिक ताकत खड़ी हो पाएगी तो प्रछन्न नवउदारवादियों से बच कर ही हो पाएगी।

25 जुलाई 2012

और अन्त में राजनीति

पूँजीवाद के पहलवान

पूँजीवाद विचारधारा और व्यवस्था दोनों स्तरों पर अपना पक्ष मजबूत करने का निरंतर और मुकम्मल उद्यम करता है। यूं तो हर व्यवस्था यह करती है, लेकिन पूँजीवाद इस मामले में बहुत चाक-चौबंद साबित हुआ है। अपने सामने उसने किसी भी विकल्प को खड़ा नहीं होने दिया। कम्युनिस्ट और सोशलिस्ट नाम से जो व्यवस्थाएं यूरोप में या एशिया, लैटिन अमेरिका आदि में बनी, पूँजीवाद उनमें घुस कर बैठा हुआ था। मिश्रित अर्थव्यवस्थाओं, राजशाहियों और तानाशाहियों में भी उसकी मौजूदगी बराबर बनी रही है। आज, जबकि उसके एक और संकट का समय चल रहा है, उसने अपने को विकल्पहीन घोषित किया हुआ है। अपनी सीमाओं और संभावनाओं के साथ पूँजीवाद हर देश की सरकार के भीतर मौजूद है। लेकिन उसकी दुर्निवार उपस्थिति सरकारों और व्यवस्थाओं तक सीमित नहीं है। प्रकृति उसके कब्जे में है। कौन जीवधारी और कौन वनस्पति बचेंगे और कब तक बचेंगे, इसका फैसला पूँजीवाद के हाथ में है। उसने धर्मों, संस्कृतियों, भाषाओं, शिक्षा और सबसे बढ़ कर विज्ञान में अपनी गहरी घुसपैठ बनाई है। पूँजीवाद की गिरफ्त से छूटे मनुष्य दुनिया में बहुत थोड़े मिलेंगे। अलबत्ता उसके हाथों मरने वाले कई करोड़ हैं। जिस पूँजीवाद को सामंतवाद से मुक्ति का दर्शन कहा गया था, आधुनिक दुनिया उसकी बंधक बन गयी है।

पूँजीवाद का अपनी प्रतिष्ठा के उद्यम में वैज्ञानिकों और बुद्धिजीवियों पर सबसे ज्यादा भरोसा और दारोमदार रहा है। पहले वैज्ञानिक और बुद्धिजीवी थोड़े हुआ करते थे। आज वे असंख्य हैं और प्रयोगशालाओं और अध्ययन संस्थानों में पूंजीवादी व्यवस्था के पक्ष में वैज्ञानिक और बौद्धिक काम काम कर रहे हैं। अक्सर वैज्ञानिकों और बौद्धिकों को पता भी नहीं होता कि वे किसके लिए काम कर रहे हैं। उनमें व्यवस्था के लिए जो आला दरजे का काम करते हैं, उनके लिए बड़े-बड़े पुरस्कारों की व्यवस्था है। उनकी एक अलग पूरी दुनिया पूंजीवादी व्यवस्था ने बना दी है।

हाल में नासा ने मंगल ग्रह पर जब क्युरियोसिटी यान को सफलतापूर्वक उतारा तो प्रयोगशाला में बैठे वैज्ञानिक पागलों जैसी खुशी से झूम उठे। अकूत धन से चलने वाले प्रयोगों और खोजों में डूबे वैज्ञानिकों के दिमाग में शायद ही कभी यह आता हो कि दुनिया में भूख, भय और मौत ने जो असंख्य लोगों को अपनी गिरफ्त में लिया हुआ है, उसका गहरा संबंध उनकी वैज्ञानिक उपलब्धियों से है। मंगल ग्रह पर उतारे गये क्युरियोसिटी यान पर होने वाला खर्च 2.5 अरब डालर बताया गया है।

इसके साथ पूँजीवाद द्वारा एनजीओ का विशाल जाल बिछाया गया है जो पूंजीवादी साम्राज्यवाद का किसी भी परिवर्तनकारी प्रतिरोध से बचाव करते हैं। पूरी तीसरी दुनिया में लाखों की संख्या में फैले एनजीओ पूंजीवादी सरकारों और संस्थाओं से अरबों डालर का दान पाते हैं। उनमें से कुछ के कर्ताओं का बहुराष्ट्रीय कम्पनियों के सीईओ जैसा ठाठ-बाट होता है। वे बुद्धिजीवी की हैसियत रखते हैं और लोगों को बताते हैं कि पूंजीवादी व्यवस्था अंतिम और आत्यंतिक है। उसके विकल्प की बात करना निरर्थक है। दुनिया में, यानी तीसरी दुनिया में, अगर गरीबी है, बीमारी है, अशिक्षा है, भूख है, कुपोषण है, असुरक्षा है, अशांति है, तो व्यवस्था परिवर्तन की बात मत करिए। एनजीओ बनाइए, धन लीजिए और समस्या का समाधान कीजिए। पूँजीवाद के एजेंट नेताओं और सरकारों से 'स्वराज' मांगने तक के लिए विदेशी धन मिल सकता है। खास कर गरीब देशों में बताया जाता है कि समस्याओं के उच्च अध्ययन और शोध के लिए विदेशी धन का कोई विकल्प नहीं है। वह लेना ही चाहिए और उसमें कोई बुराई नहीं है। ऐसा बड़े-बड़े हैसियतमंद लोगों का मानना है।

एनजीओ वाले कितने ही बेरोजगार नौजवानों को कम से कम वेतन पर खटाते हैं। उनके स्वतंत्र व्यक्तित्व और चिन्तन को दबा कर उन्हें दब्बू बना देते हैं। राजनीतिक कार्यकर्ता पर निगाह पड़ी नहीं कि उनके मुंह में पानी आ जाता है। वे उसे, हैसियत के अनुसार कीमत देकर, अपने एनजीओ में शामिल कर लेते हैं। एनजीओ ने देश और दुनिया से राजनीतिक एक्टिविज्म को ही खत्म नहीं किया है, गाँधी के रचनात्मक काम की परंपरा को भी विनष्ट कर दिया है। मजेदारी यह है कि अगर कहीं पूँजीवाद का विकल्प चिन्तन और काम के स्तर पर बनने लगता है और लोगों का ध्यान उस पर जाने लगता है, तो ये लोग साल में दस जगह दस बार विकल्प की चर्चाएं चला कर लोगों का ध्यान उधर से हटा देते हैं। कांग्रेसनीत यूपीए या भाजपानीत एनडीए के राजनीतिक प्रतिरोध और वैकल्पिक राजनीति के निर्माण के प्रयास पिछले 20-25 सालों से हो रहे हैं। हालांकि आपस में विकल्प की विचारधारा और तरीके को लेकर विद्यमान मतभेद प्रयास की सफलता में प्रमुख बाधा है, लेकिन पूँजीवाद के पक्ष में एनजीओबाजों

का अड़ंगा भी उतनी ही बड़ी बाधा बना हुआ है। 'बांटो और राज करो' का उपनिवेशवादी मंत्र अभी तक काम कर रहा है।

पूँजीवाद की इस कदर मजबूती के कई प्रत्यक्ष कारणों के अलावा अप्रत्यक्ष कारण भी हैं। उनमें शायद सबसे महत्त्वपूर्ण कारण पूँजीवाद की यह विशेषता है कि वह अपने विरोध का भी खुद निर्माण और पोषण करता चलता है। वह बड़ी सफाई और गहराई से यह काम करता है। अपने जन्म से लेकर आज तक पूँजीवाद अपनी इस योग्यता के बल पर बचता और फलता-फूलता आया है। उसने यह सिद्ध किया है कि उसके गर्भ में विनाश के नहीं, उसके विकास के बीज छिपे होते हैं। पिछली करीब डेढ़ शताब्दी से पूँजीवाद के विनाश का मंत्र जानने का दावा करने वाला वैज्ञानिक मार्क्सवाद पूँजीवाद की मजबूती के काम आकर विश्रांत अवस्था में पड़ा है। वह अपने पैरों के बल खड़ा होने की स्थिति में नहीं है। संकट से जूझता हुआ पूँजीवाद अलबत्ता मार्क्सवाद को एक बार फिर अपने विरोध में खड़ा होने का मौका दे सकता है और ताजादम होकर आगे बढ़ सकता है।

गतिरोध या संकट का शिकार होने पर पूँजीवाद अपनी कोख में पले पहलवानों को अपने खिलाफ खड़ा कर देता है। रातों-रात उन्हें बड़ा भी बना देता है। भारत का मामला हो तो सीधे गाँधी और जेपी जैसा। 'दूसरी दुनिया संभव है', 'सत्ता नहीं व्यवस्था परिवर्तन करना है', 'भारत माता की जय' 'दूसरी आजादी', 'तीसरी आजादी', 'क्रान्ति', 'महाक्रान्ति' जैसे नारों के साथ पूँजीवाद के पहलवान मैदान में कूद पड़ते हैं। अपने बचाव के लिए अपना विरोध करने की पूँजीवाद की चाल को समझना अक्सर आसान नहीं होता। उसके स्वनिर्मित विरोध को वास्तविक विरोध समझकर पूँजीवाद के वास्तविक विरोधी भी कई बार उसमें शामिल हो जाते हैं। पूँजीवाद की चौतरफा गिरफ्त और मार से त्रस्त भारत जैसे तीसरी दुनिया के देश की जनता में जो थोड़ी-बहुत वास्तविक विरोध की चेतना बनती है, विचार बनता है और उसके बल पर पूँजीवाद के वास्तविक विरोधी संगठनों में जो थोड़ी-बहुत ताकत जुटती है, पूँजीवाद के पहलवानों की टोली उसे पीछे धकेल देती है। कुछ करने के जज्बे से भरे नौजवान, जिन्हें अक्सर परिवर्तनकारी राजनीति से दूर रखा जाता है, नारों-झंडों से प्रभावित होकर उस मुहिम में शामिल हो जाते हैं। भीड़ जुट जाती है। पूँजीवाद बच जाता है; और आगे तक का वास्तविक विरोध एकबारगी खारिज हो जाता है।

पूँजीवाद का अपने खिलाफ विरोध का कारोबार किस कदर फल-फूल चुका है, भारत में उसकी बानगी अन्ना आंदोलन के नाम से मशहूर भ्रष्टाचार विरोधी आन्दोलन में देखी जा सकती है। कुछ एनजीओ वालों द्वारा सुनियोजित ढंग से अंजाम दिए गये और राजनीति को एक सिरे से बुरा बताने वाले इस

आन्दोलन की परिणति पिछले दिनों एक तरफ एक नई राजनीतिक पार्टी बनाने और दूसरी तरफ भाजपानीत एनडीए को समर्थन देने की घोषणा में हुई है। जुलाई के अन्त और अगस्त (2012) के प्रारंभ में आगे-पीछे हुई ये दोनों घोषणाएं एक ही उद्देश्य की पूर्ति करती हैं - भारत में नवउदारवादी निजाम को बचाना और मजबूत बनाना।

टीम अन्ना के, जिसे अन्ना हजारे द्वारा भंग किए जाने का समाचार आया था, राजनीतिक पार्टी बनाने के फैसले पर कई तरह की प्रतिक्रियाएं आई हैं। ज्यादातर समर्थकों ने इसे गलत फैसला माना है। टीम के एक-दो प्रमुख सदस्यों ने भी राजनीतिक पार्टी बनाने पर अपना एतराज जताया है। शुरू में सुना यह भी गया था कि अन्ना हजारे खुद पार्टी बनाने के पक्ष में नहीं हैं। लेकिन टीम के 'चाणक्य' अरविंद केजरीवाल ने स्पष्ट किया कि अन्ना हजारे पार्टी बनाने के फैसले के साथ हैं। टीम अन्ना के मामले में उन्हीं की बात प्रामाणिक मानी जाती है। बहरहाल, जो लोग आन्दोलन को गैर-राजनीतिक मान कर शामिल हुए थे, पार्टी बनाई जाने और चुनाव लड़ने के फैसले पर उनकी शिकायत वाजिब कही जा सकती है। टीम ने अपने गैर-राजनीतिक होने का दावा किया था और, साथ ही, राजनीति और नेताओं के प्रति घृणा का माहौल और भावना पैदा की थी।

टीम के प्रमुख लोगों की मंशा और योजना जन लोकपाल बनवा कर उस पर कब्जा करने की थी। जैसा लोकपाल वे चाहते हैं, वैसा उनकी समर्थक पार्टियां - भाजपा से लेकर माकपा तक- भी बनाने के लिए तैयार नहीं होंगी। अगले आम चुनाव में भाजपा की सरकार बने या तीसरे मोर्चे की, टीम अन्ना द्वारा प्रस्तावति जन लोकपाल विधेयक कानूनी शक्ल नहीं ले पाएगा। कांग्रेस ने भी संसद के बाहर तैयार किया गया जन लोकपाल विधेयक कानून नहीं बनाया। हालांकि इन पार्टियों की भारतीय संविधान में आस्था नहीं है। लेकिन संविधान और लोकतंत्र में सच्ची आस्था रखने वाली किसी भी पार्टी में जन लोकपाल जैसे प्राधिकारवादी कानून के लिए जगह नहीं हो सकती।

मीडिया आन्दोलन के माफिक हो गया और भीड़ ज्यादा उमड़ पड़ी तो टीम के प्रमुख सदस्यों की राजनीतिक हसरतें जोर मारने लगीं। उन्हें समानांतर सरकार और संसद होने का गुमान हो गया कि वे जो चाहे कर सकते हैं। यानी राजनीति कर सकते हैं। टीम अन्ना द्वारा आन्दोलन के पहले उफान के तुरंत बाद होने वाले मध्यावधि व कुछ विधानसभा चुनावों में कांग्रेस के उम्मीदवारों को हरवाने का प्रयास अपने लिए राजनीतिक संभावनाएं तलाशने के लिए किया गया था। भीतर राजनीतिक हसरतें और बाहर तीखा राजनीति विरोध- ऐसे में आन्दोलन को गैर-राजनीतिक मान कर शामिल हुए नागरिकों का ठगे जाना अनुभव करना स्वाभाविक है।

लेकिन टीम के उन सदस्यों और समर्थकों, जो राजनीति समझते हैं और करते हैं, पार्टी बनाने और चुनाव लड़ने के फैसले की शिकायत का वाजिब आधार नहीं है। खबरों से पता चलता है टीम के भीतर राजनीति में उतरने के बारे में चर्चा बराबर होती रही। रामलीला मैदान में हुए पिछले अनशन के वक्त टीम के सदस्यों और समर्थकों की ओर से यह आग्रह जोरों पर हुआ कि वहीं से राजनीतिक पार्टी बनाने की घोषणा कर दी जाए। लिहाजा, फैसले से असहमति रखने वाले सदस्य जानते हैं कि वह वैसा अचानक नहीं है। भले ही वह लिया गया रामदेव के दबाव में हो कि वे पार्टी बनाने की पहले घोषणा न कर दें।

पार्टी बनाने के फैसले पर क्षोभ व्यक्त करने वाले टीम के सदस्यों का एतराज कई रूपों में सामने आया है। लेकिन असली दिक्कत की तरफ से वे सभी आंखें मूंदे हुए हैं। वे जानबूझ कर यह नहीं देखना चाहते कि इस आन्दोलन ने परिवर्तकारी राजनीति और विमर्शों को ही नहीं, लोकतंत्र, धर्मनिरपेक्षता और समाजवाद के संवैधानिक मूल्यों को भी गड्डमड्ड कर दिया है। आन्दोलन की कोख से जो राजनीतिक पार्टी बनने जा रही है, जाहिर है, उसमें भी यह मिलावट जारी रहेगी। अपने को लोकतांत्रिक दिखाने के लिए जनता के उम्मीदवार खड़ा करने की जो बात की जा रही है, वे टीम के प्रमुख नेताओं के बाद होंगे। जैसे कांग्रेस समेत हर पार्टी हाईकमान को जनता चाहिए होती है, अन्ना की पार्टी को भी चाहियेगी। इसमें नई क्या बात है? जो लोग पूरी टीम और मुख्य समर्थकों से सलाह नहीं करते, वे जनता को कितना पूछेंगे, यह आसानी से समझा जा सकता है। और हकीकत समझ आने पर जनता उन्हें कितना पूछेगी, यह भी देखने की बात है।

नई पार्टी बनाने वालों की कोई राजनीतिक पृष्ठभूमि नहीं है। जाहिर है, समझ भी नहीं है। राजनीति का मतलब उनके लिए सोनिया-मनमोहन सिंह और अडवाणी-मोदी की राजनीति रहा है। एक 'समय संवाद' में हमने बताया था कि अरविंद केजरीवाल ने पिछले आम चुनाव में इन नेताओं से 'स्वराज' मांगने वाले होर्डिंगों से पूरी दिल्ली को पाट दिया था। राजनीतिक निरक्षरता का वह स्व-प्रचार देखने लायक था जिस पर भारी धन खर्च किया गया था। एनजीओ वालों की राजनीतिक समझ इतनी ही नजर आती है कि ये नवउदारवादी राजनीति से प्रेम, और प्रतिदान न मिलने पर घृणा कर सकते हैं।

ये लोग कैसी राजनीतिक चेतना जगाएंगे इसकी एक बानगी हमें मेरठ में देखने को मिली थी। जन्तर-मन्तर के पहले धरने के वक्त हमारा चौधरी चरण सिंह विश्वविद्यालय जाना हुआ। विश्वविद्यालय के गेट पर अन्ना के समर्थक 'मैं अन्ना हूं' की टोपी पहन कर धरना कर रहे थे। उनमें जो बोल रहा था उसकी बात हमने कुछ देर खड़े रह कर सुनी। जानकारों के मुताबिक वह आरएसएस की नैतिक पुलिस का सिपाही नहीं था। एक स्थानीय प्रापर्टी डीलर

था जो राजनैतिक पार्टियों की दलाली भी करता था। उसका भाषण फैशन करने वाली लड़कियों की 'बदचलनी' पर केंद्रित था। धरने में कोई स्त्री नहीं थी, लेकिन छात्राएं आ-जा रही थीं। हमने सोचा, लड़कियां वह भाषण सुन कर क्या सोचती होंगी? भाषण खत्म करने के बाद उसने जोर से तिरंगा लहराया और अन्ना हजारे का जैकारा लगाया।

राजनीति में आने के फैसले के पीछे गंभीरता होती तो ये लोग पहले से मौजूद मुख्यधारा राजनीति का विरोध करने वाली किसी एक या अलग-अलग पार्टियों में शामिल हो सकते थे। कई छोटी पार्टियां देश में हैं जो नई आर्थिक नीतियों के नाम पर लागू की गयी नवउदारवादी व्यवस्था का मुकम्मल विरोध करती हैं। लेकिन टीम अन्ना चरित्रत: वह नहीं कर सकती। बल्कि अगले आम चुनाव में यह पार्टी इन्हीं छोटी पार्टियों से मुकाबला करेगी। भारत की सिविल सोसायटी वैसे भी छोटी पार्टियों को लोकतंत्र के लिए खतरा बताती है। टीम अन्ना की पार्टी छोटी पार्टियों का भक्षण करके बड़ी बनने की कोशिश करेगी। छोटी राजनीतिक पार्टियों के जो लोग टीम अन्ना के पार्टी बनाने के फैसले का स्वागत कर रहे हैं और (बिना मांगी) सलाहें दे रहे हैं, समस्याएं, चुनौतियां और मुद्दे बता रहे हैं, उनके बारे में कहा जा सकता है कि वे अपनी राजनीतिक नियति नई पार्टी के साथ जोड़ कर देख रहे हैं।

अन्ना हजारे के अनुसार वे पार्टी को बाहर से सुझाव देंगे। उन्होंने 'अच्छे' (राइट) उम्मीदवार खड़ा करने की सलाह दी है। अच्छे का पैमान क्या होगा, यह स्पष्ट नहीं किया गया है। लेकिन नई पार्टी बनाने वाले 'अच्छे लोगों' को स्वाभाविक तौर पर अच्छे उम्मीदवार का पैमाना माना जाएगा। यानी नई पार्टी को केजरीवाल, किरन बेदी और प्रशान्त भूषण जैसे अच्छे लोग चाहिए होंगे। आइए इन पर थोड़ा गौर करें। ये तीनों अपनी आज की हैसियत में उच्च मध्यवर्गीय हैं। जिस तरह से केजरीवाल और किरन बेदी बड़े-बड़े एनजीओ चलाते हैं और वे सारे धत्कर्म करते हैं जो ज्यादातर एनजीओ चलाने वाले करते हैं, सेवा में रहते हुए जिन्होंने अपनी पोजीशन का उसी तरह दुरुपयोग किया जिस तरह ज्यादातर अफसरान करते हैं, उससे यही पता चलता है कि वे वर्ग-स्वार्थ से परिचालित हैं, न कि अपने वर्ग-चरित्र को बदलने की प्रेरणा से। यहाँ हमें मुक्तिबोध की कविता 'अंधेरे में' का काव्यनायक याद आता है। वह एक कमजोर मध्यवर्गीय व्यक्ति है जो सामान्य जनता के पक्ष में व्यक्तित्वांतरण करना चाहता है। काफी पीड़ादायक अनुभव से गुजरने के बाद वह अपने को बदल भी पाता है। इन दोनों महानुभावों और उनके समर्थकों से पूछा जाए कि मेहनतकशों की कमाई का जो धन पूंजीवादी निजाम उन्हें एनजीओ की मार्फत उपलब्ध कराता है, उसमें कार से लेकर हवाई जहाज तक कितना खर्च उनके ऊपर होता है?

प्रशान्त भूषण पारिवारिक पृष्ठभूमि और पेशे से ही अमीर हैं। वे और अमीर

होना चाहते हैं। अमीरी की भूख के चलते इलाहाबाद में उन्होंने करोड़ों की संपत्ति कौड़ियों में खरीद ली। आपको याद होगा कि इन अच्छे लोगों के कारनामे जब साामने आए तो उन्होंने स्वयं और उनके समर्थकों ने कहा कि सरकार अपना भ्रष्टाचार छिपाने के लिए गड़े मुर्दे उखाड़ रही है। यह तर्क आपको इस पार्टी के और भी बहुत से उम्मीदवारों के बारे में सुनने को मिलेगा। दरअसल, ये सब राजनीतिक निरक्षर हैं। कुछ भी कशिश होती तो ये काफी पहले कुछ न कुछ राजनीतिक पहलकदमी करते। ये एनजीओ वाले हैं, एनजीओ वाले रहेंगे। एनजीओ में भी ये लोग दलित, आदिवासी, महिला विरोधी गुट के हैं। ये लोग खुल्लमखुल्ला आरक्षण के विरोधी हैं, और सांप्रदायिकता के पोषक हैं। फिर भी व्यापक समर्थन पा रहे हैं। विदेशी धन में वाकई बड़ी ताकत है।

नई पार्टी की राह भी वही होगी जो रामदेव की है। उसके अलावा और कुछ हो नहीं सकता। सिविल सोसायटी एक्टिविस्टों की तरफ से 2004 में कांग्रेस के साथ यह औपचारिक चर्चा चली थी कि वह मेधा पाटकर के लिए महाराष्ट्र में एक सीट छोड़ दे। उसके लिए राजापुर सीट चिन्हित भी की गयी थी। मेधा पाटकर और सोनिया के सलाहकार ही बता सकते हैं कि मामला सिरे क्यों नहीं चढ़ पाया। यह पार्टी जब चुनाव लड़ेगी तो भाजपा और अन्य क्षेत्रीय दलों के साथ भी यह दिक्कत आएगी। दिक्कत हल नहीं हुई तो हो सकता है पार्टी बनाने वाले खुद चुनाव न लड़ें। अगर आने वाले समय में एनजीओ के धन को राजनीतिक गतिविधियों में इस्तेमाल करने की सहूलियत नहीं हो पाई, तो पार्टी अगले आम चुनाव के बाद बंद भी की जा सकती है।

रामदेव लीला के किरदार

दुनिया अब सचमुच कचरे का ढेर बन गयी है, जिस पर चढ़ कर कोई भी मुर्गा बांग देता है तो मसीहा बन जाता है। बाबा भी एक वैसा ही मसीहा है। इसका कारण है कि असली मसीहाओं की 'विमर्श-विनोदियों' ने मिट्टी पलीद करके रख दी है। ऐसे में निम्न की तरफ झुका हुआ मध्यवर्ग का एक अच्छा-खासा हिस्सा रामदेव के साथ जुट गया। प्रमुख नेताओं, नौकरशाहों, उद्योगपतियों, मीडियाकारों और दलालों को बाबा ने चेला मूंड लिया। रामदेव ने अन्ना हजारे के सीन पर आने से पहले राजनीतिक पार्टी बनाने का एलान और प्रक्रिया शुरू की थी। नारा था कि सत्ता परिवर्तन तो बार-बार हुआ है, अबकी व्यवस्था परिवर्तन करना है। उस समय भगवा बाबा को सब कुछ हरा-हरा लग रहा था। लेकिन आरएसएस को उनका मंसूबा काला लगने लगा और बाबा को पार्टी बनाने का विचार रोकना पड़ा। बाबा का इरादा कांग्रेस और भाजपा दोनों को उलझाए रखने का था ताकि उनकी गुरुगीरी और व्यापार दोनों सुभीते से चलते रह सकें। रामदेव कांग्रेस के

साथ चाल खेलने लगे तो चालबाजों की सरताज कांग्रेस ने उन्हें पिछले साल रामलीला मैदान से बेइज्जत करके खदेड़ दिया।

पिछली शर्म मिटाने के लिए रामदेव इस बार रामलीला मैदान में तैयारी के साथ आए। उसके पहले जन्तर-मन्तर पर भीड़ के इंतजार में बैठे अन्ना हजारे और उनके लोगों को अपनी ताकत दिखा कर जता दिया कि इस बार बाजी उनके हाथ में रहेगी। तीन दिन तक सरकार ने जब कोई ध्यान नहीं दिया तो उन्होंने भाजपा और दूसरे नेताओं को काले धन के मसले पर अपनी ओर खींचा। भ्रष्टाचार के दागों से भरे नेताओं को यह अच्छा मौका लगा और उन्होंने बाबा के समर्थन में संसद और बाहर आवाज उठाई। उस आवाज की ध्वनि साफ थी कि हम यहाँ छोटा-मोटा भ्रष्टाचार करते हैं। कांग्रेस बड़ी भ्रष्टाचारी है जिसके नेताओं का धन विदेशी बैंकों में जमा है। अपने और भाजपा के भ्रष्टाचार को 'राष्ट्रवादी भ्रष्टाचार' मानने वाले बाबा का हौसला बढ़ गया।

जैसा कि खबरों में आया, कांग्रेस छोड़ भाजपा समेत विपक्ष के अन्य नेताओं को मंच पर बुलाने की कवायद की गयी। खबरों में ही यह आया कि भाजपा अध्यक्ष गडकरी ने शर्त लगा दी कि वे तभी आएंगे जब बाबा कांग्रेस का खुल्लमखुल्ला और पूरा विरोध करे और आरएसएस-भाजपा की तारीफ करे। कांग्रेस से पूरी तरह टूट चुके बाबा ने आरएसएस-भाजपा और नरेंद्र मोदी की तारीफ और धन्यवाद किया। नरेंद्र मोदी की तारीफ वे इस बीच गुजरात जाकर भी कर आए थे। अब वे आरएसएस वालों के साथ अपनी अगली रणनीति बना रहे होंगे।

यूं तो इस पूरे आन्दोलन में भाषा और बोलने की कोई मर्यादा नहीं रही है, लेकिन रामदेव गजब के वाचाल हैं। उनकी दाद देनी होगी कि वाचालता के अखाड़े में उन्होंने पूरी टीम अन्ना को अकेले पछाड़ दिया है। इस बार उनकी वाचालता अपने शबाब पर थी। जहाँ वाचालता होगी, झूठ अपने आप चला आएगा। अभी न भ्रष्टाचार हटा है, न काला धन वापस आया है, लेकिन रामदेव अपने आन्दोलन को लाख प्रतिशत सफल घोषित कर देते है। कहते हैं, उनके समर्थन में लाखों लोग दिल्ली की सड़कों पर उतर आए हैं। बात काला धन वापस लाने, भ्रष्टाचार हटाने की होती है और तुरंत क्रान्ति, महाक्रान्ति, दूसरी आजादी, तीसरी आजादी तक पहुंच जाती है। खुद को और समर्थकों को बार-बार सच्चा देशभक्त, क्रान्तिकारी और शहीद बताते हैं। उन्होंने जीते जी शहीद होने की एक नई परंपरा स्थापित कर दी है। उनके मैनेजर बालकृष्ण सीबीआई की हिरासत में हैं, लेकिन बाबा ने उनकी तस्वीर शहीदों की तस्वीरों के साथ लगा दी।

यह आन्दोलन वाचालता के साथ शहीदों और तिरंगे के अपमान के लिए भी याद किया जाएगा। गाँधी, जेपी, लोहिया, अंबेडकर आदि की राजनीतिक पार्टियों द्वारा काफी फजीहत होती है। लेकिन अभी तक किसी राजनीतिक पार्टी

ने शहीदों और तिरंगे को इतना सस्ता नहीं बनाया था। यह 'श्रेय' इस आन्दोलन को ही जाता है। इस देश के नौजवानों का खून इस कदर पानी हो गया है कि एनजीओबाज और धर्म के धंधेबाज अपने निहित स्वार्थों के लिए शहीदों को सरेआम अपमानित कर रहे हैं और उन्हें गुस्सा छोड़िये, बुरा भी नहीं लगता।

जिस आन्दोलन की सराहना और समर्थन में टाटा-बिड़ला, फिक्की, एसोचेम से लेकर अमेरिकी प्रतिष्ठान तक हों, यह स्वाभाविक है भारत का ज्यादातर नागरिक समाज उसका समर्थन करे। योगेंद्र यादव और उन जैसे आन्दोलन के समर्थकों का विवेचन सभी के साथ आ जाता है। हम अलग से उनका नाम नहीं लेते, अगर उन्होंने अपनी सफाई में लिखे लेख ('व्हाय आई चूज टीम अन्ना', इंडियन एक्सप्रैस, 7 अगस्त 2012) में किशन पटनायक का उल्लेख नहीं किया होता। उनके मुताबिक वह लेख किसी मित्र के सवाल के जवाब में लिख गया है। लिखने की यह शैली काफी प्रचलित है कि आप अपने मन के सवालों को किसी मित्र के नाम पर डाल कर हल करने की कोशिश करें। लेकिन किशन पटनायक का उल्लेख करने का औचित्य उस लेख में कहीं से नजर नहीं आता। स्पष्ट है कि वे कहना चाहते हैं, अगर किशन पटनायक होते तो टीम अन्ना और आन्दोलन का स्वागत और समर्थन करते। योगेंद्र यादव की इस धारणा पर हमारा कुछ कहना मुनासिब नहीं है। राजनीति और जनांदोलनों में और भी साथी हैं जो किशन पटनायक को अपना प्रेरणास्रोत मानते हैं। बेहतर है कि वे ही बताएं किशन पटनायक के समस्त चिन्तन और संघर्ष को दरकिनार करके इस प्रायोजित आन्दोलन के पक्षकार के रूप में उन्हें घसीटना कहां तक उचित है?

अर्द्धसत्य झूठ से ज्यादा बुरा होता है। योगेंद्र यादव का यह कहना कि हम सबके मन के कोने में एक अन्ना बैठा है, अर्द्धसत्य है। 'हम सब' में केवल वे हम सब आते हैं, जिनके मन में चोर है। भला एक मेहनतकश किसान, कारीगर, मजदूर, बेरोजगार- वह औरत हो, मर्द हो, बच्चा हो, जवान हो, बूढ़ा हो - को अन्ना की क्यों जरूरत पड़ने लगी? उसके मन के कोने में कौन-सा पाप छिपा हो सकता है? अपने यानी नवउदारवादी मध्यवर्ग के देवता को सबका देवता बताना क्या पूरी सच्चाई है?

समर्थकों द्वारा अन्ना को गाँधी बनाने के पीछे का मनोविज्ञान समझा जा सकता है। वे 'पवित्रता की मूर्ति' की छाया में अपने पवित्र होने का अहसास करते हैं। वरना किसी को थप्पड़ मारे जाने पर एक सामान्य समझदार बजुर्ग भी वह नहीं कहेगा जो अन्ना हजारे ने कहा। (संदर्भ : शरद पवार को मारा गया थप्पड़) इस नए गाँधी की नजर पापियों के हृदय पर नहीं, शरीर के मांस पर होती है, जिसे वे गिद्ध-कौओं को खिला देना चाहते हैं। (संदर्भ : जन्तर-मतर पर दिया गया भाषण) अन्ना हजारे ने अपना कुछ नहीं छिपाया है। दरअसल, ये

दूसरे लोग हैं जिन्होंने अपना 'पाप' छिपाने के लिए अन्ना की आड़ ली है।

हो यह भी सकता है कि खुद अन्ना ने मन के किसी पाप को धोने के लिए सेवा का व्रत लिया हो? सीमा पर युद्ध में उनके साथी मारे गये और वे बच गये। युद्धस्थल में ऐसा होता है। लेकिन यह भी होता है कि बचने वाले असल में बच निकलने वाले होते हैं। दो विश्वयुद्धों में हिस्सा लेने वाले कई जनरलों और सिपाहियों ने अपने अनुभव लिखे हैं। यूरोप में विपुल युद्ध-साहित्य उपलब्ध है। युद्धों के लोक-प्रचलित किस्से भी बहुत सारे होते हैं। उनमें दोनों तरह के उदाहरण मिलते हैं – सीमा पर मर-मिटने वालों के भी और भाग निकलने वालों के भी। हमारे गाँव के लोककवि कर्म सिंह ने लड़ाई पर 'होली' बनाई थी। उसका मुखड़ा है – 'लड़ रहे सजीले ज्वान, कायर तो पीठ दिखावें।'

वर्चस्व की प्रतिस्पर्धा के साथ अन्ना हजारे और बाबा रामदेव शुरू से साथ हैं। योगेंद्र यादव फिर भी कहते हैं कि अन्ना और उनकी टीम रामदेव से अलग हैं। इसे वे टीम अन्ना को चुनने का प्रमुख आधार बनाते हैं। वे शुरू से टीम अन्ना के समर्थक हैं तो रामदेव के भी समर्थक हुए। आन्दोलन के हाल के आयोजन में रामदेव जन्तर-मन्तर पर आए। रामदेव के पहले से भक्त जनरल वीके सिंह ने जूस पिला कर अनशनकारियों का अनशन तुड़वाया। वे रामदेव के अनशन तोड़ने के अवसर पर भी मौजूद रहे। 'भारत की बेटी' को जन्तर-मन्तर और रामलीला मैदान दोनों जगह रहना ही था। 'नया क्रान्ति धर्म' निभाने के उत्साही समर्थक दोनों जगह मौजूद थे। अरविंद केजरीवाल ने रामदेव का समर्थन करने का एलान किया। हमारा शुरू से कहना है कि अन्ना और रामदेव ही नहीं, कांग्रेस-भाजपा समेत यह पूरी एक टीम है।

लेखक गिरिराज किशोर अन्ना के 'त्याग और तपस्या' के कायल हैं। गाँधी के जीवन पर उपन्यास लिखने वाले लेखक को अन्ना हजारे में गाँधी नजर आते हैं, तो बाकियों की भ्रांति को समझा जा सकता है। लेकिन गिरिराज किशोर यह नहीं बताते कि अन्ना त्याग और तपस्या की कीमत वसूलते रहे हैं। विश्व बैंक, मैगसेसे और भारत सरकार के पुरस्कार उन्हें मिले हैं। उनका जन्मदिन तक लाखों में मनता है, जिसका हिसाब रखने की जरूरत नहीं समझी जाती। हमने पहले भी यह कहा है कि इस आन्दोलन में गाँधी के साथ बड़ा ही भौंडा बर्ताव किया गया है। एक कोशिश होती है कि व्यक्ति अपने आदर्श के औदात्य की छाया को छूने की कोशिश करता है। लेकिन एक व्यक्ति उसे अपने स्तर पर गिरा लेता है। इस आन्दोलन ने गाँधी को वाकई सवर्णों और पूंजीपतियों का नेता बना दिया है। गाँधी को इस स्तर पर गिराने में कई गांधीवादियों की सहभागिता रही है। दलित विचारक और नेता चाहें तो खुद गांधीवादियों द्वारा कमजोर किए गये गाँधी की इस 'दशा' का लाभ उठा कर अपने हमले तेज सकते हैं। उन्हें कोई

यह कहने वाला नहीं रहेगा कि कि गाँधी को गाली देने के साथ वे अगड़ों की नकल करते हैं और पूँजीवाद की पूजा।

आन्दोलन में सेनाध्यक्ष जनरल वीके सिंह का नया किरदार जुड़ा है। हाल में अवकाश पाने वाले जनरल साहब ने कहा है कि अवकाश प्राप्त फौजी अनुशासित होते हैं। उन्हें राजनीति में आना चाहिए। उनकी अपनी चौकसी गौरतलब है। राजनीति में आने के पहले उन्होंने जाति-समागमों में जाने का काफी ध्यान रखा है! शुक्र यही मनाना चाहिए कि कल को वे अवकाश प्राप्त फौजियों को कुछ ढीला पाकर, सेवारत फौजियों का आह्वान न कर डालें?

वरिष्ठ पत्रकार कुलदीप नैयर जनरल से बहुत खफा हैं। (देखें, 'दि बैटल हैज जस्ट बिगन', 'जनता', 19 अगस्त 2012) उन्हें जनरल के राजनीति की बात करने में लोकतंत्र कमजोर होने का खतरा लगता है। उन्होंने सुझाव दिया है कि अवकाश प्राप्ति के 5 साल तक फौजियों को चुनाव नहीं लड़ने देने का कानून बनना चाहिए। हालांकि लगे हाथ सिविल अधिकारियों पर भी उन्होंने यह कानूनी पाबंदी लगाने की बात की है। नैयर साहब यह देखें कि भारतीय लोकतंत्र सबको खपाने की क्षमता रखता है। जब वह संत, संन्यासी, दलाल, भांड, बाहुबली, धनबली, नेताओं के बेटा-बेटी (ग्लोबलाइजेशन की यही रफ्तार बनी रही तो एनआरआई भी एक दिन यहाँ चुनाव लड़ेंगे) - सबको झेल जाता है, तो क्या एक अवकाश प्राप्त जनरल को नहीं झेल पाएगा! जनरल ने अभी तक अलग पार्टी बनाने की बात नहीं कही है। अगर वे राजनीति करेंगे तो अन्ना और रामदेव के साथ ही करेंगे, जिनके मंचों पर उनकी सम्मिलित आवा-जाही रही है और जहाँ से उन्होंने जेपी का नाम लेकर राजनीतिक ललकार दी है। नैयर साहब अन्ना और रामदेव दोनों के प्रशंसक हैं। जब उनसे लोकतंत्र को खतरा नहीं है तो जनरल से कैसे हो जाएगा?

जैसा कि हमने ऊपर कहा, नैयर साहब अन्ना और रामदेव के प्रशंसक हैं। और अन्ना और रामदेव नरेंद्र मोदी के। दोनों के प्रशंसा पात्रों में मोदी सबसे पहले आते हैं। इसके बावजूद दोनों की अहिंसा से भी नैयर साहब बड़े प्रभावित हैं। भले ही अन्ना के अंध-समर्थकों ने प्रशान्त भूषण पर उनके कश्मीर संबंधी बयान के विरोध में चैंबर में घुस कर हमला किया और अन्ना ने हमलावरों की देशभक्ति की ताईद की। इस टीम के एक महत्त्वपूर्ण सदस्य चेतन भगत आजकल दिखाई नहीं दे रहे हैं। (सुना है वे प्रधानमन्त्री पद के लिए नरेंद्र मोदी के मुकाबले राहुल गाँधी को पछाड़ने के नेट पर किए जाने वाले सर्वे में व्यस्त हैं।) आन्दोलन की सफलता से उत्साहित होकर उन्होंने नरेंद्र मोदी से राष्ट्रीय स्तर पर नेतृत्व करने की गुहार लगाई थी। यह उन्हीं दिनों की बात है जब नरेंद्र मोदी ने अन्ना हजारे द्वारा अपनी प्रशंसा पर उन्हें आभार और धन्यवाद का पत्र लिखा था। और आगाह भी किया

था कि उनके शत्रु उन्हें यानी को अन्ना को उनसे विमुख करने की कोशिश करेंगे। रामदेव अपने समर्थकों को पुलिस के हवाले छोड़ कर स्त्रीवेश में भाग खड़े हुए थे। राजदेवी की दुखद मौत की जिम्मेदारी पुलिस के साथ रामदेव की भी उतनी ही है, जिनकी तस्वीर को रख कर वे जनभावनाओं का शोषण करते हैं। हालांकि यह भारत आजादी के बाद से गाँधी का नहीं है, फिर भी अहिंसा पर उनके चिन्तन और आचरण के हवाले से कहा जा सकता है कि अहिंसा क्रोधी और कायर का हथियार नहीं होती। धोखा देने वालों का तो कतई नहीं।

नैयर साहब को अन्ना और रामदेव के आन्दोलन से भ्रष्टाचार मिटने और काला धन वापसी के साथ देश का दारिद्रय मिटने का पूरा भरोसा लगता है। क्योंकि किंचित किंतु-परंतु के बाद नई पार्टी का उन्होंने स्वागत किया है। (देखें, 'पार्टी राइजिज फ्राम एशीज ऑफ मूवमेंट', 'जनता', 12 अगस्त 2012) हालांकि अब वे अन्ना के लोगों को बाबा और उनके मसलमैनों से बचने की सलाह देते हैं। अन्ना के लोग कौन हैं? मेधा पाटकर और अरुणा राय, जैसा कि नैयर साहब कहते हैं, या केजरीवाल, किरन बेदी, चेतन भगत, प्रशान्त भूषण आदि? अन्ना के आन्दोलन में धन किसका लगा है और रणनीति किसकी चलती है? जिनका धन लगा है और जिनकी रणनीति चलती है, वही अन्ना के असली लोग हैं।

नैयर साहब अन्ना के अनशन और तरीके को गाँधी के विपरीत भी बताते हैं और उन्हें पक्का गांधीवादी भी कहते हैं। उनका अन्ना आन्दोलन की खूबी और प्रशंसा में कहा गया यह कथन- 'अन्ना आन्दोलन ने इंटैलिजेंसिया के पैर उखाड़ दिए' - सही बैठता है। जिन्हें वे अन्ना के लोग बता रहे हैं, दरअसल, वे लोग हैं जो अन्ना आन्दोलन की आंधी में पैर उखड़ने के चलते उसमें जा मिले। नैयर साहब कहते हैं कि सबके पैर उखाड़ देने वाले इस आन्दोलन पर ठीक ही 18 महीनों तक मीडिया का फोकस बना रहा। हालांकि इसे उलट कर भी कहा जा सकता है कि मीडिया के फोकस से यह आन्दोलन खड़ा हुआ और मीडिया की भूख ने ही बहुतों की पैर उखाड़े।

नैयर साहब समेत इस आन्दोलन के समर्थकों की लोकतंत्र की चिन्ता परिवर्तनकारी राजनीति की कसौटी पर खरी नहीं उतरती। जैसा कि नैयर साहब कहते हैं, मान लिया यह आन्दोलन अहिंसक है। लेकिन किसके पक्ष में है? पूँजीवाद के पक्ष में भारत का नागरिक समाज आन्दोलन करेगा तो उसके विरोध में हिंसक आन्दोलन होगा ही। हिंसक परिवर्तन के हिमायती यही तो कहते हैं कि यह पूंजीवादी लोकतंत्र है। तो कौन-से अहिंसक लोकतंत्र की चिन्ता इस आन्दोलन के समर्थक कर रहे हैं?

हमें जनरल के राजनीति में आने पर एतराज का कोई कारण नजर नहीं आता। उनके पहले कई अवकाश प्राप्त फौजी राजनीति में रहे हैं और अभी भी

हैं। कांग्रेस में भी हैं और भाजपा में भी। जनरल साहब से हमारी शिकायत अलग है। वे रामदेव के पहले से भक्त हैं। कहीं उनकी देशभक्ति रामदेव जैसी न हो? दूसरे, जिन मुद्दों को वे उठा रहे हैं, पिछले 25 सालों से नवउदारवाद विरोधी पार्टियां और संगठन उन पर संघर्ष कर रहे हैं। अगर देश के लुटाए जाने वाले संसाधनों और किसानों की तबाही को लेकर जनरल को वाकई चिन्ता होती, तो वे अपनी एक साल की और नौकरी के लिए कानून-कचहरी नहीं करते। सोचते कि 'प्रोपर्टी डीलर' बन चुकी देश की सरकार के खिलाफ संघर्ष में जुटने का एक साल पहले मौका मिल रहा है। गौर करें, अन्ना से लेकर जनरल तक, यह पूरा आन्दोलन मुद्दों की उठाईगीरी का आन्दोलन है।

किसानों की जमीन को लेकर जनरल साहब खासे चिन्तित हैं। यह अच्छी बात है। आदिवासियों के बाद नवउदारवादी निजाम ने किसानों का बाढ़ा लगाया है और खुदरा में विदेशी निवेश का फैसला करके छोटे व्यापारियों की तबाही का फरमान लिख दिया है। सेना के सिपाही की सभी इज्जत करते हैं। कांग्रेस से अलग भाजपा और क्षेत्रीय क्षत्रप उनकी बात पर गौर करेंगे। वे कम से कम उनसे यह वायदा ले लें कि अमेरिका में तैयार अमेरिका के फायदे के लिए अमेरिका के साथ किया गया परमाणु करार रद्द किया जाएगा; खुदरा में 51 प्रतिशत विदेशी निवेश का कानून भी रद्द किया जाएगा; और 1894 में बने लैंड एक्वीजीशन एक्ट सहित हाल में बने लैंड एक्वीजीशन, रीहेबिलिटेशन एंड रीसेटलमेंट बिल, 2011 को भी रद्द किया जाएगा। प्राथमिक से लेकर उच्च शिक्षा को मुनाफाखोर पूँजी की चरागाह बनाया जा रहा है। भारत के विश्वविद्यालयी ढांचे को नष्ट करके निजी और विदेशी विश्वविद्यालयों की बाढ़ लाई जा रही है। जनरल साहब कहें कि आने वाली सरकार को 1991 के बाद अक्सर अध्यादेशों के जरिए हुए संविधान विरोधी फैसलों और कानूनों की समीक्षा करनी होगी और संविधान को सबसे ऊपर रखना होगा।

उनके अपने गृहराज्य हरियाणा में राजीव गाँधी एजुकेशन सिटी के नाम पर 6 गांवों की अत्यंत उपजाऊ जमीन सरकारी दर पर लेकर निजी घरानों को सौंपी गयी है। किसानों की न सरकार ने सुनी, न अदालत ने। जनरल साहब हरियाणा में अगली बार आने वाली सरकार से वायदा लें कि बेचने के अनिच्छुक किसानों को उनकी जमीन वापस की जाएगी और बाजार के भाव पर मुआवजा मिलेगा। अगर अगली बार हरियाणा में गैर-कांग्रेसी सरकार बनती है तो वे वादा लें कि फतेहाबाद के पास गोरखपुर में परमाणु पावर रिएक्टर नहीं लगाया जाएगा। तभी पता लगेगा कि उनकी चिन्ता कितनी सच्ची है। वरना जनरल साहब, गरीबों के श्रम और देश के संसाधनों की बिकवाली से जो बड़ी दावत चल रही है, उसमें जूठन बीनने वालों की कमी नहीं है!

सफल सम्पूर्ण प्रतिक्रान्ति

इस आन्दोलन के होते यूपी के विधानसभा चुनाव में समाजवादी पार्टी ने नौजवानों को लैपटॉप देने का चुनावी वादा किया। हाल में यूपीए सरकार ने सबको मोबाइल फोन देने की घोषणा की है। 'टाइम' पत्रिका द्वारा मनमोहन सिंह को अपेक्षा से कम उपलब्धियां हासिल करने के लिए लताड़ा गया तो भाजपा ने मनमोहन सिंह से आगे बढ़ कर वे उपलब्धियां हासिल कर दिखाने का हौसला और दावा पेश किया। नवउदारवाद का यह बहुरूपी सिलसिला आगे और धड़ल्ले से चलेगा। पिछले 25 सालों में नवउदारवाद विरोध की जो वास्तविक राजनीति संगठित हुई थी, उसकी जगह टीम अन्ना की नकली राजनीति आ गयी है। ये लोग पार्टी न भी बनाएं, जो नुकसान करना था, वह हो चुका है।

इस आन्दोलन ने पूँजीवाद के ज्यादा खूंखार संस्करण को प्रमाणपत्र दे दिया है। मनमोहन सिंह अभी तक के सर्वाधिक क्रूर प्रधानमन्त्री हैं। जैसे आज विकास और ग्रोथ के नाम पर गुजरात के राज्य-प्रायोजित नरसंहार को भूलने की नसीहतें दी जा रही हैं, वैसे ही उन्होंने थोड़े मुआवजे के बदले सिखों के कत्लेआम को भूलने की सलाह दी थी। मनमोहन सिंह जिस पार्टी से प्रधानमन्त्री हैं, वह सूक्ष्म सांप्रदायिकता की माहिर पार्टी है। आरएसएस-भाजपा खुली सांप्रदायिकता करते हैं। नरेंद्र मोदी ने उसे कुछ ज्यादा ही खुले आयाम पर पहुंचा दिया है। यह अलग सवाल है कि दोनों में कौन ज्यादा खतरनाक है, लेकिन इस आन्दोलन ने आरएसएस-भाजपा की ज्यादा खुली सांप्रदायिकता के पक्ष को मजबूत और स्वीकार्य बनाने में बड़ी भूमिका निभाई है। यह आन्दोलन जन्तर-मन्तर पर अन्ना हजारे के नरेंद्र मोदी की प्रशंसा से शुरू हुआ था और रामलीला मैदान में रामदेव की नरेंद्र मोदी और आरएसएस की प्रशंसा के साथ समाप्त हुआ है। ऐसे में आरएसएस वालों का खुश होना बनता है। आपको याद होगा, पहले अनशन के वक्त सत्ता की सूंघ पाकर राजघाट पर वे किस कदर मतवाले होकर नाचे थे!

इस आन्दोलन और पूरी दुनिया में पूँजीवाद ने अपने विरोध का जो तिलस्म रचा हुआ है, उसके आधार पर कह सकते हैं कि आधुनिक दुनिया की अभी तक की सदियां समाजवाद के बरक्स पूँजीवाद के पक्ष में प्रतिक्रान्तियों की सदियां रही हैं। पूँजीवाद की ताकत और उसके वास्तविक विरोधी संघर्षों की कमियों व कमजोरियों को जानने के लिए इतिहास का वैसा पाठ किया जाना जरूरी है ताकि इतिहास के अन्त की घोषणाओं को झुठलाया जा सके। लोहिया ने कहा है कि मार्क्सवाद या गांधीवाद समर्थक या विरोधी होने का कोई मायना नहीं है। पूँजीवाद के बरक्स विविध स्रोतों से नई समाजवादी विचारधारा के दार्शनिक आधार तैयार करने की जरूरत होती है। किशन पटनायक ने जो शास्त्र-संकट

की बात की है, उसका आशय यही है कि पूँजीवाद के विरोध का सम्यक शास्त्र हमसे नहीं तैयार हो पाया है।

अन्त में, जो लोग कह रहे हैं कि अन्ना आन्दोलन विफल हो गया, पूरी तरह से गलत हैं। आन्दोलन पूरी तरह से सफल हुआ है। डंकल संधि की तारीख से शुरू हुआ प्रतिक्रान्ति का अध्याय इस आन्दोलन ने पूरा कर दिया। किशन पटनायक लिखते हैं, ''इस वक्त समूची दुनिया में जो हो रहा है, वह शायद विश्व इतिहास की सबसे बड़ी प्रतिक्रान्ति है। यह संगठित है, विश्वव्यापी है और समाज तथा जीवन के हर पहलू को बदल देने वाली है। यहाँ तक कि प्रकृति और प्राणिजगत को प्रभावित करने वाली है। इक्कीसवीं सदी के बाद भी अगर मानव समाज और सभ्यता की चेतना बची रहेगी, तो आज के समय के बारे में इसी तरह का जिक्र इतिहास की पुस्तकों में होगा। डंकेल संधि की तारीख इस प्रतिक्रान्ति की शुरुआत की तारीख मानी जा सकती है।'' ('विकल्पहीन नहीं है दुनिया', पृष्ठ. 172, राजकमल प्रकाशन, 2000) प्रतिक्रान्ति का भारतीय अध्याय इतना जल्दी पूरा हो जाएगा, यह किशन पटनायक को नहीं लगा होगा। इस आन्दोलन के चलते भारत वैशिवक प्रतिक्रान्ति के साथ मजबूती से नत्थी (इंटीग्रेटिड) हो गया है।

25 अगस्त 2012

विदेशी धन का यह फंदा काटना ही होगा

मनमोहन सिंह के बच्चे

ऐसा माना जा रहा था कि बेतहाशा बढ़ती मंहगाई और बेरोजगारी तथा 2014 में होने वाले आमचुनाव के डर से नवउदारवाद के रास्ते पर यूपीए सरकार के कदम कुछ ठिठकेंगे। चौतरफा लगने वाले भ्रष्टाचार के आरोपों से भी सरकार डरेगी। व्यक्तिगत तौर पर मनमोहन सिंह की ईमानदारी का मिथक टूटने का भी सरकार पर कुछ दबाव बनेगा। लेकिन ऐसा कुछ नहीं हुआ। पिछले दिनों उनकी सरकार ने बहादुराना अंदाज में, खुद अपनी पीठ ठोंकते हुए, नवउदारवादी सुधारों की रफ्तार तेज कर दी और इस तरह चुनाव के एक-दो साल पहले नवउदारवादी सुधारों को स्थगित रखने की अभी तक बनी रही बाधा को पार कर लिया। पिछले साल नवंबर में संसद में किए गये अपने वादे को तोड़ते हुए खुदरा व्यापार में 51 प्रतिशत प्रत्यक्ष विदेशी निवेश के साल भर से स्थगित फैसले को लागू करने की एकतरफा घोषणा के साथ सरकार ने बीमा, पेंशन और नागरिक उड्डयन क्षेत्र में भी विदेशी निवेश को स्वीकृति प्रदान की।

पैट्रोल और गैस के दामों में भारी वृद्धि के साथ इन घोषणाओं से सरकार ने कारपोरेट जगत और नवउदारवादी सुधारों के पैरोकारों को स्पष्ट संदेश दे दिया है कि वह अमीरोन्मुख ग्रोथ की अपनी टेक पर पूरी तरह कायम है। वह गरीबों द्वारा बनाई गयी अमीरों की अमीरों के लिए सरकार है। उसने यह भी एक बार फिर से घोषित किया है कि ग्रोथ बढ़ाने के लिए विदेशी निवेश ही एकमात्र संजीवनी है। हर संदेश का एक प्रतिसंदेश होता है। वह नवउदारवादी नीतियों से बदहाल जनता के लिए है कि सरकार अब उसकी चुनावी परवाह भी नहीं करने जा रही है। नवउदारवादी निजाम के पिछले दो दशकों में यह सरकार का निस्संदेह बड़ा जनता विरोधी हौसला है जो उसने दिखाया है। देश में 4 करोड़ खुदरा व्यापारी हैं जिन पर उनके 20 से 25 करोड़ परिवारजनों का भार है। हर हौसले के पीछे अंदरूनी या बाहरी ताकत होती है। सरकार का बढ़ा हुआ हौसला वैशिवक पूंजीवादी ताकतों की देन है।

मनमोहन सिंह कहते हैं कि अब कदम पीछे नहीं हटाए जा सकते। यह उनकी मजबूरी का इजहार नहीं है कि रास्ते का चुनाव एक बार हो गया तो उस पर चलना ही होगा। ऐसा नहीं है कि वे चुनाव की गलती से नवउदारवादी रास्ते पर चले गये थे और अब उस पर चलना मजबूरी बन गया है; मजबूरी में उन्हें ये सब निर्णय लेने पड़े हैं। ऐसा होता तो आगे कभी नवउदारवादी नीतियों में बदलाव की आशा बनती। मनमोहन सिंह शुरू से नवउदारवादी रास्ते को ही विकास और सब कुछ का एकमात्र और स्वाभाविक रास्ता मानते हैं। तभी उन्होंने एक बार फिर कहा है कि अगर उन्हें जाना है तो इस रास्ते पर अडिग रह कर लड़ते हुए जाएंगे। अन्यथा रोबो की तरह लगने वाले मनमोहन सिंह नवउदारवाद के बचाव में अत्यंत संजीदा हो जाते है– 'कुर्बान हो जाएंगे, लेकिन पीछे नहीं हटेंगे!'

मनमोहन सिंह की इस प्रतिभा और जज्बे की पहचान सोनिया गाँधी ने बखूबी की है। उन्हें यह साफ पता लग गया कि यही बंदा काम का है जो इस रास्ते पर लाखों के बोल सह कर और लाखों को गारत करके भी पीछे नहीं हट सकता। क्योंकि उनकी खुद की तरह वह कोई और रास्ता जानता ही नहीं है। मामला केवल मनमोहन सिंह को आगे रख कर राहुल गाँधी के लिए रास्ता बनाने भर का नहीं है। इस काम के लिए कांग्रेस में चाटुकार नेताओं की कमी नहीं है। लेकिन कांग्रेस का अन्य कोई भी नेता वह नहीं कर सकता था जो मनमोहन सिंह ने किया। मनमोहन सिंह और सोनिया गाँधी की सम्मिलित प्रतिभा ने कांग्रेस के इतिहास और विचारधारा को धो-पोंछ कर उसे एक 'कारपोरेट पार्टी' में तब्दील कर दिया है। इसीलिए मनमोहन सिंह के बाद राहुल गाँधी चाहिए, जिसके जिस्म में मनमोहन सिंह का दिमाग पैदा करने की कवायद कांग्रेस के मैनेजरों द्वारा लंबे समय से की जा रही है।

लेकिन मनमोहन सिंह का कमाल कांग्रेस के कायापलट तक सीमित ही नहीं है, उन्होंने भारत की पूरी राजनीति को कारपोरेट रास्ते पर डाल दिया है। मनमोहन सिंह ने जो नवउदारवादी 'ब्रह्मफांस' फेंका है, उसमें सब फंसे हैं। उसकी काट आज किसी के पास नहीं है ताकि मानव सभ्यता को पूंजीवादी बर्बरता से मुक्त किया जा सके। मनमोहन सिंह ललकार कर पूछते हैं, किसी के पास है तो बताओ? ऐसा नहीं है कि लोग लड़ नहीं रहे हैं या आगे नहीं लड़ेंगे। लेकिन हर बार जीत मनमोहन सिंह की ही होती है। किसी भी तरह 'साइनिंग इंडिया' की चकाचौंध में पलने वाले इस अंधे युग में पलीता नहीं नहीं लग पाता। नरेंद्र मोदी हों या राहुल गाँधी या बीच में कुछ समय के लिए कोई क्षेत्रीय क्षत्रप, अभी जीत मनमोहन सिंह की ही होनी है।

जो कहते हैं मनमोहन सिंह अभी तक के सबसे कमजोर प्रधानमन्त्री हैं, उन्हें अपनी धारणा पर फिर से विचार करना चाहिए। भारत की राजनीति की धुरी

को संविधान से उखाड़ कर पूँजीवाद की वैशिवक शक्तियों की उन संस्थाओं, जिन्होंने पूरी दुनिया पर शिकंजा कसा हुआ है, के आदेशों/मूल्यों पर जमा देने में उनकी युगांतरकारी भूमिका है। मुख्यधारा राजनीति में उनकी आलोचना करने वाले नेता दरअसल उन्हीं के आज्ञाकारी बच्चे हैं। उन्हें अभी तक का सबसे कमजोर प्रधानमन्त्री कहते न थकने वाले अडवाणी और हमेशा उनकी 'मेंटर' को निशाना बनाने वाले नरेंद्र मोदी समेत।

उनकी यह युगांतरकारी भूमिका तभी सफलीभूत हो सकती थी जब वे भारत की कांग्रेसेतर राजनीति को भी अपने पीछे लामबंद करने के साथ बुद्धिजीवियों को भी काबू में कर पाते। ऐसा उन्होंने किया है। मनमोहन सिंह के राज में बुद्धिजीवियों की हालत का क्या कहिए! जिधर देखो, मनमोहन सिंह का दिमाग ही चलता नजर आता है। किसी भी समाज के सबसे प्रखर और प्रभाव पैदा करने वाले बौद्धिक शिक्षा और शोध के संस्थानों में होते हैं। भारत के विद्यालयों से लेकर विश्वविद्यालयों और शोध संस्थनों तक मनमोहन सिंह की 'खुली हवा' चल रही है। भारत के बुद्धिजीवियों के संदर्भ में किशन पटनायक ने जिसे 'गुलाम दिमाग का छेद' कहा था, वह बढ़ कर बड़ा गड्ढा बन गया है।

नवउदारवादी और प्रच्छन्न नवउदारवादी बुद्धिजीवी तो मनमोहन सिंह के सच्चे बच्चे ठहरे, अपने को नवउदारवाद विरोधी कहने वाले बुद्धिजीवियों के दिमाग का दिवाला निकलता जा रहा है। घूम-फिर कर उनका विश्लेषण पूँजीवाद का विश्लेषण होता है और तर्क भी पूँजीवाद के समर्थन में होते हैं। कारपोरेट पूँजीवाद की हर शै में विकास का दर्शन करने वाले मार्क्सवादियों, गांधीवादियों और समाजवादियों की कमी नहीं है। बुद्धिजीवियों का नाम लेना खतरे से खाली नहीं होता; अलबत्ता नेताओं को लिया जा सकता है। ज्योति बसु यह पुराना मंत्र देकर गये कि पूँजीवाद के बिना समाजवाद नहीं लाया जा सकता। उनके उत्तराधिकारी बुद्धदेव भट्टाचार्य ने अमेरिकी कूटनीतिज्ञों के सामने अपनी पीड़ा का इजहार किया कि कई तरह के दबावों के कारण वे ऊंची पूंजीवादी उड़ान नहीं भर पाते हैं। सिंदूर-नंदीग्राम प्रकरण के वक्त प्रकाश करात ने विरोधियों को विकास विरोधी कह कर लताड़ लगाई थी।

भाजपाई मनमोहन सिंह के मनभाए साथी बने हुए हैं। 'शाइनिंग इंडिया' की पुकार सबसे पहले उन्होंने ही दी थी। पिछले दिनों 'इंडियन एक्सप्रैस' के स्तंभ लेखक सुधींद्र कुलकर्णी ने एक मोबाइल के विज्ञापन-गीत- 'जो मेरा है वो तेरा है'- को समाजवाद के विचार का सुंदर वाहक बताया। वे वहीं नहीं रुके। उन्होंने उसे गाँधी से भी जोड़ा। आप कहेंगे संघी और गाँधी... ? नवउदारवाद का यही कमाल है। उन्हीं दिनों उनकी 'म्युजिक ऑफ दि स्पीनिंग व्हील : महात्मा गांधीज मेनीफेस्टो फॉर दि इंटरनेट एज' किताब आयी जिसका दिल्ली और बंगलुरू में

भव्य विमोचन समारोह हुआ। समारोह में परमाणु ऊर्जा के पैरोकार पूर्व राष्ट्रपति एपीजे अब्दुल कलाम सहित उद्योग, न्यायपालिका, विधायिका, कार्यपालिका और राजनीति जगत की कई हस्तियों ने हिस्सा लिया। नवउदारवाद की बड़ी विभूतियों आजकल बढ़चढ़ कर गाँधी-प्रेम का प्रदर्शन करती हैं। ध्यान दिला दें कुलकर्णी साहब भाजपा के नेता और सिद्धांतकार हैं, जिसके कार्यकर्ताओं को राष्ट्रीय स्वयंसेवक संघ की शाखाओं में पट्टी पढ़ाई जाती है कि वे ऋषियों-मुनियों की धरोहर के वारिस हैं। गुलाम दिमाग कितनी तरह के पाखंड करता है!

भारत के नागरिक समाज में मनमोहन सिंह के बच्चों की भरमार है। खुद मनमोहन सिंह और उनकी सरकार के खिलाफ भ्रष्टाचार के आरोपों की धूम है। लेकिन उन्हें रत्ती भर परवाह नहीं है। वे जानते हैं आरोप लगाने वाले उनके ही दूधपीते बच्चे हैं। भारत माता के स्तनों में तो पूँजीवाद ने दूध की बूंद छोड़ी नहीं है। भारत माता के भूखे बच्चे बिलखते हैं और मनमोहन सिंह के ये बच्चे चिल्लाते हैं - हमें और चाहिए, और चाहिए। भारत के नागरिक समाज को गुस्सा बहुत आता है, लेकिन उसे कभी ग्लानि नहीं होती। मनमोहन सिंह से ज्यादा कौन जानता है कि भ्रष्टाचार विरोधी आन्दोलन की सारी फूफां के बावजूद उसमें शामिल होने वालों ने रत्ती भर भ्रष्टाचार करना बंद नहीं किया है। वे जानते हैं केवल नेता, नौकरशाह, उद्योगपति, दलाल और माफिया नहीं, हर दफ्तर के बाबू और चपरासी तक भ्रष्टाचार का बाजार पहले की तरह गरम है। पहले की तरह सरकार की गरीबों के लिए बनाई योजनाओं का ज्यादातर पैसा अफसर और बाबू खा जाते हैं।

मनमोहन सिंह जानते हैं उनसे कोई मुक्त होना नहीं चाहता। सब उनके मोहताज हैं। वरना जिस देश में पिछले पिछले दो साल से भ्रष्टाचार विरोध की भावनाएं हिलोरें ले रही हों, जन लोकपाल कानून जब बनेगा तब बनेगा, आन्दोलन में शामिल नागरिक समाज को कम से कम अपना भ्रष्टाचार बंद कर देना चाहिए था। उससे गरीब जनता को निश्चित ही राहत मिलती। आप कहेंगे कि भावना की क्या बात? जब जन लोकपाल कानून बन जाएगा, अपने आप भ्रष्टाचार होना बंद हो जाएगा। नागरिक समाज भी बंद कर देगा। यह भ्रष्ट सरकार कानून बनाये तो!

लेकिन भावना उतनी बुरी नहीं होती। राष्ट्रीय भावना भी नहीं। भावना में निस्संदेह एक ताकत होती है। किशन पटनायक ने अपने 'प्रबल आर्थिक राष्ट्रवाद का समाधान' लेख में कहा है कि अपनी खदानों को बहुराष्ट्रीय कम्पनियों को देना सही है या गलत, इस पर बहस करने वाला उनकी रक्षा नहीं कर पाएगा। सवाल यह उठाया जा रहा था कि केवल भावनाओं में बह कर बहुराष्ट्रीय कम्पनियों का विरोध करना ठीक नहीं है। अभी लोग समझ नहीं रहे हैं। भ्रष्टाचार विरोधी आन्दोलन ने बहुत गहराई में जाकर नुकसान किया है। अपने वर्ग-स्वार्थ के लिए

इसने भावना की ताकत को नष्ट कर दिया है। यह सही है कि इस आन्दोलन के केंद्र में खाया-पिया और कुछ हद तक अघाया मध्य वर्ग है। लेकिन शुरू से ही वह जन-भावना का शिकार करने की नीयत से परिचालित है। उसके वर्ग-स्वार्थ की सिद्धि में नवउदारवाद की मार से तबाह जन-सामान्य शामिल हो जाए तो उसका काम पूरा हो जाएगा। इसके लिए अब उसने अपनी राजनीतिक पार्टी बना ली है, जिस पर हम थोड़ा आगे विचार करेंगे।

चाहते मनमोहन सिंह भी हैं कि पूँजीवाद का काम बिना भ्रष्टाचार के चले। लेकिन पिछली तीन-चार शताब्दियों का उसका इतिहास बेईमानी और भ्रष्टाचार का इतिहास रहा है। जब अमेरिका में लीमैन ब्रदर्स और गोल्डमैन फैक्स बैंक दिवालिया हुए तो पता चला कि उसके बड़े अफसर किस कदर भ्रष्टाचार और विलासिता में डूबे थे। उपनिवेशवादी दौर के प्रमाण हैं कि उपनिवेशों में आने वाले यूरोपीय मालामाल होकर अपने देश वापस जाते थे। उपनिवेशवादियों ने भ्रष्टाचार की चाट साहब लोगों ने स्थानीय अमले को भी अच्छी तरह लगा दी थी। भारतेंदु ने कहा था "चूरन साहब लोग जो खाता पूरा हिन्द हजम कर जाता।" अंग्रेज बहादुर के वारिस अगर हिन्द हजम कर रहे हैं तो यह कोई अनहोनी बात नहीं है। यह व्यवस्था छोटे और मेहनत करने वाले लोगों के शोषण और बड़े और मेहनत नहीं करने वाले लोगों की बेईमानी पर चलती और पलती है। सभी जानते हैं देश में कानूनों की कमी नहीं है और न ही जन लोकपाल कानून बनने से भ्रष्टाचार खत्म होने वाला है। इस व्यवस्था के समर्थक ही कह सकते हैं कि इसे मिटाए बिना भ्रष्टाचार मिटाना है।

यह सही है कि सरकार के नवउदारवादी सुधार तेज करने के निर्णय के पीछे मुख्यत: कारपोरेट पूँजीवाद की वैशिवक शक्तियां हैं। मनमोहन सिंह भारत में उन शक्तियों के स्वाभाविक और सफल एजेंट हैं। इसलिए उन्हें अमेरिकी दबाव और खुदरा व्यापारियों की तबाही के आरोप सनसनी फैलाने वाले लगते हैं। लोग समझते नहीं, लेकिन वे यही कहना चाहते हैं कि अमेरिकी दबाव कब नहीं रहा और पिछले 25 सालों में गरीबों की तबाही कब नहीं हुई? वे कहते हैं कि उनके आर्थिक सुधारों की शुरुआत करने से लेकर आज तक ये आरोप लगाए जाते रहे हैं। न वे पहले रुके, न अब रुकेंगे। हाय-तौबा करने की जरूरत नहीं है। उससे कुछ नहीं होने वाला है। अमीरोन्मुख ग्रोथ बढ़ाने के लिए गरीबों को मंहगाई और बेरोजगारी की मार झेलनी होगी। उन्हें प्रतिरोध करना छोड़ कर मंहगाई और बेरोजगारी में जीने की आदत डाल लेनी चाहिए। मनमोहन सिंह को आश्चर्य होता है कि 20 साल से ज्यादा गुजर जाने के बावजूद लोगों को यह आदत नहीं पड़ी है। उन्हें यह आदत डालनी ही होगी। कम से कम तब तक जब तक उनका सफाया नहीं हो जाता।

मनमोहन सिंह के नेतृत्व वाली सरकार की प्राथमिकता मंहगाई और बेरोजगारी रोकना नहीं, उसके चलते होने वाले प्रतिरोध का दमन करना बन गयी है। संसाधानों की मिल्कियत कम्पनियों को सौंपने और खुदरा समेत विभिन्न क्षेत्रों में कम्पनियों को न्यौतने के फैसलों के विरोध का दंड कड़ा होता है। मनमोहन सिंह जब कहते हैं, उन्हें जाना है तो लड़ते हुए जाएंगे, तो उनकी लड़ाई को कोरा लोकतांत्रिक समझने की भूल नहीं करनी चाहिए। उनके दिमाग में अपनी लड़ाई में सुरक्षा बलों को शामिल रखने की बात होती है। देश के कई हिस्सों में जो हालात बने हुए हैं वे बताते हैं कि देश को पुलिस स्टेट बनाने में उन्हें कोई हिचक नहीं है।

सरकार के खुदरा व्यापार में प्रत्यक्ष विदेशी निवेश के फैसले की समीक्षा हम यहाँ नहीं करने जा रहे हैं। हम यह कहना चाहते हैं कि खुदरा में प्रत्यक्ष विदेशी निवेश के सीनाजोरी फैसले के पीछे भले ही और निश्चित ही वैशिवक पूंजीवादी व्यवस्था और उसे चलाने वाली संस्थाओं/शक्तियों का हाथ है, लेकिन उसका एक बड़ा कारण घरेलू भी है। यह फैसला मनमोहन सिंह और उनकी सरकार ने इसलिए बेधड़क होकर लिया है, क्योंकि पिछले दो साल से भ्रष्टाचार विरोधी आन्दोलन ने नवउदारवाद के वास्तविक विरोध के समस्त प्रयासों को पीछे धकेल दिया या धूमिल कर दिया है। वरना, जैसा कि पहले बताया गया है, प्रधानमन्त्री के आर्थिक सलाहकार कौशिक वसु ने कहा था कि अगले आम चुनाव तक आर्थिक सुधारों की रफ्तार धीमी रहेगी और चुनाव के बाद फिर से तेज की जाएगी।

भ्रष्टाचार विरोधी आन्दोलन के नेता अब राजनीतिक पार्टी बना रहे हैं। वह पार्टी, जैसा कि हमने पहले भी कहा है, चुनावों में कांग्रेस और भाजपा का नहीं, बल्कि नवउदारवाद की वास्तविक विरोधी और समाजवाद की समर्थक छोटी पार्टियों, जनांदोलनकारी संगठनों/समूहों और लोगों का विरोध करेगी। महज संयोग नहीं है कि कांग्रेस का हाथ भी आम आदमी के साथ है और नई पार्टी बनाने वाले भी 'मैं आम आदमी हूं' लिखी टोपी पहनते हैं। चलते-चलते पता चला है कि उन्होंने पार्टी का नाम भी आम आदमी पार्टी रखा है। मनमोहन सिंह के ये बच्चे उनकी सहूलियत के लिए उनकी जमात को ही नहीं, एजेंडे को भी आगे बढ़ाएंगे।

कौन है आम आदमी?

हम हर बार सोचते हैं कि भ्रष्टाचार विरोधी आन्दोलन पर आगे नहीं लिखेंगे। लेकिन ऐसी बाध्यता महसूस होती है कि इस परिघटना का साथ-साथ कुछ न कुछ विश्लेषण होना चाहिए। गम्भीर विश्लेषण और मूल्यांकन बाद में विद्वान करेंगे ही। आम आदमी पार्टी के बारे में पाँच-सात सूत्रात्मक बातों के अलावा हमें कुछ नहीं कहना है। पहली यह कि नवगठित पार्टी छोटी पार्टियों, मसलन, समाजवादी जन परिषद (सजप) और जनांदोलनों, मसलन जनांदोलनों का राष्ट्रीय

समन्वय (एनएपीएम) में तोड़-फोड़ करने में कामयाब हुई है। जाहिर है, इस दिशा में आगे भी काम जारी रहेगा। दूसरी यह कि अन्ना हजारे से इस पार्टी का अलगाव नहीं है। पार्टी के नेता अरविंद केजरीवाल ने उन्हें अपना गुरु बताया है और अन्ना ने पार्टी के 'अच्छे' उम्मीदवारों के पक्ष में चुनाव प्रचार करने का भरोसा दिया है। पूरे आन्दोलन में सक्रिय रहने वाली मेधा पाटकर कहती हैं कि आरोप लगाने से कुछ नहीं होगा, भ्रष्टाचार को जड़मूल से मिटाने की जरूरत है। यानी वे यह बता रही हैं कि अलग पार्टी बनाने का फैसला करने वाले महज आरोप लगाने वाले हैं और उसमें शामिल नहीं होने वाले भ्रष्टाचार को जड़मूल से मिटाने वाले। लेकिन वह काम बिना राजनीति के और पूंजीवादी व्यवस्था को बदले बगैर नहीं हो सकता। इस काम के लिए उनसे बार-बार कहा गया, लेकिन उन्हें वह रास्ता पसंद नहीं है। उन्हें देखना चाहिए कि वे वाया अन्ना, केजरीवाल की पार्टी में शामिल हो गयी हैं। जो लोग अपने को अन्ना के साथ मान कर पार्टी से अलग मान रहे हैं, वे खुद अपने को मुगालते में रखने की कोशिश करते हैं। पार्टी न अन्ना से अलग है, न रामदेव से और न दोनों की मानसिकता से। मनमोहन सिंह से अलग तो है ही नहीं।

तीसरी बात हम यह कहना चाहते हैं कि इस पार्टी के निर्माण की पूरी रणनीति कपट से भरी रही है। संप्रदायवादियों और आरक्षण विरोधियों को पूरा भरोसे में लेने के बाद अब धर्मनिरपेक्षतावादियों और सामाजिक न्यायवादियों को अपने लपेटे में लेने की कोशिश की जाएगी। चुनावी जीत के लिए जरूरी मुसलमानों को वोट बैंक बनाने की भी कोई जुगत रची जाएगी। कहने की जरूरत नहीं कि कपटपूर्ण रणनीति से निकली पार्टी का नाम भी कपट से भरा है, जिस पर हम आगे विचार करेंगे। यहां यह बताना चाहते हैं कि इस पूरे खेल में कपट-क्रीड़ा के साथ एक-दूसरे को इस्तेमाल करने का खेल भी चल रहा है। बानगी के लिए अन्ना और केजरीवाल के बीच की लप्प-झप्प देखी जा सकती है। अन्ना ने केजरीवाल से अपना और आईएसी का नाम इस्तेमाल करने से मना किया है। यह बात उन्हें तब ख्याल नहीं आयी जब केजरीवाल उन्हें 'मसीहा' बना रहे थे।

अन्ना भी एनजीओ की पैदावार हैं और केजरीवाल भी। बाकी जीवन व्यापारों की तरह एनजीओ व्यापार भी स्थैतिक यानी ठहरा हुआ नहीं होता। लिहाजा, अन्नाओं के एनजीओ व व्यक्तित्व और केजरीवालों के एनजीओ व व्यक्तित्व में समय के अंतराल के चलते काफी फर्क है। लोहिया का शब्द लें तो नए एनजीओबाज लोमड़-वृत्ति के हैं। उसके सामने अन्ना जैसा कच्छप गति वाला व्यक्ति इस्तेमाल होने को अभिशप्त है। अन्ना के समय में मीडिया क्रान्ति नहीं हुई थी। लोग बताते हैं कि उन्हें फोटो वगैरह खिंचवाने के लिए मीडिया वालों का काफी इंतजार करना

पड़ता था। कई बार निराशा भी हाथ लगती थी। मीडिया में प्रसिद्धि की उनकी भूख का केजरीवाल ने बखूबी इस्तेमाल किया है। अभी दोनों में और टीम के बाकी प्रमुख लोगों में एक-दूसरे को इस्तेमाल करने के दांवपेच देखने मिलेंगे। एक-दूसरे को इस्तेमाल करने का खेल इसकी जरा भी शर्म किए बगैर चलेगा कि ये सभी महाशय पूंजीवादी साम्राज्यवाद के समग्र खेल में इस्तेमाल हो रहे हैं। आप कह सकते हैं फिर भला मनमोहन सिंह को ही क्यों शर्म आनी चाहिए!

चौथी बात यह कि 'यूथ फॉर इक्वैलिटी' में विश्वास करने वाली पार्टी यह भली-भांति जानती है कि भारत में युवा शक्ति का मतलब अगड़ी सवर्ण जातियों के युवा होते हैं। इस पार्टी का दारोमदार उन्हीं पर है और रहेगा। सुना है पार्टी की स्थापना के मौके पर तलवार वगैरह भांजी गयी हैं। पांचवी बात यह कि समाजवादियों ने एक बार फिर अपनी 'जात' दिखा दी है। अभी तक वे संघियों और कांग्रेसियों के पिछलग्गू थे, अब एनजीओबाजों के भी हो गये हैं। किशन पटनायक को गुरु धारण करने वाले केजरीवाल के शिष्य बन गये हैं। मामला यहीं नहीं रुकता। जो वरिष्ठ समाजवादी लोहिया को ही पहला, अकेला और अंतिम गुरु मानते रहे और दूसरों को चरका देते रहे, उन्होंने भी केजरीवाल को राजनीतिक गुरु मानने में परेशानी नहीं हुई। मेधा पाटकर ने अन्ना को गुरु कबूल किया है तो वे केजरीवाल की गुरुबहन हो गईं। आजकल के गुरु लोग अपनी सुरक्षा का निजी इंतजाम रखते हैं। भारतीय किसान यूनियन ने खुद आगे बढ़ कर यह जिम्मेदारी उठा ली है।

छठी बात यह है कि इस पार्टी के बनाने में वे सभी शामिल हैं जो भ्रष्टाचार विरोधी आन्दोलन में शामिल और उसके समर्थक थे। क्योंकि यह पार्टी, जैसा कि कुलदीप नैयर ने उसकी तारीफ में कहा है, 'आन्दोलन की राख से उठी है'। अति वामपंथियों से लेकर अति गांधीवादियों तक ने अन्ना की टोपी पहन ली थी। उनमें सामान्य कार्यकर्ता, बड़े नेता और बुद्धिजीवी शामिल थे। आज भी अपने को अल्ट्रा मार्क्सवादी जताने वाले कई साथी केजरीवाल के 'पोल-खोल' कार्यक्रम पर उन्हें सलाम बजाते और उनके आन्दोलन में नैतिक आभा कम न हो जाए, इस पर चिन्तित होते देखे जा सकते हैं। यहाँ हम थोड़ा बताना चाहेंगे कि हमने बिल्कुल शुरू में आगाह किया था कि कम से कम ऐसे राजनीतिक संगठनों और लोगों को इस आन्दोलन का हिस्सा नहीं होना चाहिए जो समाजवादी विचारधारा और व्यवस्था में विश्वास करते हों। लेकिन जब एबी बर्द्धन और वृंदा करात जैसे अनुभवी नेता रामलीला मैदान जा पहुंचे तो बाकी की क्या बिसात थी। राजनैतिक डर उन्हें उस आन्दोलन में खींच ले गया जिसमें उमा भारती से लेकर गडकरी तक, चौटाला से लेकर शरद यादव तक शिरकत करने पहुंचे। बाद में तो सबके लिए खुला खेल फर्रुखाबादी हो गया।

उनमें यह डर नहीं पैदा होता अगर उन्होंने समाजवाद की किताबी से ज्यादा जमीनी राजनीति की होती। वे विवेकानंद से लेकर अंबेडकर तक को अपने शास्त्र में फिट करने की कोशिश करते हैं लेकिन उनके शास्त्र से कोई स्वतंत्र संवाद किया जा सकता है, जैसा कि भारत में आचार्य नरेंद्र देव, जेपी और लोहिया ने किया, यह उन्हें बरदाश्त नहीं है। उन्हें चीन का 'मार्केट सोशलिज्म' मंजूर है, लेकिन 'देशी समाजवाद' की बात करने के बावजूद भारतीय समाजवादी चिंतकों को बाहर रखते हैं। दरअसल, यह डर हमेशा बने रहना है, उसी तरह जैसे शास्त्र को प्रमाण मानने वाला ब्राह्मण हमेशा डरा रहता है और रक्षा के लिए बार-बार देवताओं के पास भागता है।

सातवीं बात यह है कि भ्रष्टाचार विरोधी आन्दोलन में नवउदारवाद के खिलाफ वास्तवकि संघर्ष को निरस्त करने की राजनीति पहले से निहित थी। उसे ही तेज करने के लिए नई पार्टी बनाई गयी है। लिहाजा, कुछ भले लोगों का यह अफसोस जताना वाजिब नहीं है कि राजनीति जैसी गंदी चीज में इन अच्छे लोगों को नहीं पड़ना चाहिए। आठवीं बात यह कि एनजीओ वालों को धन देकर काम कराने की आदत होती है। भ्रष्टाचार विरोधी आन्दोलन में यह काम खूब हुआ है। पार्टी में भी होगा। एक वाकया बताते हैं। हम लोग सितंबर के अंतिम सप्ताह में जन्तर मन्तर पर एफडीआई के खिलाफ क्रमिक भूख हड़ताल पर थे। 23 सितंबर को वहाँ केजरीवाल का कार्यक्रम था। सुबह दस बजे से कुछ युवक और अधेड़ तिरंगा लेकर एक कोने से दूसरे कोने तक चक्कर लगाने लगे। सोशलिस्ट पार्टी के कार्यकर्ताओं से बातचीत में उन्होंने बताया कि वे इक्कीस सौ रुपया की दिहाड़ी पर हरियाणा से आए हैं।

जैसा कि अक्सर होता है, जन्तर मन्तर पर पूरा दिन और कुछ देर के लिए होने वाले कई कार्यक्रम थे। केजरीवाल के समर्थकों द्वारा बजाए गये डीजे की तेज आवाज ने सभी को परेशान करके रख दिया था। देशभक्ति के फिल्मी गीत बार-बार बजाए जा रहे थे। पुलिस का एक वरिष्ठ कांस्टेबल हमारे पास आया कि हम उन्हें तेज आवाज में डीजे बजाने से रोकें, क्योंकि वे उसके कहने से नहीं मान रहे हैं। डीजे पूरा दिन लगातार बजता रहा। शाम के वक्त केजरीवाल आए और उनका भाषण शुरू हुआ तो उनके समर्थकों ने हमसे आदेश के स्वर में माइक व भाषण बंद करने को कहा। सोशलिस्ट पार्टी के कार्यकर्ताओं ने उन्हें डपटा तो वे आंखें दिखाने लगे। हमने खुद उन्हें समझा कर वहाँ से हटाया।

नौवीं बात है कि कांग्रेस और भाजपा का चेहरा काफी बिगड़ गया है। क्षेत्रीय दलों के नेताओं में एक भी 'अंतरराष्ट्रीय' केंडे का नहीं है। पूंजीवादी साम्राज्यवाद के नेटवर्क से जुड़े अपने अधीनस्थ देशों में साफ-सुथरे चेहरों की पार्टी, जो लोकतंत्र की सबसे ज्यादा बात करे, अमेरिका की अभिलाषा होती है।

जो देश उसके नेटवर्क में फंसने से इनकार करते हैं वहाँ वह खुद हमला करके अपने माफिक नेता बिठा देता है। पार्टी का पंजीकरण हुए बिना ही अगले आम चुनाव में सभी सीटों पर उम्मीदवार लड़ाने की घोषणा बताती है कि नई पार्टी के लिए धन की कोई समस्या नहीं होगी।

दसवीं और अंतिम बात यह कि यह सब प्रदर्शन- 'मैं अन्ना हूं', 'मैं केजरीवाल हूं', 'मैं आम आदमी हूं'- हद दरजे का बचकानापन है। मुक्तिबोध ने भारत के मध्यवर्ग की इस प्रवृत्ति को 'दुखों के दागों को तमगे-सा पहना' कह कर अभिव्यक्त किया है। कपट, इस्तेमाल-वृत्ति और लफ्फाजी से भरे आन्दोलन से कोई जेनुइन राजनीतिक पार्टी नहीं निकल सकती है।

पार्टी को एक तरफ छोड़ कर 'आम आदमी' पर थोड़ी चर्चा करते हैं, जिसकी दावेदारी में कांग्रेस और भाजपा नई पार्टी के साथ उलझे हैं। लाखों-करोड़ों में खेलने वाले लोग जब 'मैं आम आदमी हूं' की टोपी लगाते हैं तो उसका पहला और सीधा अर्थ गरीबों के उपहास में निकलता है। अगर लाखों की मासिक तनख्वा और फोर्ड फाउंडेशन जैसी पूँजीवाद की जमी हुई संस्थाओं से करोड़ों का फंड पाने वाले लोग अपने को आम आदमी कहें, तो यह गरीबों के सिवाय अपमान के कुछ नहीं है। भ्रष्टाचार विरोधी आन्दोलन पर जो अकूत खर्चा किया गया है, वह दरअसल इस पार्टी के निर्माण पर किया गया खर्च है। आम आदमी से अगर मुराद गरीबों से है, जैसे कि दावे हो रहे हैं, तो कोई उन्हें इतना धन देने वाला नहीं है कि वे अपनी पार्टी धन की धुरी पर खड़ी कर सकें। गरीबों की किसी भी पार्टी को याराना पूँजीवाद का यार याराना मीडिया दिन-रात तो क्या, कुछ सेकेंड तक नहीं देगा। लिहाजा, यह स्पष्ट है कि आम आदमी का अर्थ गरीब आदमी नहीं है-न कांग्रेस के लिए, न आम आदमी की टोपी पहनने वालों के लिए।

'आम आदमी' की अवधारणा पर थोड़ा गंभीरता से सोचने की जरूरत है। आजादी के संघर्ष के दौर में और आजादी के बाद आम आदमी को लेकर राजनीतिक और बौद्धिक हलकों में काफी चर्चा रही है जिसका साहित्य और कला की बहसों पर भी असर पड़ा है। साहित्य में आम आदमी की पक्षधरता के प्रगतिवादियों के अतिशय आग्रह से खीज कर एक बार हिन्दी के 'व्यक्तिवादी' साहित्यकार अज्ञेय ने कहा, 'आम आदमी आम आदमी... आम आदमी क्या होता है?' उनका तर्क था कि साहित्यकार के लिए सभी लोग विशिष्ट होते हैं। राजनीति से लेकर साहित्य तक जब आम आदमी की जोरों पर चर्चा शुरू हुई थी, उसी वक्त आम आदमी का अर्थ भी तय हो गया था। उस अर्थ में गाँधी का आखिरी आदमी कहीं नहीं था। आम आदमी की पक्षधरता और महत्ता की जो बातें हुईं, वे शुरू से ही 'मेहनत-मजदूरी' करने वाले गरीब लोगों के लिए नहीं थीं।

सब टीवी पर एक सीरियल 'आरके लक्ष्मण की दुनिया' आता है। उसका

उपशीर्षक होता है 'आम आदमी के खट्टे मीठे अनुभव'। यह सीरियल उस आम आदमी की तस्वीर पेश करता है जो आम आदमी की अवधारणा में निहित रही है। ये आम आदमी ज्यादातर नौकरीपेशा हैं, साफ-सुथरी और सुरक्षित हाउसिंग सोसायटी के "लैट में रहते हैं, मोटे-ताजे, सजे-धाजे होते हैं, स्कूटर-कार आदि वाहन रखते हैं, आमदनी बहुत नहीं होती लेकिन खाने-पीने, बच्चों की पढ़ाई लिखाई, सैर-सपाटा-पिकनिक, बच्चों का कैरियर आदि ठीक से संपन्न हो जाते हैं।

मध्य वर्ग ने आम आदमी की अवधारणा में अपने को ही फिट करके उसकी वकालत और मजबूती में सारे प्रयास किए हैं और आज भी वही करता है। आम आदमी मध्यवर्गीय अवधारणा है। उसका गरीब अथवा गरीबी से संबंध हो ही नहीं सकता था। क्योंकि मध्यवर्ग को अपने केंद्र में लेकर चलने वाली आधुनिक औद्योगिक सभ्यता का यह वायदा रहा है कि वह किसी को भी गरीब नहीं रहने देगी। दूसरे शब्दों में, जो गरीब हैं, उन्हें होना ही नहीं चाहिए। भारत का यह 'महान' मध्यवर्ग, जो नवउदारवाद के पिछले 25 सालों में खूब मुटा गया है, आम आदमी के नाम पर अपनी स्थिति और मजबूत करना चाहता है। वह सब कुछ अपने लिए चाहता हैं, लेकिन गरीबों का नेता होने की अपनी भूमिका को छोड़ना नहीं चाहता। इस पाखंड ने भारत की गरीब और आधुनिकता में पिछड़ी जनता को अपार जिल्लत और दुख दिया है।

भारत का मध्यवर्ग मुख्यतः अगड़ी सवर्ण जातियों से बनता है। यही कारण है कि इस आन्दोलन और उससे निकली पार्टी का वर्णाधार अगड़ी सवर्ण जातियां हैं, जिनका साथ दबंग पिछड़ी जातियां देती हैं। इसी आधार पर पार्टी के नेताओं ने युवकों का आह्वान किया है कि वे जातिवादी नेताओं को छोड़ कर आगे आएं और मध्यवर्ग नाम की नई जाति में शामिल हों। यहाँ उनकी जात भी ऊंची होगी और वर्ग-स्वार्थ भी बराबर सधेगा।

राजनीति में विदेशी निवेश

आम आदमी पार्टी का बनना अचानक या अस्वाभाविक घटना नहीं है। किशन पटनायक ने एक जगह आक्रोश में कहा है कि जब देश में विदेशी धन से सब हो रहा है, पेड़ तक विदेशी धन से लग रहे हैं, तो अमुक क्षेत्र में विदेशी निवेश क्यों नहीं होगा? आज वे होते तो कहते कि विदेशी धन से चलने वाले एनजीओ जब समाज, शिक्षा, स्वास्थ्य, संस्कृति, मानवाधिकार, नागरिक अधिकार, लोकतंत्र सुधार/संवर्द्धन आदि का काम बड़े पैमाने पर करते हैं तो राजनीति क्यों नहीं करेंगे? एनजीओ पूंजीवादी व्यवस्था के अभिन्न अंग हैं जो उसके विरोध की राजनीतिक संभावनाओं को खत्म करते हैं। वे बताते हैं कि पूंजीवादी व्यवस्था अपने में पूर्ण और अंतिम हैं। अगर किसी समाज में समस्याएं हैं तो वहाँ के निवासी एनजीओ

बना कर धान ले सकते हैं और उन समस्याओं का समाधान कर सकते हैं। उसके लिए पूंजीवादी व्यवस्था का विरोध करने की जरूरत नहीं है।

देश में जब सब क्षेत्रों में धड़ाधड़ एनजीओ काम कर रहे हैं तो राजनीति भी अपने हाथ में लेने की कोशिश करेंगे ही। आखिर सोनिया गाँधी की राष्ट्रीय सलाहकार समिति (नैक) में कितने एनजीओ वालों को खपाया जा सकता है? सुनते हैं, केजरीवाल नैक में शामिल होना चाहते थे, लेकिन वहाँ जमे उनके प्रतिद्वंद्वियों ने उनका रास्ता रोक दिया। आखिर आदमी केवल प्रवृत्ति नहीं होता, उसकी अपनी भी कुछ फितरत होती है। मनमोहन सिंह का यह बच्चा रूठ कर कुछ उच्छृंखल हो गया है। उच्छृंखलता ज्यादा न बढ़े, इसके लिए कतिपय पालतू बच्चे पार्टी में शामिल हो गये हैं। यह उनका अपना निर्णय है या खुद मनमोहन सिंह मंडली ने उन्हें वहाँ भेजा है, इससे उनके पालतू बच्चे होने की हकीकत पर कुछ फर्क नहीं पड़ता है।

एनजीओ द्वारा कार्यकर्ताओं को हड़पने की समस्या पहले भी रही है। फर्क इतना आया है कि एनजीओं के जाल में पुराने लोग भी फंसने लगे हैं। यह स्थिति नवउदारवादी व्यवस्था की मजबूती की दिशा में एक और बढ़ा हुआ कदम है। इस बीच घटित एक वाकये को रुपक के रूप में पढ़ा जा सकता है। 1995 में बनी राजनीतिक पार्टी समाजवादी जन परिषद (सजप) के वरिष्ठ नेता सुनील एक प्रखर विचारक और प्रतिबद्ध समाजवादी कार्यकर्ता हैं। जेएनयू से अर्थशास्त्र में एम.ए. करने के बाद से वे पूर्णकालिक राजनीतिक काम कर रहे हैं। किशन पटनायक द्वारा शुरू की गयी 'सामयिक वार्ता' का समता संगठन और बाद में सजप के साथ घनिष्ठ संबंध रहा है। किशन जी के रहते ही यह पत्रिका अनियमित होने लगी थी जिसकी उन्हें सर्वोपरि चिन्ता थी।

उनके बाद पत्रिका के सम्पादक बने साथी ने उसे अपना प्राथमिक काम नहीं बनाया। जबकि संपादकी की जिम्मेदारी लेने वाले किसी भी साथी को उसे अपना प्राथमिक काम स्वीकार करके ही वैसा करना चाहिए था। इस दौरान पत्रिका की नियमितता पूरी तरह भंग हो गयी। अब पिछले दो-तीन महीने से सुनील उसे केसला-इटारसी से निकालने और फिर से जमाने की कोशिश कर रहे हैं। सुनील राजनीति करने वाले थे और सम्पादक बने साथी फोर्ड फाउंडेशन से संबद्ध हैं। अब सुनील पत्रिका निकाल रहे हैं और राजनीति करने का काम किशन जी के बाद सम्पादक बने साथी ने सम्हाल लिया है। सज़प के भीतर यह फेर-बदल होता तो उतनी परेशानी की बात नहीं थी। उन साथी का मन बड़ा है! वे केजरीवाल की नई पार्टी की राजनीति कर रहे हैं। कह सकते हैं, जो जहाँ का होता है, अंततः वहीं जाता है। लेकिन इस नाटक में बड़ी मशक्कत से खड़े किए गये एक संगठन और उससे जुड़े नवउदारवाद विरोधी संघर्ष का काफी

नुकसान हुआ है। कहना न होगा कि इससे किशन पटनायक की प्रतिष्ठा को भी धक्का लगा है। आप समझ गये होंगे हम साथी योगेंद्र यादव की बात कर रहे हैं। हमने इस प्रसंग को रूपक के बतौर रखा है, जिसमें सुनील और योगेंद्र व्यक्ति नहीं, दो प्रवृत्तियों के प्रतीक हैं।

साम्राज्यवाद की सगुणता के कई रूप हैं। विदेशी धन उनमें शायद मूलभूत है। पूरी दुनिया में बिछा बहुराष्ट्रीय कम्पनियों और एनजीओ का फंदा उसीसे मजबूती से जुड़ा है। विदेशी धन, चाहे कर्ज में आया हो चाहे खैरात में, वह खलनायक है जो हमारे संसाधनों, श्रम और रोजगार को ही नहीं लूटता; स्वावलंबन और स्वाभिमान का खजाना भी लूट लेता है। उसके बाद कितना भी तिरंगा लहराया जाए, देशभक्ति के गीत गाए जाएं, न स्वावलंबन बहाल होता है, न स्वाभिमान। केवल एक झूठी तसल्ली रह जाती है। सोवियत संघ के विघटित होने के बाद यह प्रकाश में आया कि भारत की कम्युनिस्ट पार्टी को वहाँ से कितना धन मिलता था। उस समय गुरुवर विश्वनाथ त्रिपाठी ने हमें बगैर पूछे ही कहा कि 'क्या हुआ, धन क्रान्ति करने के लिए लिया था।' सवाल है कि अगर लिया था तो क्रान्ति का क्या हुआ? एक दौर के प्रचंड समाजवादी जॉर्ज फर्नांडीज पर आरोप लगते रहे हैं कि उन्होंने सोशलिस्ट इंटरनेशनल से धन लिया। वे भी सोचते होंगे कि उन्होंने धन समाजवादी क्रान्ति करने के पवित्र उद्देश्य के लिए लिया है। आज वे कहां हैं, बताने की जरूरत नहीं। विदेशी धन का यह फंदा काटना ही होगा।

नई पार्टी ने स्वराज लाने की बात कही है। लेकिन वह झांसा ही है। एनजीओ वाले कैसे और कैसा स्वराज लाते हैं उसका जिक्र हमने 'भ्रष्टाचार विरोध : विभ्रम और यथार्थ' शीर्षक 'समय संवाद' में किया है। अब दोनों ही बातें हैं। नुकसान की भी और फायदे की भी। फायदे की बात पर ध्यान देना चाहिए। जो इस नवउदारवादी प्रवाह में शामिल नहीं हुए, उनकी समझ और रास्ता अब ज्यादा साफ होंगे। जो शामिल हुए, लेकिन लौट आए, यह अफसोस करना छोड़ दें कि कितनी बड़ी ऊर्जा बेकार चली गयी! ऊर्जा कभी बेकार नहीं जाती। वह जिस काम के लिए पैदा हुई थी, वह काम काफी कुछ कर चुकी है और आगे करेगी। साथी अपना काम इस बार ज्यादा ध्यान से करें। उनके पास यह ताकत कम नहीं है कि वे बदलाव नहीं कर पा रहे हैं तो कम से कम देश की बदहाल आबादी के साथ धोखाधड़ी नहीं कर रहे हैं।

लोग राजनीति को कहते हैं, हमारा मानना है कि मानव जीवन ही संभावनाओं का खेल है। यह भी हो सकता है मोहभंग हो और नई पार्टी से कुछ लोग बाहर आएं। जीवन में सीख की बड़ी भूमिका होती है। उससे नवउदारवाद विरोधी आन्दोलन को निश्चित ही ज्यादा बल मिलेगा।

26 नवंबर 2012

कारपोरेट कपट का बढ़ता कारोबार

वर्ग-स्वार्थ की प्रबलता

नवउदारवादी आर्थिक नीतियों के बीस साल होने पर हमने कहा था कि इस दौरान उसके खिलाफ जो संघर्ष चला उसमें बाजी नवउदारवाद समर्थकों के हाथ रही है। आज पाँच साल बाद भी वही स्थिति है। बल्कि वामपंथी और सामाजिक न्याय की पक्षधार मुख्यधारा राजनीतिक पार्टियों, बुद्धिजीवियों, नागरिक समाज और मुख्यधारा मीडिया में नवउदारवादी व्यवस्था का समर्थन और स्वीकृति तेजी से बढ़ी है। वैशिवक परिस्थितिजन्य कई जटिल कारण इसके लिए जिम्मेदार हैं। मसलन, अमेरिकी नेतृत्व नवउदारवादी सत्ताप्रतिष्ठान की संस्थाओं- विश्व बैंक, अंतर्राष्ट्रीय मुद्रा कोष, विश्व व्यापार संगठन, यूनेस्को, विश्व आर्थिक मंच, घरेलू व सैन्य उपकरण बेचने वाली कम्पनियों आदि- की मार्फत भारत समेत पूरी तीसरी दुनिया में अपने अनुकूल शासक वर्ग की प्रतिष्ठा और अदला-बदली करता है। स्थानीय स्तर पर उपनिवेशवादी दौर में जो साम्राज्यवादी बीज पड़ा था, वह नवउदारवाद के प्रभावस्वरूप फल-फूल उठा और उसने देश की राजनीति पर कब्जा जमा कर उसे कारपोरेट पूँजीवाद की एजेंट बना दिया। जनता के अनेक नवउदारवाद विरोधी संघर्षों के बावजूद उत्तरोत्तर नवउदारवाद की जीत पक्की होती गयी है। इसके लिए विदेशी फंडिंग से चलने वाले अकेले एजनीओ दोषी नहीं हैं। देश के ज्यादातर मूर्द्धन्य विद्वानों, पत्रकारों, लेखकों, प्रोफेसरों के नवउदारवाद को दिए गये सतत समर्थन के बल पर ऐसा हुआ है।

यह ध्यान देने और समझने की जरूरत है कि इस अरसे में भ्रष्टाचार विरोधी आन्दोलन की परिघटना ने एक बड़ा फर्क डाला है। वह यह कि अब नवउदारवाद विरोध का पक्ष, जो अलग-अलग जगहों पर अलग-अलग मुद्दों को लेकर अलग-अलग संगठनों/व्यक्तियों द्वारा संचालित जनांदोलनों के रूप में उभरा था और ज्यादातर नागरिक समाज व मुख्यधारा मीडिया की उपेक्षा के बावजूद लगातार अपनी ताकत बना रहा था, नवउदारवाद समर्थकों ने काफी पीछे धकेल दिया है। इसके साथ ही पिछले करीब दो दशकों में उभर कर आयी वैकल्पिक

राजनीति की विचारधारा और उस पर आधारित संघर्ष को मिटाने का काम भी तेज हुआ है। नई आर्थिक नीतियां लागू होने के 25 साल बाद निर्णायक रूप से कहा जा सकता है कि नवउदारवाद महज आर्थिक परिघटना नहीं है। उसने आर्थिक संसाधनों और श्रम पर ही कब्जा नहीं जमाया है, राजनीति के साथ विचार-शक्ति और अनुसंधान-शक्ति को भी अपनी गिरफ्त में लिया है। बल्कि कुदरती जीवनी-शक्ति और मानवीय जिजीविषा पर भी उसका कब्जा होता जा रहा है। तीसरी दुनिया के संदर्भ में नवउदारीकरण का यह विशिष्ट नव-साम्राज्यवादी पहलू है, जिसके चलते उसके मुकाबले में राजनीतिक और बौद्धिक नेतृत्व खड़ा नहीं हो पाता है।

यह संकट अब और बढ़ गया है। नवउदारवाद को मजबूत बनाने और गति प्रदान करने वाले भ्रष्टाचार विरोधी आन्दोलन के पुरोधाओं ने राजनीतिक पार्टी बना कर गहरा दांव चला है। संविधान की विचारधारा पहले ही नवउदारवाद की एजेंट मुख्यधारा राजनीति द्वारा लगभग धवस्त की जा चुकी है। अब सीधे नवउदारवाद की कोख से पैदा राजनीति ने नवउदारवाद विरोधी संघर्ष की कोख से पैदा विकल्प की राजनीति को कड़ी चुनौती दी है। जबकि भ्रम यह फैलाया जा रहा है कि इस 'नई राजनीति' का मुकाबला कांग्रेस और भाजपा से है।

आजादी के संघर्ष की सीख से हम जानते हैं कि पूंजीवादी साम्राज्यवाद के खिलाफ संघर्ष के दौर में उतार-चढ़ाव आते हैं। आजादी के 65 साल बाद समाजवादियों, गांधीवादियों, जनान्दोलनकारियों में साम्राज्यवादी चोला पहनने के लिए मची होड़ से अब हम यह भी जान गये हैं कि 1947 में हासिल की गयी जीत वाकई निर्णायक नहीं थी। उस समय आजादी को अधूरी माना भी गया था और उसे पूरा करने के कई दावेदार और संघर्ष हुए थे। उस विस्तार में जाने का यह मौका नहीं है। वास्तविकता यह है कि समस्त दावेदारों और संघर्षों के बावजूद भ्रष्टाचार विरोधी आन्दोलन में 'दूसरी आजादी', 'तीसरी आजादी' 'दूसरी क्रान्ति', 'तीसरी क्रान्ति' का शोर मचाते हुए पूंजीवादी साम्राज्यवाद शायद पहले से ज्यादा मजबूती के साथ देश में स्थापित हो गया है।

आम आदमी पार्टी (आप) के नाम से अब नवउदारवाद की अपनी पार्टी है जिसने गाँधी के आखिरी आदमी को पीछे धकेल कर करोड़पति 'आम आदमी' को राजनीति के केंद्र में स्थापित करने की मुहिम छेड़ी हुई है। उम्मीद करनी चाहिए कि 1947 में मिली अधूरी आजादी को पूरा करने के दावेदार इस परिघटना पर गंभीरता से विचार कर नवउदारवाद के लाभार्थियों के बरक्स वंचितों के पक्ष की राजनीति खड़ा करने का उद्यम करेंगे। तभी नवउदारवाद की जीत और वैकल्पिक राजनीति की पराजय की इस परिघटना को उलटने की आशा की जा सकती है। हालांकि इसमें रोड़े बहुत हैं। चिन्ता का विषय कारपोरेट राजनीति के नए उभार

का होना नहीं है। सरकारों का एनजीओकरण होगा तो एक दिन राजनीति का भी होगा, यह हम पहले से जानते थे। 'आप' बनाने वाले एनजीओ सरगनाओं की नीयत भी हमें अच्छी तरह पता थी। चिन्ता का विषय यह है कि अपने को वाम, लोकतांत्रिक और धर्मनिरपेक्ष बताने वाले लोग इस 'नई राजनीति' की न केवल प्रशंसा कर रहे हैं, उससे सीख लेने का पाठ पढ़ और पढ़ा रहे हैं।

राहुल गाँधी की बात समझ में आती है कि वे यह सीख लें कि नवउदारवाद के पहले राउंड के दागों- करोड़ों लोगों का विस्थापन, लाखों लोगों की आत्महत्याएं, करोड़ों कुपोषित, अशिक्षित, असुरक्षित बच्चे, करोड़ों बेरोजगार - को गायब कर अगले राउंड की जीत कैसे सुनिश्चित की जाए? लेकिन प्रकाश कारत और लिबरेशन के कड़क कामरेड भी राहुल गाँधी के साथ 'आप' की पाठशाला के विद्यार्थी बन गये हैं। कहते हैं 'आप' वही सब कर रही है जो वे करना चाहते हैं। विश्व कम्युनिस्ट आन्दोलन और आजादी के संघर्ष के क्रान्तिकारी आन्दोलन से अपनी नाल जोड़ने वाली राजनीतिक धारा की यह दयनीय परिणति ट्रैजिक ही कही जाएगी। राहुल गाँधी से भला क्या कहा जा सकता है, जिन्हें नेता बनाने में कितने ही सयाने और विज्ञापन कंपनियां पिछले कई सालों से लगी हैं? कामरेड कारत समेत मार्क्सवादियों से जरूर निवेदन किया जा सकता है कि वे 'आप' का असली सबक- नवउदारवाद विरोध की राजनीति नहीं चलनी है, लिहाजा, वह करनी भी नहीं चाहिए - ग्रहण न कर बैठें!

दिल्ली के चुनाव में 'आप' नेताओं के धन के लेन-देन संबंधी स्टिंग ऑपरेशन की सच्चाई शक के दायरे में हो सकती है, लेकिन वाम, लोकतांत्रिक और धर्मनिरपेक्ष मानी जाने वाली समझ का जो 'स्टिंग ऑपरेशन' हुआ है, वह शक के परे है। यह थोड़ा अजीब है कि सीपीआई और सीपीएम के मुकाबले सीपीआई (एमएल) के सदस्य/समर्थक 'आप' की प्रशंसा और जीत के जश्न में ज्यादा बढ़-चढ़ कर बोल रहे हैं। उनमें से एक साथी ने दिल्ली विधानसभा चुनाव के वक्त हमसे कहा कि 'आप' को उम्मीदवार मिलने में कठिनाई हो रही थी। वामपंथी पार्टियों को अपने उम्मीदवार 'आप' के उम्मीदवार बनाने चाहिए थे। हम उनकी यह कॉकटेली पेशकश सुन कर स्तब्ध रह गये। आगे यह नहीं पूछा कि वाम पार्टियों के उम्मीदवारों को सीधे 'आप' के टिकट पर चुनाव लड़ना चाहिए था या गठबंधन बना कर? और, क्या 'आप' की तरफ से वैसा कोई प्रस्ताव मार्क्सवादी पार्टियों के पास आया था? प्रशान्त भूषण माकपा को भ्रष्ट बता कर उसके साथ चुनावी गठबंधान से इंकार कर चुके हैं। लेकिन 'आप' के प्रति मार्क्सवादी साथियों की विनम्रता और उत्साह कम नहीं हुआ है।

यह सही है कि सामान्य नागरिक समाज कारपोरेट पूँजीवाद के डिजाइन को नहीं समझ पाता और उसके पक्ष में नित नई स्ट्रेटेजी बनाने वालों की मंशा को

भी। दिन-रात दो जून की रोटी और बच्चों की शिक्षा-नौकरी के लिए हलकान आबादी तो भला क्या समझ पाएगी। नागरिक समाज में जो सीधे कारपोरेट पूँजीवाद के समर्थक हैं, उनका कारपोरेट राजनीति के साथ होना स्वाभाविक है। लेकिन अपने को राजनीतिक समझ से लैस मानने वाले परिवर्तन की राजनीति के पक्षधार बुद्धिजीवी और राजनीतिक-सामाजिक नेता-कार्यकर्ता भी दिल्ली की जीत और सरकार गठन के बाद 'आप' को एक मात्र प्रासंगिक विकल्प मान रहे हैं। वे अपनी पार्टियों और विचारधारा से ज्यादा 'आप', जो अभी ठीक से राजनीतिक पार्टी भी नहीं कही जा सकती, को ज्यादा तवज्जो दे रहे हैं।

हमने कहा था कि दिल्ली में कांग्रेस या बीजेपी की सरकार बनेगी। इस चुनावी नतीजे से हम अपनी गलतफहमी दूर करते हैं। हमने ऐसा केवल इसलिए नहीं कहा था कि दिल्ली में ये दोनों सबसे बड़ी दावेदार पार्टियां हैं, बल्कि यह सोच कर कहा था कि दिल्ली में बैठे प्रगतिशील तथा धर्मनिरपेक्ष समझ और पृष्ठभूमि के लोग 'आप' द्वारा फैलाए गये कारपोरेट कपट के जाल को जरूर काट देंगे। उसका फायदा वामपंथी समेत समाजवाद की पक्षधर पार्टियों और कथनी में पूँजीवाद का विरोध करने वाली बसपा-सपा जैसी सामाजिक न्याय की पक्षधर पार्टियों को मिल सकेगा। जाहिर है, फिर भी सरकार कांग्रेस या भाजपा की ही बनती, लेकिन नवउदारवाद विरोध की राजनीति की जगह भी कुछ बढ़ती। लेकिन उन्होंने ऐसा न करके 'आप' का समर्थन किया।

'आप' के रणनीतिकार खुश हो सकते हैं कि उन्होंने राजनीति और संस्कृति का केंद्र मानी जाने वाली दिल्ली में वहाँ के सामान्य एवं प्रबुद्ध नागरिक समाज को पूरी तरह अपने पक्ष में लामबंद करके विजय हासिल की है। पिछले 15 साल तक शीला दीक्षित के पीछे लामबंद रहने वाले प्रगतिशील और धर्मनिरपेक्ष बुद्धिजीवी गर्व से कह रहे हैं कि उन्होंने 'आप' को समर्थन और वोट दिया है। दिल्ली के विधानसभा चुनाव में जो लोग भाजपा के साथ रहे, वे 'आप' के साथ भी थे और जो सीधे 'आप' के साथ थे, वे भाजपा के साथ भी हैं। यानी सब मिल कर एक टीम बन गये हैं। 'बौद्धिक वर्ग है क्रीतदास/किराए के विचारों का उद्‌भास' और 'रक्तपायी वर्ग के साथ नाभिनाल-बद्ध से सब लोग' - मुक्तिबोध की कविता 'अंधेरे में' के काव्यनायक की इन पंक्तियों को दिल्ली के विद्वत व सुसंस्कृत समाज ने निर्णायक रूप से चरितार्थ किया है। उसने दिखा दिया है कि समाजवाद में उसका विश्वास दिखावे का और मध्यवर्ग के साथ जुड़ा स्वार्थ असली है।

भ्रष्टाचार विरोधी आन्दोलन के दौरान ही उसने अपना वर्गस्वार्थी चरित्र प्रकट कर दिया था। भ्रष्टाचार विरोधी आन्दोलन की हमने सतत समानांतर समीक्षा की है। उसमें हमने यह बताया कि भारत के नागरिक समाज ने अपने वर्ग-स्वार्थ से परिचालित होकर उसे और मजबूत करने के लिए यह आन्दोलन खड़ा किया।

साथ ही नवउदारवादी नीतियों के दुष्परिणाम स्वरूप तबाही का शिकार होने वाली मेहनतकश जनता को अपने पक्ष में इस्तेमाल करने की स्ट्रेटेजी के तहत आम आदमी पार्टी बनाई गयी। दिल्ली में 'आप' की जीत का जश्न दरअसल 'महान' मध्यवर्ग के वर्ग-स्वार्थ की जीत का जश्न है। यह स्वार्थ केवल आर्थिक और सामाजिक मजबूती का ही नहीं है, अपने को ईमानदार और नैतिक जताने का भी है। उसे 'शुचिता', 'ईमानदारी', और 'नैतिकता' का ऐसा 'फील गुड' हुआ है कि 'आप' सुप्रीमो केजरीवाल और उसने जो भानुमति का कुनबा जोड़ा है, उसके बारे में जरा भी आलोचना सुनने को तैयार नहीं है।

हमें 'परिवर्तन', 'कबीर', 'सीएसडीएस', 'पब्लिक कॉज रिसर्च फाउंडेशन' आदि के संचालकों के फोर्ड फाउंडेशन-सीआईए संबंधों, भारत के शासक वर्ग समेत नवसाम्राज्यवादी सत्ताप्रतिष्ठान में पैठ बनाने की तरह-तरह की युक्तियों, इंडिया अगेंस्ट करप्शन (आईएसी) बनाने के निहितार्थों, कथित आपसी झगड़ों-षड़यंत्रों-फूट आदि के ब्योरों में, जो पिछले कई सालों से चर्चा में चले आ रहे हैं, कभी दिलचस्पी नहीं रही है। इन महानुभावों द्वारा आयोजित भ्रष्टाचार विरोधी आन्दोलन के वर्गीय चरित्र और स्वरूप का अध्ययन ही हमारा विषय रहा है। उसे आगे बढ़ाते हुए हम कहना चाहते हैं कि किसी आन्दोलन की एक खासियत यह होती है कि उससे समाज का नैतिक स्तर कितना ऊपर उठा है। किसी के पास कोई ज्यादा वाजिब कसौटी हो तो जरूर बताएं। हमारी कसौटी है कि इस आन्दोलन, जिसे राजनीति का विरोधी और समाज की शक्ति का द्योतक कहा गया, से कम से कम नागरिक समाज की सामाजिकता पुष्ट होनी चाहिए थी।

यानी समाज का संपन्न तबका विपन्नों के बारे में विचार और संवेदना से कुछ जुड़ता। वह पूरे आन्दोलन को विपन्नता पैदा करने वाले उस नव-साम्राज्यवाद की ओर मोड़ देता, जिसके खिलाफ पिछले 25 सालों से हमारे दौर की कई बेहतरीन शख्सियतें संघर्षरत रही हैं। इस संघर्ष में उन्होंने एक तरह से अपनी आहुति दी है। हम स्पष्टता से कहना चाहते हैं कि भ्रष्टाचार विरोधी आन्दोलन ने नागरिक समाज के पिछले दो दशकों में गिरते नैतिक स्तर को और नीचे गिराया है। बल्कि जिनका कुछ न कुछ ईमान बना हुआ था, वे भी एकबारगी उसमें बह गये। कहने का आशय है कि भ्रष्टाचार विरोधी आन्दोलन और 'आप' के कर्ताओं के गड़े मुर्दे उखाड़ने की जरूरत ही नहीं है। उनके आन्दोलन और पार्टी का चरित्र और परिणाम ही यह बताने के लिए पर्याप्त हैं कि बबूल के पेड़ में आम नहीं फल सकते।

'आप' की जीत के जश्न में ऐसा जताया जा रहा है कि भ्रष्ट नेताओं और राजनीति का इस 'घोर ईमानदार और नैतिक' नागरिक समाज से कोई वास्ता नहीं है। न ही उसकी पैदाइश और मजबूती में उसकी कोई भूमिका है। जैसे भ्रष्टाचार

कोई ऊपरी बला है, वैसे ही भ्रष्ट नेता और राजनीति कहीं ऊपर से आन टपके हैं! ध्यान दीजिए, कल तक मनमोहन सिंह इनके लिए ईमानदारी के पुतले थे और सोनिया गाँधी बहुतों के लिए त्याग की देवी। नब्बे के दशक के शुरू में लागू की गईं नई आर्थिक नीतियां भ्रष्टाचार का स्रोत ही नहीं बनने वाली थीं, अपने में खुला भ्रष्टाचार थीं। इसी नागरिक समाज ने न केवल मनमोहन सिंह जैसे गैर-राजनीतिक व्यक्ति और विश्व बैंक के नौकरशाह को 1991 में सिर-आंखों पर बिठाया, दो बार देश का प्रधानमन्त्री भी बनाया। तब मनमोहन सिंह और कांग्रेस बुरे नहीं थे, क्योंकि वेतन-भत्ते खूब बढ़ रहे थे, बेटा-बेटी विदेशों में पढ़ने और बड़े पैकेज पर नौकरियां करने जा रहे थे, बैठे ठाले देश-दुनिया घूमने और बड़े-बड़े पुरस्कार हासिल करने के लिए एनजीओ बनाये जा रहे थे, राजनीतिक कार्यकर्ताओं को बिगाड़ा जा रहा था, वर्ल्ड सोशल फोरम जैसे अंतर्राष्ट्रीय मजमे लगाए जा रहे थे। उस समय जो दिन-रात नागरिक समाज और पुलिस की प्रताड़नाएं सह कर नव-साम्राज्यवादी हमले का मुकाबला कर रहे थे, उन पर निर्लज्जतापूर्वक अव्यावहारिक, आदर्शवादी, असफल, यहाँ तक कि देशद्रोही होने की तोहमत लगाई जा रही थी। एक के बाद एक घोटालों के बावजूद मनमोहन सिंह और कांग्रेस की नवउदारवादी नीतियों को बिना विराम दिए चलाने की हिम्मत के पीछे इसी 'पाक दामन' नागरिक समाज का बल रहा है, जो आज कांग्रेस को भ्रष्टाचार और भ्रष्ट राजनीति के लिए पानी पी-पी कर कोस रहा है।

कारपोरेट राजनीति की नई बानगी का नयापन यही है कि उसने कारपोरेट लूट का शिकार जनता की सीधी स्वीकृति लेने का जाल बुन कर उस पर फेंका है। पूँजीवाद के पहलवानों के पेड गुर्गे 'मंहगाई मिटा देंगे' का झांसा देते हुए गरीबों के घरों में घुस गये। कारपोरेट, मीडिया और नागरिक समाज की मिलीभगत से तैयार कपटजाल में दिल्ली की झुग्गी-झोंपड़ियों और गंदी बस्तियों में रहने वाली अधपेट, कुपोषित, अशिक्षित मेहनतकश जनता फंस गयी तो उसे दोष नहीं दिया जा सकता। बल्कि उसे अभी और फंसना है। 'आप' के बहेलिये जाल को पूरे देश पर फैलाने की मुहिम में लग गये हैं। रातों-रात तामझाम खड़ा हो गया है और 'आप' में शामिल होने की भग्गी मची हुई है। न्यूज चैनलों की कौन कहे, प्रिंट मीडिया के कई वरिष्ठ सम्पादक और पत्रकार पत्रकारिता की आचरण-संहिता को ठोकर मार कर 'आप' के प्रचारक की भूमिका में उतर आए हैं। प्रतिष्ठित विश्वविद्यालयों के कुछ प्रतिष्ठित प्रोफेसर उसके समर्थन में लेख लिख रहे हैं। अभी तक नवउदारवाद के प्रखर आलोचक रहे कई साथी 'आप' की थोड़ी आलोचना करते भी हैं तो क्षमाप्रार्थी स्वर में। कोई भी उसके नवउदारवादी मूल और चरित्र से जनता को अवगत कराना नहीं चाहता। भारत का बुद्धिजीवी शासकवर्ग के साथ एकजुट होकर इससे पहले कभी मेहनतकश जनता का इस कदर दुश्मन नहीं बना था।

नई पार्टी ने नई स्थापना दी है कि राजनीतिक संघर्ष नहीं, सीधे चुनाव जीतने की स्ट्रेटेजी होनी चाहिए। नागरिक समाज और मीडिया के समर्थन से लबलबाए 'आप' के स्ट्रेटेजिस्ट वहाँ भी पहुंचेंगे जहाँ कारपोरेट की लूट के खिलाफ विस्थापन, उत्पीड़न, हत्याओं और आत्महत्याओं के बावजूद कुछ लोग सीधा लोहा ले रहे हैं। हालांकि अब तक उनके साथ जुटने वाले साथियों में से कुछ उनके साथ नहीं होंगे। वे साम्राज्यवाद के सेवकों के नए भर्ती अभियान के तहत चुनाव लड़ने के लिए 'आप' में शामिल हो गये हैं। 'संघर्ष' और 'सेवा' का ईनाम पाने की मंजिल आ गयी है! यह स्थिति बताती है कि नवउदारवाद का अगला राउंड ᡃयानी अगले 25 साल) वंचित जनता के लिए पहले राउंड से ज्यादा भयानक तबाही लेकर आने वाला है।

कुछ लोगों का कहना है कि यह गुबारा अपने अंतविर्रोधों के चलते जल्दी ही फूट भी सकता है। मुख्यधारा राजनीतिक दलों के नेता जहाँ इसकी आशा लगाए है, वहीं नई पार्टी के नवोदित नेता आशंका से ग्रस्त रहते हैं। जिसे 'एक्सपोज' होना कहा जाता है, वह पार्टी बनाने के पहले दिन से हो रहा है। 'आप' के साथ जुटा नागरिक समाज और मीडिया उसे जनता तक नहीं पहुंचने देंगे। बार-बार 'एक्सपोज' होंगे, बार-बार मामले को सम्हालने की भरसक कोशिश की जाएगी। इसमें कारपोरेट घरानों का पूरा साथ रहेगा। आगामी आम चुनाव तक मामला सम्हल जाता है और लोकसभा की कुछ सीटों पर जीत हासिल हो जाती है, तो उसके आगे जीतने वाले नेताओं की जातियां मजबूती से सब सम्हाल लेंगी। कहने का आशय यह है कि 'आप' के 'एक्सपोज' होने से नवउदारवाद को कोई क्षति और विकल्प की राजनीति को कोई फायदा नहीं होने जा रहा है।

ईमानदारी का बाजार भाव

मान लिया कि व्यवस्था परिवर्तन न हो सकता है, न उसकी राजनीति चल सकती है। यह लक्ष्य लेकर चलने वाली राजनीतिं परास्त होने के लिए अभिशप्त है। 'शुचिता, ईमानदारी और नैतिकता' से लबालब कारपोरेट क्रान्ति के सिपाहियों से दिल्ली में बहुत छोटी-सी बात हम कहना चाहते हैं। वह उतनी बड़ी भी नहीं है, जितनी हमने भ्रष्टाचार विरोधी आन्दोलन के दौरान कही थी - कारपोरेट घरानों से लेकर नागरिक समाज तक, जितने लोग भ्रष्टाचार विरोधी आन्दोलन के साथ जुटे हैं, वे खुद भ्रष्टाचार करना छोड़ दें तो देश की गरीब जनता को बहुत हद तक राहत मिल जाएगी। लेकिन उनकी जिद थी कि पहले कठोरतम लोकपाल कानून बनना चाहिए फिर देखिए भ्रष्टाचार कैसे भागता है! केंद्र और दिल्ली दोनों जगह कानून बन गया है, फिर भी दिल्ली की ईमानदार सरकार लोगों को बेईमान अफसरों का स्टिंग आपरेशन करने की नसीहत दे रही है!

दिल्ली में गरीबों ने मंहगाई से राहत के वादे पर 'आप' को वोट दिया। कांग्रेस के भारी पराजय का यही एक तात्कालिक कारण बना। दिल्ली के ईमानदार 'आप' के समर्थक नागरिक समाज से हमारा बस इतना निवेदन है कि वे अपने यहाँ काम वाली, दूध वाले, सब्जी वाले, धोबी, प्लंबर, बिजली वाले, रिक्शा वाले, बढ़ई आदि के श्रम के दाम थोड़े बढ़ा दें। अब 'स्वराज' आ ही गया है या आने वाला है तो उन्हें कुर्सी-सोफा पर बिठा कर अपने कप में चाय पिलाना शुरू कर दें, जब घर में जन्मदिन या कोई और उत्सव हो तो कम से कम उनके बच्चों को अपने साथ ही केक-खाना दे दें। बिना एनजीओ बनाये उन्हें पढ़ाने-लिखाने का कुछ समय निकाल सकें तो और भी अच्छा हो। दिहाड़ी पर काम करने वाले मिस्त्रियों-मजदूरों का थोड़ा नैतिक साहस बढ़ाने के लिए उन्हें यह कहना छोड़ दें कि उन्होंने लूट मचा रखी है, दिहाड़ी ज्यादा लेते हैं और काम कुछ नहीं करके देते! घर में यह करेंगे तो द"तर में भी उनका मुस्तैदी और ईमानदारी से काम करने का मन बनेगा।

ईमानदारी और नैतिकता का जैसा जोश दिखाया जा रहा है, उससे उत्साहित होकर कुछ और पहल करने की फरमाइश भी की जा सकती है, जिससे गरीबों-बेरोजगारों को राहत मिलेगी। भ्रष्ट और बेईमान कांग्रेस सरकार ने सातवें वेतन आयोग की जो घोषणा की है या बीच-बीच में जो डीए-टीए घोषित किए हैं, उनका विरोध कर दें। सातवें वेतन आयोग की घोषणा को वापस लेने के लिए सरकार पर दबाव डालें। नहीं लेती है तो आन्दोलन करें। क्योंकि आन्दोलन करने में उन्हें महारत हासिल है। दिल्ली में 'आप' की सरकार है। बिजली-पानी के किसी भी रूप में निजीकरण की समाप्ति की घोषणा आज ही कर दें। कितना बिजली-पानी मुफ्त देना है, उसका किस तबके को फायदा हो रहा है, सब्सिडी किस मद से निकालनी-डालनी है - ये सारे टंटे खत्म हो जाएंगे। काम करने और सेवा देने वाली सरकार गरीबों ने बनवा दी है, फिर निजी कम्पनियों का क्या काम रह जाता है?

दिल्ली विश्वविद्यालय के प्रथम वर्ष के छात्र-छात्राओं पर चार साला बीए प्रोग्राम (एफवाईयूपी) थोप दिया गया है। यह भी काली कांग्रेस की कोयला आवटन से कहीं ज्यादा काली करतूत है! कांग्रेसी मुख्यमंत्री शीला दीक्षित ने उच्च शिक्षा की बरबादी वाले कुलपति के एकतरफा फैसले का समर्थन किया था। 'आप' सरकार को सबसे पहले पूरी ताकत लगा कर छात्र-छात्राओं को ए फवाईयूपी से मुक्ति दिलानी चाहिए।

ये लोग ऐसा कुछ भी नहीं करेंगे। खुदरा में एफडीआई लागू नहीं करने का फैसला देर-सबेर वापस ले लिया जाएगा। यह पैंतरा तो साथ ले ही लिया है कि सरकार ए फडीआई मात्र के खिलाफ नहीं है। अगर कम्पनियों के विरोध

की ताकत होती तो सरकार के फैसले के वक्त जब पूरे देश के खुदरा व्यापारी सड़कों पर उमड़े थे, मामला गरम था, ये लोग भी उनका साथ दे सकते थे। विदेशी खुदरा कम्पनियों को ज्यादा से ज्यादा लाभ कमाने की सुविधा प्रदान करने के लिए जब शर्तों में ढील दी गयी, तब भी ये लोग सरकार पर ऐसा नहीं करने का दबाव बना सकते थे।

दिल्ली में 'आप' की सरकार के बावजूद गरीबों के लिए मंहगाई की समस्या वैसी ही है जो आगे भी रहनी है। वाया मनमोहन सिंह पूँजीवाद का यह सार्वभौम और शाश्वत सत्य स्थापित हो गया कि मंहगाई तो रहनी ही है। इसे मंहगाई पर मोहर का चुनाव कह सकते हैं, जो मनमोहन सिंह के बच्चों ने लगाई है। मंहगाई रहेगी तो ऊपरी कमाई करनी ही होगी। यानी भ्रष्टाचार पर भी मोहर। जाहिर है, ऊपरी कमाई झुग्गी-झोंपड़ी वाले नहीं कर सकते। वही करेंगे जो दिल्ली में तीन और केंद्र में दो बार कांग्रेस का समर्थन कर चुके हैं। इस बार भी विकास पर उनकी राय कांग्रेस के पक्ष में थी। लेकिन उन्हें लगा, अगर शीला दीक्षित द्वारा किए गये विकास के साथ बिजली-पानी मुफ्त मिल जाए तो क्या बुराई है?

'आप' द्वारा जुटाए गये कोष की पारदर्शिता की बड़ी बातें की गयी हैं, गोया बाकी पार्टियां अपना हिसाब नहीं देती हों। यह भी तो कहा जा सकता है कि जो 20 करोड़ रुपया, जिसका एक-तिहाई विदेशों से आया है, दिखाया गया है वह दिखाने के दांत हैं। दिखाया इसलिए गया है कि विदेशी धन बैंक की मार्फत ही आ सकता है। उसे छिपाया नहीं जा सकता। दिल्ली की सभी 70 सीटों के 1483 वर्गकिलोमीटर के एरिया के लिए 20 करोड़ जुटाए तो पूरे देश के लिए कितना जुटाना होगा, इसका कुछ हिसाब अनुराग मोदी ने अपने एक लेख में दिया है। विदेश में बैठे लोगों ने न केवल धन दिया, चुनाव क्षेत्रों को गोद लिया, उम्मीदवारों को जिताने की स्ट्रेटेजी बनाई, मतदाताओं को फोन किए। उनका क्या मकसद हो सकता है? सिवाय इसके कि जिस व्यवस्था ने उन्हें देश और विदेश में प्रिविलेज्ड हैसियत में पहुचाया है, उस पर आंच नहीं आनी चाहिए। भाजपानीत एनडीए की सरकार ने अप्रवासी भारतीयों को वोट का अधिकार दिया था। 'आप' ने उन्हें धन के बदले देश की राजनीति को प्रभावित करने का अधिकार दे दिया है। एनआरआई को भारत में एक सीधे आरक्षण विरोधी पार्टी चाहिए जो सार्वजनिक क्षेत्र में तो आरक्षण पर लगाम कसे और निजी क्षेत्र को आरक्षण से हमेशा के लिए मुक्त रखे। सीधे कारपोरेट पूँजीवाद का उत्पाद होने के चलते 'आप' और उसके नेता ज्यादा ईमानदारी से नवउदारवाद का काम करेंगे। अमेरिका को भ्रष्टाचार रहित नवउदारवाद का 'अभय दान' ये लोग ही दे सकते हैं।

'आप' के नेता जहाँ शुरू से अन्त तक कपट-क्रीड़ा में लिप्त हैं, नवउदारवाद

के सवाल पर कांग्रेस ने कभी कपट नहीं किया। कुछ दिनों तक मनमोहन सिंह ने उसे 'मानवीय चेहरा' प्रदान करने की ग़लत भरी बातें जरूर कीं, लेकिन जल्दी ही उन्होंने कह दिया कि नवउदारवादी विकास में मंहगाई से लेकर भ्रष्टाचार तक और विस्थापन से लेकर आत्महत्याओं तक सब चलेगा। आज ईमानदार और नैतिक बने नागरिक समाज ने उनका समर्थन किया। कांग्रेसी यह भी साफ कहते हैं कि वे नेहरू परिवार की पूजा इसलिए करते हैं क्योंकि उसी वजह से पार्टी में एकता रहती है। एक परिवारशासित कांग्रेस पार्टी से नागरिक समाज को न इंदिरा गाँधी, राजीव गाँधी के काल में दिक्कत हुई, न पिछले 15 सालों के सोनिया गाँधी काल में।ष्टबल्कि जब भाजपा की नेत्रियां सोनिया गाँधी के प्रधानमन्त्री बनने की स्थिति में सिर मुंडाने की घोषणा कर रही थीं, तब नागरिक समाज कांग्रेस के साथ एकजुट था। धा

अब उसे लग गया है कि नवउदारवाद के रास्ते पर कांग्रेस की भूमिका पूरी हो चुकी है और उसका वर्ग-स्वार्थ मोदी और 'आप' के साथ ज्यादा सध सकता है। उसे राहुल गाँधी के भाषणों में गरीबों की बदबू आती है। उसे डर लगता है कि यह 'नासमझ' नेता प्रधानमन्त्री बनने पर सचमुच ईमानदारी बरतने और गरीबी हटाने के कड़े उपायों के फेर में न पड़ जाए। हालांकि हमें राहुल गाँधी से ऐसी उम्मीद नहीं है। लेकिन हमारा मानना है कि कांग्रेस का पुनरुत्थान नेहरूयुगीन समाजवादी और धर्मनिरपेक्ष कांग्रेस के रूप में ही हो सकता है, जिसमें बहुत समय और समझदार नेतृत्व की जरूरत होगी।

भाजपा सांप्रदायिकता के मामले में जो भी छल-कपट करती हो, नवउदारवाद के एजेंट की भूमिका में पूरी तरह पारदर्शी और ईमानदार है। आरएसएस ने 'स्वदेशी' का राग अलापना छोड़ दिया है। मोदी के नेतृत्व में, जो कहते हैं भारत में पाँच सौ बड़े शहर बना दिए जाएं तो सारी समस्याएं हल हो जाएंगी, नवउदारवाद कांग्रेसी राज से ज्यादा तेजी से चलेगा। दरअसल, 'आप' केवल कारपोरेट, मीडिया ओर नागरिक समाज के बल पर राष्ट्रीय पार्टी नहीं बन सकती। मेहनतकश जनता को अपने जाल में फांसने के लिए उसे कपट-क्रीड़ा करते रहना है।

केजरीवाल की ईमानदारी का बाजार भाव कुछ ज्यादा ही बढ़ा हुआ है। उनके गुरु अण्णा ने कहा कि आन्दोलन के दौरान मिले धन का हिसाब नहीं दिया गया तो केजरीवाल ने जवाब देने के बजाय कहा कि जीवन में उन्होंने ईमानदारी के अलावा कुछ नहीं कमाया है। नागरिक समाज यह भावना-भावित उद्गार सुन कर भाव-विह्वल हो गया और कल तक ईमानदारी और नैतिकता का प्रतीक माने जाने वाले अण्णा के खिलाफ केजरीवाल के साथ एकजुट हो गया। आन्दोलन के दौरान सूचना आयी कि केजरीवाल सरकारी खर्चे पर विदेश गये थे। लौटने के बाद उन्हें नियमतः तीन साल नौकरी करनी थी। वरना 9 लाख

रुपया जमा कराना था। उन्होंने उन्हीं के शब्दों में 'करोड़ों कमाने का मौका प्रदान करने वाली नौकरी' और करोड़ों का चंदा दिलाने वाली एनजीओ 'पब्लिक कॉज रिसर्च फाउंडेशन' की मार्फत 'देशसेवा' का काम पूरा करके सीधे राजनीति की मार्फत वह काम करने के लिए नौकरी से इस्तीफा दिया। लेकिन देय राशि नहीं लौटाई। आन्दोलन के दौरान यह बात सामने आयी तो नागरिक समाज को उसमें कांग्रेस का 'हाथ' नजर आ गया। उनके विभाग के साथियों ने पत्र लिख कर केजरीवाल की गलत और बचकाना बयानबाजी पर एतराज जताया। नागरिक समाज को शायद वह चिठ्ठी भी कांग्रेसी 'हाथ' से लिखी नजर आयी हो।

'आप' के तीन प्रमुख सदस्यों प्रशान्त भूषण, मयंक गाँधी, अंजलि दमनिया, पर संपत्ति संबंधी भ्रष्टाचार के आरोप लगे तो जाँच के लिए खुद पार्टी नेता ने 'आंतरिक लोकपाल' की नियुक्ति कर दी। शायद अंतरात्मा की आवाज पर! उस 'स्वराजी' जाँच में क्या निकला, आज तक पता नहीं चला है। ईमानदारों ने उन आरोपों को भी भ्रष्ट कांग्रेस की करतूत माना होगा और मामला रफा-दफा कर दिया होगा। 'आप' से टूट कर बनी 'बाप' के कार्यकर्ता परचा निकाल कर अरविंद केजरीवाल के धोखों और बेईमानियों की 'कहानी' बताते घूमते हैं, लेकिन नागरिक समाज ने उधर कान देना मुनासिब नहीं समझा। ईमानदारों पर झूठे आरोप लगाने वाले 'असंतुष्ट तत्व' कहां नहीं होते! जरूर उन्हें कांग्रेस ने उकसाया होगा, जैसे दिल्ली चुनाव के दौरान 'आप' नेताओं के धन के लेन-देन का स्टिंग ऑपरेशन करवा दिया!

नागरिक समाज को ये बेईमानियां इसलिए बुरी नहीं लगतीं, क्योंकि वह पूरा कैरियर यह करता रहा है। ऐसा नहीं करने वालों को वह पहले भी सनकी करार देता था अब भी देता है। भारत माता की छाती पर जो भ्रष्टाचार का पहाड़ खड़ा हुआ है, वह इन्हीं बेईमानियों के सहारे खड़ा है। जो धन देता है वह अपना हित साधता है। अभी तक देश का यह कानून है कि चुनाव के लिए विदेशी धन नहीं लिया जा सकता। उस कानून में ऐसा प्रावधान नहीं है कि बाहर बसे भारतीयों या भारत में कारोबार करने वाली विदेशी कपनियों से धन लिया जा सकता है। इस मामले में दिल्ली हाई कोर्ट ने जनहित याचिका स्वीकार की। हमने खुद चुनाव आयोग को कांग्रेस, भाजपा और 'आप' को विदेशी स्रोत से मिले चुनावी चंदे की चुनाव के पूर्व जाँच कराने का विस्तृत प्रतिवेदन दिया। नागरिक समाज या मीडिया ने उसका नोटिस लेना मुनासिब नहीं समझा। अलबत्ता गृह मंत्रालय ने जाँच के आदेश जारी किए। आगे काफी समय तक यह नागरिक समाज अपने वर्ग-हित में 'आप' की बेईमानियों का ही नहीं, संविधान और कानून विरोधी कदमों का भी जम कर बचाव करेगा।

दरअसल, मनमोहन सिंह के ये बच्चे यह सब अपना जन्मसिद्ध अधिकार

मानते हैं। नवसाम्राज्यवाद के पुरोधा अमेरिकी सत्ताप्रतिष्ठान की संस्थाओं से लेकर अप्रवासी भारतीयों और देश के कारपोरेट घरानों से धन लेने में उन्हें वाकई कोई नैतिक बाधा नहीं होती है। इस मामले में वे अपने को कानून से ऊपर मानते हैं। नैतिकता और कानून को लेकर बैठेंगे तो देश का काम कैसे करेंगे? लोगों को उनका शुक्रगुजार होना चाहिए कि वे अपने सौ काम छोड़ कर देश का काम करते हैं। इस नई राजनीति में ईमानदारी का अर्थ है नेता और सरकारें ईमानदारी से कारपोरेट का काम करें। 'कारपोरेट ही सरकार हैं', नव-साम्राज्यवाद के इस सूत्र को भारत और विदेशों में बसे मध्यवर्ग से पहले से ज्यादा व्यापक और पुख्ता स्वीकृति मिली है।

हमारे एक मित्र ने हमें सलाह दी कि 'आप' ने सादगी से शासन चलाने की जो घोषणाएं की हैं, वे स्वागत योग्य हैं। कारपोरेट पूँजीवाद सादगी से चल सकता है, यह बड़ी मौलिक और रोचक कल्पना है! भारत में और भी ज्यादा, जहाँ पूँजीवाद में सामंतवाद नेहरू जी के जमाने से ही घुस कर बैठा हुआ है। चुनाव में घोषित 20 करोड़ रुपया खर्च करके दिल्ली में 'आप' की सरकार बनी है। शपथ-ग्रहण समारोह करोड़ों रुपया खर्च करके रामलीला मैदान में किया गया। यह एक बानगी है। देश में ऐसे कई नेता हुए हैं और अभी भी हैं जिन्होंने नौटंकी के लिए नहीं, वास्तविकता में सादगी का निर्वाह किया। वे लोग एक छोटे राज्य में चुनाव के लिए 20 करोड़ रुपया बटोरने और खर्चने की बात सोच भी नहीं सकते थे। 'आप' ने शुचिता, ईमानदारी, नैतिकता की तरह सादगी को भी नया अर्थ दे दिया है!

'आप' नेतृत्व की ओर से सत्ता लोगों के हाथों में देने का जुमला अक्सर सुनने में आता है। भारी-भरकम नौकरशाही के रहते, जिसमें सर्वशक्तिमान 'जन लोकपाल' का एक और भारी-भरकम तंत्र स्थापित करने की बलवती इच्छा से भ्रष्टाचार विरोधी आन्दोलन और यह पार्टी पैदा हुए, मोहल्ला सभाओं को सत्ता नहीं दी जा सकती। अलबत्ता तमाशा अच्छा-खासा खड़ा किया जा सकता है। आम चुनाव तक दिल्ली में यह तमाशा खूब देखने को मिलेगा। जनता को कुछ मिले न मिले, मीडिया को मसाला मिलता रहेगा। और 'आप' को वांछित प्रचार।

राजनीति की इस नई चाल से गरीबों के लिए संघर्ष करने की राजनीति खत्म होती चली जाएगी। भले ही कांग्रेस के पूर्ण अवसान की अटकलें लगाई जा रही हों, वह फिर उठ खड़ी होगी। भाजपा बढ़ती पर है ही। क्षेत्रीय पार्टियां भी आसानी से अपनी जमीन छोड़ने वाली नहीं हैं। जाति और क्षेत्र को आधार बना कर मजबूत हुईं पार्टियां भी हटने वाली नहीं हैं। क्योंकि ये सब कमोबेश नवउदारवाद की समर्थक हैं। तो नुकसान उन्हीं पार्टियों को पहुंचाने की कोशिश है जो नवउदारवाद विरोधी हैं, और उसी नाते छोटी और कमजोर हैं।

राजनीति सीधे धन और भीड़ इक्ठ्ठा करने से चलती है, विचारधारा और

संघर्ष से नहीं, यह एक और नया संदेश 'आप' ने दिया है। कारपोरेट की गोद में बैठ कर लोगों की भावनाओं के साथ खिलवाड़ करके मजमा जमाने वाले नेताओं की यह राजनीति है। इस राजनीति में किसी भी मोर्चे पर संघर्ष करने की जरूरत इसलिए नहीं है, क्योंकि सत्ता मिलने पर काम कारपोरेट का करना है। मनमोहन सिंह के बाद मोदी ने यह काम बखूबी कर दिखाया है।

केजरीवाल और उनके कारिंदे मोदी की तरह मनमोहन सिंह के योग्य बच्चे सिद्ध हुए हैं। उन्होंने बिना नीति, विचारधारा, फ्रंट (मजदूर-किसान-महिला आदि) के 'आप' के नाम से एक चुनावी मंच भर बना कर कारपोरेट पॉलिटिक्स का अच्छा-खासा रंग जमा दिया है। उसकी सफलता से उत्साहित कई अराजनीतिक लोग अपना प्रोफेशन छोड़ कर 'आप' शामिल हो रहे हैं। राजनीति और नेता की परिभाषा बदल रही है। कारपोरेट और नौकरशाही हलकों में पिछले दिनों यह चर्चा चल चुकी है कि देश में नेताओं की जरूरत नहीं है। कम्पनियों के बड़े अधिकारियों को सब तय करने की जिम्मेदारी सौंप देनी चाहिए। पीछे सुनने में आया भी कि प्रधानमन्त्री पद का मुकाबला केजरीवाल और नीलकाणी के बीच है।

सामाजिक काम करने वाले भी 'आप' का एक विशेष संदेश पढ़ सकते हैं। आजादी के संघर्ष के दौर से ही अनेक लोग और संगठन सामाजिक स्तर पर काम करने वाले रहे हैं। उन्हें इस राजनीति से दोहरा धक्का लगा है। एक तो लोग उन्हें शक की निगाह से देखेंगे कि 'आप' वाले भी पहले राजनीति को बुरा बताते थे, बल्कि सारी समस्याओं की जड़ मानते थे, और फिर खुद राजनीति करने लगे। तो ये लोग भी समाज सेवा के बहाने अपनी राजनीतिक जमीन बना रहे हैं। दूसरा धक्का यह कि उनके काम को निरर्थक बताया जाएगा कि समाज सेवा में क्यों समय बरबाद करते हो। एनजीओ बना कर पैसा बनाओ और राजनीति में जाओ। ऐसे साथी चाहें तो गाँधी से सीख सकते हैं, जिन्होंने सक्रिय राजनीति के भीतर ही रचनात्मक काम की जगह निकाली थी।

गाँधी की बात चली है तो चर्चा को थोड़ा और बढ़ाया जा सकता है। गाँधी के साथ स्वराज की अवधारणा जुड़ी है। सुना जाता है केजरीवाल को भी स्वराज का काफी शौक है। पिछले आम चुनाव में उन्होंने अपने एनजीओ के तत्वावधान में सोनिया गाँधी, मनमोहन सिंह, अडवाणी आदि से 'स्वराज' मांगने वाले विशाल होर्डिंगों से पूरी दिल्ली पाट दी थी। हो सकता है दूसरे शहरों में भी ऐसा किया गया हो। जाहिर है, उस कवायद पर भारी-भरकम रकम खर्च की गयी थी, जो देशी-विदेशी कारपोरेट स्रोतों से आयी होगी। शायद केजरीवाल की साथी किरण बेदी ने स्वराज के लिए केजरीवाल की ऐसी 'भीष्म प्रतिज्ञा' से प्रभावित होकर उन्हें छोटा गाँधी कहा हो!

कारपोरेट कपट के जाल में बड़ी कही जाने वाली जिन विभूतियों को

फांसा गया है गाँधी उनमें से एक हैं। गाँधी को कांग्रेस ने अपने मतलब से 'ऑल परपज' बनाया हुआ है। भ्रष्टाचार विरोधी आन्दोलन के दौरान गाँधी को कारपोरेट हित में 'ऑल परपज' बना दिया गया है। लोहिया और बाबा साहब को कारपोरेट के हमाम में खींचने की कोशिशें लगातार हो रही हैं। आपको याद होगा भ्रष्टाचार विरोधी आन्दोलन के दौरान जब 'गाँधी' कुछ ज्यादा हो गया तो कुछ सयानों ने अण्णा हजारे से डॉ. अंबेडकर का नाम लिवाया था। अब सुना है कुछ लोग केजरीवाल से उनका नाम लिवा रहे हैं। मार्क्सवादियों ने खुद ही मान लिया है कि उन्हें अब कार्ल मार्क्स से नहीं, केजरीवाल से सीखना है। वैसे भी मार्क्स अभी 'ऑल परपज' नहीं हुए हैं। उनके नाम से पूंजीपति ही नहीं, भारत का नागरिक समाज भी खासा बिदकता है।

वाजिब यही है कि सार्वजनिक जीवन में काम करने वाले लोगों को अपनी मान्यताओं का खुद जिम्मेदार होना चाहिए। किसी चिंतक के विचार आप नहीं मानते हैं तो झूठा नाम लेकर उनका अपमान करने का किसी को अधिकार नहीं है। खास कर तब जब आप दूसरों को भ्रष्ट व अनैतिक और खुद को ईमानदार और नैतिक जता रहे हों। सभी जानते हैं केजरीवाल आरक्षण के विरोधी है। मंडल कमीशन की सिफारिशों के विरोध में भड़के आन्दोलन से लेकर यूथ फॉर इक्वेलिटी तक उनकी भूमिका देखी जा सकती है। दिल्ली में सरकार बनाने के मामले में उनका बर्ताव संसदीय लोकतंत्र की अवहेलना करने वाला रहा। कारपोरेट सहित सांप्रदायिक तत्वों से सांठ-गांठ करने में उन्हें कोई गुरेज नहीं है। फिर उनके लिए बाबा साहब का नाम लेने की क्या तुक है?

अनुसूचित जाति/जनजाति संगठनों के अखिल भारतीय परिसंघ और जस्टिस पार्टी के अध्यक्ष उदितराज ने दिल्ली में 16 दिसंबर 2013 को आयोजित रैली में केजरीवाल को आरक्षण पर अपना पक्ष रखने के लिए बुलावा दिया। उदितराज पिछले करीब डेढ़ दशक से राजनीति में सक्रिय हैं। वे शुरू से ही नवउदारवादी आर्थिक नीतियों के भी विरोधी रहे हैं, जिनका आरक्षण के संवैधानिक प्रावधानों के साथ विरोध है। यह हैरानी की बात है कि उदितराज को अभी तक अरविंद केजरीवाल का आरक्षण पर पक्ष पता नहीं है। यह आम जानकारी की बात है कि केजरीवाल और उनके सिपहसालार मनीष सिसोदिया आरक्षण विरोधी, दक्षिणपंथी और सवर्णवादी हैं। इसके प्रमाणस्वरूप इन दोनों लोगों के एनजीओ, इनके द्वारा बनाई 'इंडिया अगेंस्ट करप्शन' की टीम और अब आम आदमी पार्टी के भागीदारों, विचारों और गतिविधियों को देखा जा सकता है। 2006 में केंद्रीय विश्वविद्यालयों, आईआईटी, मेडिकल कॉलिज और प्रबंधन संस्थानों में पिछड़ा वर्ग के छात्रों को 27 प्रतिशत आरक्षण देने के सरकार के फैसले का विरोध करने के लिए बने संगठन 'यूथ फॉर इक्वेलिटी' के गठन, फंडिंग और नेतृत्व

में इन दोनों की संलिप्तता जगजाहिर है। मंडल आयोग की सिफारिशें लागू होने पर फैली आरक्षण विरोधी आग के दौरान उनका क्या पक्ष था, यह पता लगाया जाना चाहिए।

उदितराज कारपोरेट पूँजीवाद के चरित्र को भी पहचानते हैं। कारपोरेट पूँजीवाद में आरक्षण का सिद्धांत मान्य नहीं होता। केजरीवाल पिछड़ा वर्ग के ही नहीं, दलित वर्ग के आरक्षण के भी विरोधी हैं। उन्हें कारपोरेट घरानों और देश-विदेश के अगड़े सवर्णों का आर्थिक और राजनीतिक समर्थन इसीलिए मिला है। उस समर्थन के बल पर वे सत्ता के लालची कुछ दलितों और पिछड़ों को साथ लेकर कारपोरेट और सवर्ण हितों की राजनीति करना चाहते हैं। बाबा साहेब अंबेडकर के शब्दों में यह 'राजनीतिक डाकाजनी' है। रैली में केजरीवाल आए नहीं। आते तो हो सकता है एससी-एसटी के आरक्षण का समर्थन कर देते। लेकिन वह उनका राजनीतिक पैंतरा भर होता। सांप्रदायिक राजनीति के रास्ते एक हद तक चुनावी कामयाबी हासिल करके नरेंद्र मोदी भी अपने को आगे चल कर धर्मनिरपेक्ष नेता बता सकते हैं। अटलबिहारी वाजपेयी और अडवाणी पहले यह कर चुके हैं।

समाजवादियों की नई शादी

जिन समाजवादियों ने (वाया अण्णा-रामदेव) केजरीवाल की चूड़ियां पहनी हैं, यह उनका पहला वरण नहीं है। वे भ्रष्ट किंतु सफल समाजवादियों से लेकर ईमानदार किंतु असफल समाजवादियों तक, और कांग्रेस से लेकर भाजपा तक सत्तर घाटों का पानी पी चुके हैं। दिल्ली में हमने देखा है समाजवादी पार्टी (सपा) के खाते की एक राज्यसभा सीट खाली होने पर खाली बैठे कई समाजवादी अति सक्रिय हो जाते हैं। सुनते है सामंती दौर में बूढ़ी होती रानियां इस डर से कि उनके रनिवास वृद्धा-आश्रम में तब्दील न हो जाएं, अपने कुल की युवतियों को रानी-सुख भोगने का लालच देकर राजा से शादी करा देती थीं। रनिवास पर कब्जा राजा पर कब्जा होता था। जिसका राजा पर कब्जा, वही पटरानी। केजरीवाल की नजरों में चढ़े रहने के लिए बुढ़ाते समाजवादी एक तरफ दिन-रात मेहनत करके दिखाने में लगे हैं कि वे थके नहीं हैं; दूसरी तरफ समाजवादी युवाओं को केजरीवाल की 'रानी' बना देने का झांसा देकर फांसने में लगे हैं। उन्हें फुसलाते हैं कि उनके साथ आने पर सम्मान मिलेगा और सत्ता भी। अपना सम्मान गंवा चुके लोग दूसरों को सम्मान की गारंटी दे रहे हैं!

दिल्ली की जीत और सरकार बनने की संभावना और फिर गठन के बाद कई समाजवादी वृद्धात्माएं युवाओं को पीछे धकेल कर आगे आने की धक्का-मुक्की कर रही हैं। कहते हैं आत्मा कभी बूढ़ी नहीं होती! अपने संघर्ष और अनुभव का वास्ता देते हैं कि केजरीवाल को 'समाजवादी' बनाने में उनकी 'विशेषज्ञता'

सबसे ज्यादा काम आएगी। समाजवाद का कुछ ज्यादा ही दम भरने वाले एक पुराने साथी ने बड़े नखरे के साथ केजरीवाल की चूड़ियां पहनी हैं। उन्हें सावधानी बरतनी चाहिए। बूढ़ी रानियों का नखरा ज्यादा नहीं सहा जाता है। हमें डर है सारे समाजवादी उधर टूट पड़े तो राशनिंग करनी पड़ेगी। कंप्युटर में लिस्ट बनेगी, टोपी देकर कहा जाएगा आप 'वार रूम' की उस खिड़की पर जाइए, अपना बायोडाटा लिखाइए, पहले आने वाले पहले पाएंगे, आते रहिए, टोपी उतारनी नहीं है, कुछ ज्यादा ले जाइए, घर वालों को भी पहनाइए! ये वही समाजवादी हैं जिनमें कोई कहता था 'समाजवादियों पर किसी की सत्ता का रौब गालिब नहीं होता' और कोई अपने को 'परम पवित्र' समाजवादी मान कर दूसरे समाजवादियों को हिकारत की नजर से देखते थे।

कारपोरेट पूँजीवाद की विचारधारा उत्तराधुनिकता में इतिहास के अन्त की काफी पहले घोषणा हो चुकी है। अब अकेला पूंजीवादी इतिहास ही नए-नए रूपों में नई देहरियां पार करता हुआ आगे बढ़ता है। एक साथी को 'आप' की जीत में इतिहास की ऐसी ही नई देहरी दिखाई दी है, जिस पर खड़े होकर उन्होंने इस 'नवेली' राजनीति को 'पालागन' किया है। इतना ही नहीं, उन्होंने नवेली के संभावनाओं से भरपूर गर्भ में भी झांक कर देख लिया है। बेहतर होता वे उस गर्भ पर भी नजर डाल लेते, जिससे यह पार्टी पैदा हुई है। तब शायद उन्हें पता चलता कि नवउदारवाद की कोख से पैदा और उसी की दाइयों द्वारा पोषित पार्टी में नवउदारवाद के खात्मे की नहीं, मजबूती की पूरी संभावनाएं निहित हैं।

एक प्रबुद्ध साथी को ठीक ही केजरीवाल में 'दार्शनिक राजा' के दर्शन हो गये हैं। उनकी नजर पारखी है - 'विद्वान राजा' (डॉ. मनमोहन सिंह) का सच्चा वारिस 'दर्शनिक राजा' ही हो सकता है! खुरदरे यथार्थ को अच्छी तरह समझने और लिखने वाले एक विद्वान साथी ने केजरीवाल के अवतरण को आदर्शवाद की वापसी माना है। उनका मानना सही है। हालांकि साथ ही यह मानना होगा कि पूंजीवादी मूल का आदर्शवाद पूँजीवाद से लाभान्वित 'आम आदमियों' के काम का होता है। साथी इस आदर्शवाद के साथ गाँधी, जेपी, लोहिया और मार्क्स का नाम नहीं लेते तो उनकी मान्यता ज्यादा स्पष्ट होती। हल्की-फुल्की टिप्पणियों में भी हम सावधानी बरतें तो 'दोहरे अर्थ का भय', जिससे रघुवीर सहाय का कवि ग्रस्त रहता था, नहीं रहेगा।

एक अन्य समाजवादी साथी ने हमारे लेख 'कारपोरेट राजनीति की नई बानगी' पर हमें पत्र लिखा। उस पत्र में उन्होंने एक अजीब बात लिखी कि जिस पत्रिका (समयांतर, अक्तूबर 2013) में लेख छपा है, वह लोहियावादी नहीं है। हालांकि पत्र लेख का अंग्रेजी संस्करण (मेनस्ट्रीम, 9 नवंबर 2013) आने के बाद लिखा गया है। हम 'मेनस्ट्रीम' के सम्पादक सुमित चक्रवर्ती जी का लेख

प्रकाशित करने के लिए हृदय से आभार व्यक्त करते हैं। वरना कुछ 'बदनाम' हिन्दी पत्रिकाओं के अलावा भ्रष्टाचार विरोधी आन्दोलन और उस पार्टी, जिसके लिए वह आन्दोलन खड़ा किया गया था, की आलोचना करने वाला लेख कहीं भी छप नहीं सकता था। समाजवादियों की अपनी कही जाने वाली पत्रिका 'जनता' ने भी वह लेख छापने से इंकार कर दिया था।

जाहिर है, साथी ने हिन्दी में लिखे लेख का नोटिस लेना मुनासिब नहीं समझा। उसी तरह जैसे भ्रष्टाचार विरोधी आन्दोलन, उसकी टीम और अन्त में बनाई गयी राजनीतिक पार्टी के बारे में हिन्दी में लिखे हमारे कई लेखों का नोटिस उन्होंने नहीं लिया, जो 'युवा संवाद' में छपते रहे हैं। 'युवा संवाद' को लोहिया-विरोधी पत्रिका शायद ही कोई माने। नवउदारवादी दौर ने भारतीय भाषाओं को काफी पीछे धकेला है। 'सामयिक वार्ता' जैसी पत्रिका में एक साथी का लेख अंग्रेजी के पक्ष में छपा। उसका जवाब डॉ. मस्तराम कपूर ने दिया था। इस प्रकरण में हम आदरणीय साथी से इतना निवेदन करना चाहते हैं कि वे भले 'लोकशक्ति' पत्रिका में केजरीवाल के विचार-साक्षात्कार प्रकाशित करके उसे 'सच्ची लोहियावादी' पत्रिका के रूप में प्रचारित-स्थापित करें; हमें लोहिया पर बहस करने लायक न समझें।

पत्र में यह भी लिखा था कि हम अगला लेख दिल्ली चुनाव के परिणाम आने के बाद लिखें। उन्हें इंतजार रहेगा। यानी जब पार्टी जीत कर आ जाएगी तब हम क्या कह पाएंगे? यानी जीत सारी आलोचनाओं का मुंह बंद कर देती है। हम मानते हैं दिल्ली में 'आप' और भाजपा की जीत साझा है। कांग्रेस की हार कारपोरेट की हार नहीं है। मोदी ने इंग्लैंड और यूरोपियन यूनियन की हिमायत भी जीत ली है; कल अमेरिका की हिमायत भी जीत ली जा सकती है। तो क्या मोदी का समर्थन कर देना चाहिए? क्या पहले कांग्रेस की जीत पर विरोध बंद कर देना चाहिए था?

किशन पटनायक ने 'गुलाम दिमाग का छेद' शीर्षक से एक बहुचर्चित लेख लिखा है, जिसमें भारतीय बुद्धिजीवियों की दिमागी गुलामी का विश्लेषण है। वे होते तो देख पाते कि समाजवादियों में दिमाग की जगह खाली छेद ही रह गया है। लगातार पराजयों के बीच राजनीतिक सरोकार और सक्रियता बनाये रखने के लिए जिजीविषा की जरूरत होती है। लोहिया राजनीति में लगातार हारते रहे। गरीब उनकी जिजीविषा का स्रोत थे। वे कहते थे कि मेरे लिए इतना बहुत है कि इस देश के गरीब लोग मुझे अपना आदमी मानते हैं। आज गरीबों के साथ कपट करके कारपोरेट का कारोबार बढ़ाने वाले नेता और पार्टी के साथ समाजवादी जुट गये हैं।

प्रायः सभी आंदोलनों और विचारधारात्मक समूहों में समय-समय पर विचलन

होता है। विचलन सत्ता की फिसलन न मानी जाए, इसके लिए नेता उसे सैद्धांतिक अथवा रणनीतिक जामा पहनाने की कोशिश करते हैं। भारत की राजनीति की सभी प्रमुख धाराओं में ऐसे अनेक उदाहरण है, जिनकी अलग-अलग मौकों पर अलग-अलग परिप्रेक्ष्य से व्याख्या करते हुए अक्सर मिसाल दी जाती है। समाजवादी जो कर रहे हैं, वह विचलन नहीं, विचारधारात्मक व्यभिचार है। एक समय के महान आन्दोलन की अभी तक की सबसे नीच ट्रेजेडी!

सांप्रदायिकता और मुसलमानों की भूमिका

नवउदारवादी व्यवस्था आगे बढ़ेगी तो सांप्रदायिकता भी आगे बढ़ेगी, उपनिवेशवादी दौर से यह सबक मिला हमें मिला है। भ्रष्टाचार विरोधी आन्दोलन की अपनी समीक्षा में हमने यह विशेष जोर देकर और बार-बार कहा है कि नवउदारवाद, सांप्रदायिकता और सामाजिक न्याय-विरोध के घोल से तैयार भ्रष्टाचार विरोधी आन्दोलन सबसे पहले और सबसे ज्यादा आरएसएस को फला है। इस परिघटना पर पर्दा डालने की कोशिश केवल खांटी नवउदारवादी और मुख्यधारा मीडिया ही नहीं कर रहे हैं, खुद सेकुलर खेमे के बुद्धिजीवी भी कर रहे हैं। वे प्रचारित करने में लगे हैं कि इस आन्दोलन के प्रणेता केजरीवाल ने नरेंद्र मोदी को आगे बढ़ने से रोक दिया है। धर्मनिरपेक्ष बुद्धिजीवियों के इस प्रचार पर गंभीरता से विचार करने की जरूरत है।

मान लिया जाए कि जीतने वाला ही सिंकदर होता है और उसका गुणगान जैसे राजतंत्र में होता था, उसी तरह लोकतंत्र में भी किया जाना जरूरी है। चुनाव जीतना ही कसौटी है तो फिर भाजपा, जिसने तीन राज्यों में भ्रष्ट कांग्रेस को परास्त करके सरकार बनाई है और दिल्ली में सबसे ज्यादा सीटें लेकर पहले नंबर की पार्टी है, का स्वागत भी होना चाहिए। उसे भी दिल्ली की जनता ने ही मेंडेट दिया है। भाजपा के सांप्रदायिक होने का तर्क नहीं चलेगा। सांप्रदायिक होने के बावजूद वह उस पूरे भ्रष्टाचार विरोधी आन्दोलन में शामिल थी, जिसने नागरिक समाज, खास कर धर्मनिरपेक्षतावादियों को नया 'देवता' प्रदान किया है। केजरीवाल ने आज तक नरेंद्र मोदी, उनके द्वारा गुजरात में तैयार की गयी हिंदुत्व की प्रयोगशाला, फरवरी 2002 में मुसलमानों का राज्य-प्रायोजित नरसंहार, उसे छिपाने के लिए किए गये षडयंत्रों और बहुप्रचारित विकास के गुजरात मॉडल पर कभी कुछ नहीं बोला है। अपने मुंह से यह भी नहीं कहा है कि वह मोदी को रोकने निकले हैं। कल तक सोनिया के सेकुलर सिपाही बने लोग यह सब कह रहे हैं।

गुजरात का तीसरा विधासभा चुनाव मोदी ने आसानी से जीत लिया। नरसंहार के समय से ही बहुत-से लोग और संगठन वहाँ पीड़ितों को न्याय दिलाने की जद्दोजहद

में लगे हैं। देश बचाने का दिन-रात ढोल पीटने वाले केजरीवाल और उनके कारिंदे वहाँ एक शब्द नहीं बोले। उनके गुरु अण्णा हजारे और उनकी खुद की बाबरी मस्जिद ध्वंस के संविधान और सभ्यता विरोधी कृत्य पर कोई टिप्पणी कम से कम हमें नहीं मिलती। जगजाहिर है, दिल्ली में झुग्गी-झोंपड़ी वालों को छोड़ कर भाजपा और 'आप' का साझा वोट बैंक था। उन्होंने साफ कहा है कि केजरीवाल के ऊपर वे मोदी को वोट देंगे। तो केजरीवाल उनके 'छोटे मोदी' हैं। जिस प्रशान्त भूषण पर धर्मनिरपेक्षतावादी दम भरते हैं, उन्होंने सबसे पहले कहा कि 'आप' को सरकार बनाने के लिए कांग्रेस से नहीं, भाजपा से मुद्दा आधारित समर्थन लेना चाहिए। मोदी का वीटो नहीं होता तो 'आप' के विधायक खुद ही भाजपा की सरकार बनवा देते। केजरीवाल को 'छोटे गाँधी' का खिताब अता करने वाली किरण बेदी ने कहा है कि 'आप' और भाजपा की विचारधारा एक है। 'आप' के वरिष्ठ नेता शांति भूषण और अडवाणी की जोड़ी पुरानी है, जो 'आप' तक कायम है।

जैसे आधुनिकता और विज्ञान का साम्राज्यवादी पहलू होता है, वैसे ही साम्राज्यवादी आधुनिक वैज्ञानिक दृष्टिकोण भी काम करता है। हिंदुत्ववादियों के साथ मोदी को केवल अंधविश्वासी, प्रतिक्रियावादी और राजनीतिक अवसरवादी तत्व ही बढ़ावा नहीं दे रहे हैं, आधुनिक वैज्ञानिक दृष्टिकोण का दावा करने वाले विद्वान भी दे रहे हैं। थोड़ा गहराई से देखें तो केजरीवाल को मोदी की काट बताने वाले ये लोग मोदी को ही बढ़ावा दे रहे हैं। मजेदारी यह है कि मोदी के मामले में इनकी आपस में लाइन तय नहीं हुई है। बात-बात में गाँधी का नाम लेने वाले एक 'आप' समर्थक साथी को देश की विदेशों तक फैली युवा शक्ति की तरह 'आप' और केजरीवाल की मजबूती में नरेंद्र मोदी का रास्ता साफ होता नजर आता है। 'आप' के चुनाव प्रचार में शामिल होने वाले ये साथी खुल कर कहते हैं कि मोदी जैसा दमदार नेता देश में और कोई नहीं है। मजबूरी की धर्मनिरपेक्षता के बोझ तले दबी उनकी विकास के गुजरात मॉडल की प्रशंसा अवसर पाकर फूट निकली है।

दूसरी ओर मार्क्सवादियों, समाजवादियों और नवउदारवादियों की लाइन है जो केजरीवाल को मोदी को रोकने वाला 'अवतार' बता रहे हैं। दरअसल, वर्ग-स्वार्थ यहाँ भी आड़े आता है- सांप्रदायिकता का साइड बिजनेस करके कोई दूसरा शख्स सोनिया/कांग्रेस की जगह लेता है तो उसका सेकुलर सिपाही बनना होगा। वरना देश के संसाधनों की बिकवाली से नागरिक समाज का जो चोखा धंधा चल रहा है, उसे अकेले संघी हड़प जाएंगे। आजकल बड़े शहरों के अधिकांश वाम, लोकतांत्रिक और सेकुलर बुद्धिजीवियों के लिए धर्मनिरपेक्षता का यही मायना रह गया है। हमने सोचा था कि कारपोरेट कपट में साथ देने वाले ये लोग कम से कम धर्मनिरपेक्षता जैसे संगीन सवाल पर जनता के साथ धोखा

नहीं करेंगे। लेकिन, मुक्तिबोध के काव्यनायक के शब्दों में 'पूँजी से जुड़ा हुआ हृदय बदल नहीं सकता'!

मोदी एक नाम भर नहीं है। आरएसएस की कट्टर धारा किसी न किसी नेता में मूर्तिमान होती है। मोदी उसके सबसे बड़े प्रतिनिधि बन कर उभरे हैं। लेकिन इस कट्टर धारा के सार पर ध्यान देने की जरूरत है। वह वही है जो अभी लघु रूप में केजरीवाल में है। केजरीवाल के गुरु अण्णा हजारे ने जन्तर-मन्तर से पहली प्रशंसा मोदी की की थी। मोदी ने तुरंत पत्र लिख कर उनका आभार जताया था। साथ ही अण्णा को आगाह किया था कि उनके विरोधी उनको उनसे विमुख करने की कोशिश करेंगे। उस समय अण्णा को गाँधी मानने वाले कुछ धर्मनिरपेक्षतावादियों ने बात को संभालने की कोशिश की, लेकिन केजरीवाल ने जरा भी मुंह नहीं खोला। उनके आन्दोलन के सहयोगी रामदेव ने मोदी को अपने आश्रम में बुला कर हिंदुओं का नेता घोषित किया। हमने चुनाव आयोग को पत्र लिख कर निवेदन किया था कि यह धर्म का राजनीति के लिए सीधे इस्तेमाल का मामला है, लिहाजा, इसकी जाँच हो और रामदेव और नरेंद्र मोदी के खिलाफ कानूनी कार्रवाई हो। न केजरीवाल ने मुंह खोला न धर्मनिरपेक्षता के इन झंडाबरदारों में से किसी ने साथ दिया।

इंडिया अगेंस्ट करप्शन के एक महत्त्वपूर्ण सदस्य चेतन भगत आरएसएस के मोदी के पक्ष में किए गये फैसले से काफी पहले से देश-विदेश में उनके प्रचार में जुटे थे और आज भी वही काम कर रहे हैं। इधर वे मुस्लिम युवाओं को मोदी का पाठ पढ़ाने की कोशिशें कर रहे हैं। पूरा भ्रष्टाचार विरोधी आन्दोलन आरएसएस के इंतजाम में हुआ। प्रशान्त भूषण को उनके चेंबर में घुस कर पीटने वालों और अफजल गुरु का शव मांगने दिल्ली आयी कश्मीर घाटी की महिलाओं की माँग के पक्ष में प्रेसवार्ता को नहीं होने देने वालों की देशभक्ति आरएसएस मार्का थी। भ्रष्टाचार विरोधी आन्दोलन में जुटे ज्यादातर 'आदर्शवादी' युवा मोदी के भक्त हैं। आरएसएस केवल संघ की शाखाओं और कार्यालयों के रजिस्टरों में ही नहीं चलता। वह वर्ग-स्वार्थ में अंधे नागरिक समाज की रगों में भी चलता है। धुर वामपंथियों से लेकर जनान्दोलनकारियों तक अण्णा-रामदेव के आन्दोलन में बिना विचारे कूद पड़े थे।

सेकुलर कही जाने वाली अन्य राजनीतिक पार्टियों की तरह 'आप' भी हिंदुओं को साथ रखते हुए मुसलमानों को मोदी का भय दिखा कर अपने साथ करना चाहती है। यह मुस्लिम अवाम पर निर्भर है कि वह 'आप' के साथ भी वैसा ही रिश्ता बनाती है, जैसा उसने अन्य सेकुलर पार्टियों के साथ बनाया हुआ है। इस रिश्ते के तहत मुसलमान भाजपा को हराने में सक्षम अन्य किसी भी पार्टी के उम्मीदवार को वोट देते हैं। जिंदगी की सुरक्षा और जीविका के मद्देनजर

उनका वह फैसला गलत नहीं होता। 'आप' चूंकि संघर्ष से नहीं, स्ट्रेटेजी से चलने वाली पार्टी है, इसलिए उसका नेतृत्व न नवउदारवाद पर कोई साफ पक्ष रखता है, न सांप्रदायिकता के सवाल पर। गफलत बनाये रख कर जल्दी से जल्दी चुनावी सफलताएं हासिल करना उसका एकमात्र ध्येय है। सभी समुदायों/तबकों का वोट पाने की नीयत से परिचालित इस पार्टी के अभी से कई मुंह देखने में आते हैं। आने वाले चुनावों में उसकी अनेकमुखता आरएसएस को भी मात कर सकती है!

आरएसएस के इंतजाम में होने वाले भ्रष्टाचार विरोधी आन्दोलन के समय से ही 'आप' में बड़ी संख्या में नवउदारवादी और सांप्रदायिक तत्व मौजूद हैं। दिल्ली विधानसभा चुनाव के पहले भाजपा-कांग्रेस और सपा-बसपा के कई नेता उसमें शामिल हो चुके हैं। दिल्ली चुनाव में सफलता और सरकार गठन के बाद 'आप' में विचित्र और सत्ता-लोलुप तत्वों की भरमार बढ़ती जा रही है। ऐसे मंजर में मुसलमानों के लिए यह तसल्ली झूठी है कि वहाँ कई सेकुलर चेहरे मौजूद हैं। उन्हें यह ध्यान रखना होगा कि नवउदारवादी कभी भी सच्चा धर्मनिरपेक्ष नहीं हो सकता। मुसलमान यह सच्चाई भी सामने रखें के 'आप' से कहीं ज्यादा धर्मनिरपेक्ष नेता पहले से अलग-अलग पार्टियों में मौजूद हैं, जो मुसलमानों का वोट लेकर भाजपा के साथ सरकारें बनाने में नहीं हिचकते। 'आप' के एक धर्मनिरपेक्ष नेता प्रशान्त भूषण दिल्ली में कांग्रेस के बजाय भाजपा के सहयोग से सरकार बनाने की वकालत कर चुके हैं। साथ ही, मार्क्सवादी कम्युनिस्ट पार्टी (सीपीएम) को भ्रष्ट बताने का 'उच्च विचार' भी उन्होंने व्यक्त किया है।

इन समस्त प्रमाणों के बावजूद मार्क्सवादियों समेत बहुत-से धर्मनिरपेक्षतावादी बुद्धिजीवी, राजनीतिक कार्यकर्ता, जनांदोलनकारी और सिविल सोसायटी एक्टिविस्ट मुसलमानों को 'आप' के पाले में धकेलने की कोशिश कर रहे हैं। जाहिर है, ये सभी मुसलमानों को वोट बैंक मानते हैं। उन्हें कामयाबी भी मिल रही है। उनकी मुहिम से मुस्लिम संगठनों के कुछ प्रमुख प्रभावित होते नजर आते हैं। उन्होंने 'आप' को भी सेकुलर खेमे की पार्टी मान कर उसके उम्मीदवारों को जिताने की बात करना शुरू कर दिया है। हमारा कहना है कि धर्मनिरपेक्षता के संवैधानिक मूल्य पर गम्भीर संकट के इस दौर में देश की सबसे बड़ी अकलियत को सोच-समझ कर अपना फैसला करना चाहिए। मुसलमानों, और बाकी अल्पसंख्यंकों के लिए भी, यह केवल बहस का नहीं, जीवन-मरण का सवाल है। क्योंकि सांप्रदायिक राजनीति का कहर सबसे ज्यादा अल्पसंख्यकों पर ही टूटता है। सांप्रदायिक ताकतें इस कदर मजबूत हैं कि उत्तर प्रदेश में धर्मानिरपेक्ष समाजवादी पार्टी (सपा) की सरकार के शासन काल में एक के बाद एक सांप्रदायिक दंगे हो रहे हैं।

नवउदारवाद के साथ सांप्रदायिकता बेतहाशा बढ़ी है। सभी धर्मों में उदारता

का नहीं, कट्टरता का जोर बढ़ता जा रहा है। इसका ताजा प्रमाण है जब दिल्ली में 'चमत्कार, ईश्वरीय कृपा, जश्न, हवन और वंदे मातरम' हो रहा था, 100 किलोमीटर की दूरी पर मुजफ्फर नगर-शामली जिलों के 185 गांवों में सांप्रदायिक हिंसा में 60 से ज्यादा लोग मारे और 60 हजार से ज्यादा उजाड़े जा चुके थे। चार महीने बाद उनमें से हजारों अभी भी अपने घरों को लौटने के लिए तैयार नहीं हैं। सैफई महोत्सव का जश्न मनाने के धत्कर्म के लिए सपा सरकार की सही भर्त्सना की गयी है। लेकिन भर्त्सना करने वालों को दिल्ली के जश्न पर जरा भी ग्लानि नहीं हुई। दिल्ली की नई सरकार का जो शपथ-ग्रहण समारोह कुछ हजार रुपये के खर्च में उपराज्यपाल भवन में सादगी से हो सकता था, वह करोड़ों रुपये खर्च करके गाजे-बाजे के साथ रामलीला मैदान में किया गया। 'आप' की चुनावी सफलता से हुए 'फील गुड' में नए साल का जश्न कुछ ज्यादा ही जोर-शोर से दिल्ली और देश के अमीरों ने मनाया। मोदी को रोकने के दावेदार दंगा-प्रभावित इलाके में झांकने तक नहीं गये। अलबत्ता वहाँ सदस्यता अभियान चला कर राजनीतिक रोटियां सेंकने में जरूर आगे हैं।

मुसलमानों को 'आप' के पक्ष में दिए जाने वाले धर्मनिरपेक्षतावादियों के तर्कों को गंभीरता से परखने की जरूरत है। यह तर्क कि अरविंद केजरीवाल ने मोदी की चमक फीकी कर दी है, धर्मनिरपेक्षतावादियों के लिए आड़ हो सकता है; देश की सबसे बड़ी अकलियत अगर इस तर्क को स्वीकार करेगी तो उसका भला नहीं होगा। इस तर्क के सहारे 'आप' से भी कुछ मुसलमान जीत कर संसद व विधानसभाओं में पहुंच सकते हैं। लेकिन उससे धर्मनिरपेक्षता मजबूत नहीं होगी। मोदी की चमक फीकी होने से सांप्रदायिक फासीवाद की चमक फीकी नहीं होने जा रही है। यह भी ध्यान देने की जरूरत है कि जिस कारपोरेट जगत और मीडिया ने मोदी को 'अगला प्रधानमन्त्री' बनाया है, वही केजरीवाल को भी सिर पर उठाए हुए है।

मजेदारी देखिए, धर्मनिरपेक्षतावादियों ने इंडिया अगेंस्ट करप्शन की टीम के अण्णा हजारे, किरण बेदी, रामदेव, श्रीश्री रविशंकर, अग्निवेश जैसे 'तत्वों' से केजरीवाल को अलग निकाल लिया है। बाकियों की निंदा तथा केजरीवाल की प्रशंसा कर रहे हैं। हमारा कहना रहा है कि इंडिया अगेंस्ट करप्शन, कांग्रेस-भाजपा समेत ये सब एक ही टीम है। अण्णा हजारे तब बुरा नहीं था, जब उसने जन्तर-मन्तर से पहली प्रशंसा नरेंद्र मोदी की थी। केजरीवाल से चंदे का हिसाब माँग लिया तो बुरे बन गये। यह निश्चित रूप से धर्मनिरपेक्षता के संवैधानिक मूल्य के लिए और ज्यादा संकट का समय है। केजरीवाल समेत फोर्ड फाउंडेशन पालित 'आप' का नेतृत्व अमेरिका-इजरायल की धुरी से संचालित नव-साम्राज्यवाद के खिलाफ कभी एक शब्द नहीं बोलता। हैरत होती है कि मोदी और उनकी विचारधारा के खिलाफ कभी एक शब्द नहीं बोलने वाले शख्स को धर्मनिरपेक्षतावादी मोदी की

काट बता रहे हैं! कुछ उत्साही धर्मनिरपेक्षतावादी केजरीवाल से मोदी के खिलाफ चुनाव लड़ने का आह्वान तक कर रहे हैं।

2006 में आयी जस्टिस सच्चर कमेटी की रपट और सिफारिशों का विरोध अकेले आरएसएस-भाजपा ने किया है। यह रपट राजनीति का एक केंद्रीय मुद्दा बनी हुई है। सभी राजनीतिक पार्टियां रपट की सिफारिशों को किसी न किसी रूप में लागू करने की वकालत करती हैं। लेकिन 'आप' ने उस रपट पर भी आज तक मुंह नहीं खोला है। कह सकते हैं कि 2006 से भारत की राजनीति में मुद्दा बनी इस रपट पर 'आप' भाजपा के साथ खड़ी है।

इस कठिन दौर में मुस्लिम अवाम बड़ी भूमिका निभा सकता है। सांप्रदायिकता का जहर उस पर दोहरी मार करता है- दंगों में तबाही और उसकी प्रतिक्रिया स्वरूप नौजवानों में अतिवादी भटकाव। अंतर्राष्ट्रीय हालातों के चलते उनमें से कुछ आतंकवादी बन जाते हैं। सेकुलर खेमे की पार्टियां उन्हें वोट बैंक की तरह इस्तेमाल करती हैं। उससे कुछ मुसलमानों को राजनीतिक सत्ता में हिस्सेदारी जरूर मिलती है, लेकिन बाकी समाज का अलगाव बढ़ता जाता है। हाल में हुए मुजफ्फर नगर दंगों के बाद वहाँ चल रहे राहत शिविर देखे जा सकते हैं। अलगावग्रस्त मुसलमान मुंह देखी बातें करते हैं और कुछ भी खुल कर स्पष्ट नहीं कह पाते। देश के सभी नागरिकों के लिए यह गहरी चिन्ता का सबब होना चाहिए।

सच्चर समिति की रपट ने यह बताया है कि यह अलगाव शिक्षा, रोजगार और व्यापार में उनकी बहुत कम हिस्सेदारी के चलते है। यानी वे बिना राष्ट्रीय धारा में शामिल किए गये राष्ट्रवादी होने का बोझ ढोते हैं। शिक्षित और तरक्की पसंद मुसलमानों से साधारण मुस्लिम जनता का अलगाव रहता है। उस अलगाव का शिक्षित और तरक्की पसंदों पर प्रतिकूल प्रभाव नहीं पड़ता, लेकिन अपने दीन और हुनर में जीने वाले मुसलमानों पर पड़ता है। छोटे स्तर से लेकर बड़े स्तर तक धार्मिक हस्तियों पर उनकी निर्भरता बढ़ जाती है। अपने को टिकाए रहने के लिए उन्हें दीन को कुछ ज्यादा ही पकड़ कर रहना होता है। कई बार कट्टर धारा वाले मुल्ला-मौलवी इसका बेजा फायदा उठाते हैं।

हम यह नहीं कहते कि सच्चर कमेटी की सिफारिशें अंतिम हैं और उन पर बहस नहीं होनी चाहिए। लेकिन उनकी रोशनी में देश की सबसे बड़ी अकलियत को राष्ट्र की मुख्यधारा में लाने का काम जल्दी और तेजी से करना हर राजनीतिक पार्टी और सरकार का ध्येय होना चाहिए। जैसे हिंदू कट्टरता के कारण हैं, वैसे ही मुस्लिम कट्टरता के कारण हैं। उन कारणों को दूर करने की जरूरत है, न कि तौकीर रजा खान जैसी शख्सियतों से मुलाकात करके इस धारणा को पुष्ट करने की कि मुसलमानों का वोट लेने के लिए कट्टरता को सहलाना जरूरी है।

हमें एक आधुनिक, तर्क प्रधान, शिक्षित, समतापूर्ण और स्वावलंबी राष्ट्र बनना है, पिछले करीब तीन दशकों में यह लक्ष्य लगभग भुला ही दिया गया है। ऐसे हालात में रोज कुआं खोदा जाता है और रोज पानी पिया जाता है। कम से कम मुसलमानों को यह कवायद बंद कर देनी चाहिए। हर बार धर्मनिरपेक्षता का कोई न कोई दावेदार खड़ा हो जाता है और मुसलमानों का वोट पक्का मान लेता है। बीजेपी को हराने की जिम्मेदारी अकेले मुसलमानों पर डाल दी गयी है। उनका वोट लेकर नेता भले ही भाजपा के साथ मिल कर सरकार बना लें। हमने पहले कहा है कि एक बार मुसलमान इस प्रवृत्ति के खिलाफ सत्याग्रह स्वरूप अपना वोट रोक लें। संभव हो तो उम्मीदवार भी न बनें।

इसके लिए बहुत काम करने की जरूरत होगी। सारे समाजी, शैक्षिक, धार्मिक और सियासी इदारे इस दिशा में काम करें। अलग-अलग पार्टियों के मुस्लिम नेता इससे जुड़ें। आधुनिक और प्रगतिशील सोच के साथ राष्ट्रीय स्तर पर यह कार्यक्रम चले। जहाँ भी संविधान के साथ छेड़छाड़ हुई है अथवा होती है, उसका सत्याग्रही प्रतिकार हो और पार्टियों को संवैधानिक शासन के लिए बाध्य किया जाए। मुसलमान, जैसा कि सच्चर कमेटी की रपट से सबको पता चल गया है, खुद में एक वंचित अवाम है। वह देश की बाकी वंचित अवाम के साथ मिल कर समाजवाद की दिशा में काम करे। लोहिया ने इसका सूत्र दिया है - दलित, आदिवासी, पिछड़े, महिलाएं और गरीब मुसलमान। लेकिन यह महज चुनावी गणित नहीं होना चाहिए। नवउदारवाद के लिए वही असली चुनौती होगी। नवउदारवादियों को आपस में निपटने दो। तब शायद इस देश का शासकवर्ग गंभीरता से सांप्रदायिकता की समस्या और उसे खत्म करने के उपायों पर गौर करेगा। केवल कड़े कानून बनाने से सांप्रदायिकता नहीं रोकी जा सकती।

एक रास्ता और हो सकता है। नवउदारवाद के साथ सांप्रदायिकता नत्थी है और बढ़ती है। मुसलमान सेकुलर पार्टियों के पास जाना छोड़ दें। उन पार्टियों का साथ दें जो नवउदारवाद का मुकम्मल विरोध करती हैं और सेकुलर हैं। इससे उन पार्टियों को राजनीतिक जमीन मिलेगी जिसके चलते संविधान सम्मत सरकार चलाने का काम आगे बढ़ेगा। भाजपा कई राज्यों में सत्ता में रहती है और 6 साल केंद्र में भी सरकार का नेतृत्व कर चुकी है। सेकुलर के नाम पर मुसलमानों के वोट लेने वाली लगभग सभी पार्टियां भाजपा के साथ राज्यों और केंद्र में रह चुकी हैं। 'टेक्टिकल वोटिंग' का फार्मूला पुराना पड़ चुका है। मुसलमानों के समर्थन का इस्तेमाल पार्टियां धर्मनिरपेक्षता कायम करने के लिए नहीं, नवउदारवादी एजेंडा आगे बढ़ाने के लिए करती हैं। मुसलमान वोटों को लूटने के लिए निकले नए 'ईमानदार'

का लक्ष्य भी वही है। बल्कि ये अमेरिका-इजरायल की धुरी से बंधे हैं और राजनीति में उसी धुरी की मजबूती करेंगे।

राजनीतिक मानस के निर्माण की चुनौती

देश के श्रम और संसाधनों की लूट के साथ शिक्षा, स्वास्थ्य और बिजली-पानी-सड़क जैसी नागरिक सुविधाओं के निजीकरण में तेजी आयी है। ग्रामीण और कस्बाई भारत सहित बड़े नगरों में अधिकांश आबादी न्यूनतम नागरिक सुविधाओं के अभाव में जीवन यापन करने को अभिशप्त है। गांवों, कस्बों और छोटे शहरों में फैलाया जा रहा पूंजीवादी विकास का मॉडल उन्हें गंदी बस्तियों में तब्दील कर रहा है। इस सबके बीच तरह-तरह के सौंदर्यीकृत आलीशान भवन, होटल, रिजोर्ट, अस्पताल, स्कूल-कॉलेज, हवाई अड्डे, हाई वे, मैट्रो रेल, पार्क, स्टेडियम आदि बन रहे हैं। दिल्ली में स्थित विभिन्न राज्यों के भवन-सदन अपनी नई छटा में होटलों को मात करने वाले हैं। देश की संसद को भी नया बनाने का प्रस्ताव है। कल राष्ट्रपति भवन भी नया बनाया जाएगा। देश के समस्त संसाधन और श्रम इस विकास कार्य में खप रहे हैं। श्रम वंचितों का है, संसाधन प्रकृति के और मौज-मजा शासकवर्ग का। मजेदारी यह है कि इस पूंजीवादी विकास से तबाह जनता से ही विकास की पुकार कराई जाती है।

विकास का यह सिलसिला रुकने वाला नहीं है। दृढ़ राजनीतिक इच्छाशक्ति से ही उसे रोका जा सकता है। राजनीतिक इच्छाशक्ति राजनीतिक मानस से ही पैदा हो सकती है। राजनीतिक मानस के निर्माण की चुनौती नई आर्थिक नीतियां लागू होने के बाद से कठिन से कठिनतर होती गयी है। एनजीओ आधारित जनांदोलनों ने न केवल अपने को अराजनीतिक रखने की जिद ठानी हुई है, राजनीति को बुरा बताने का भी बड़ा प्रचार किया है। उनके इस अड़ंगे से नवउदारवाद के विकल्प की राजनीति तो नहीं ही खड़ी हो पाती, मुख्यधारा राजनीति में जो नवउदारवाद विरोध की गुंजाइश होती है, वह भी ताकत नहीं पकड़ पाती।

ये जनांदोलनकारी उलटा सरकारों से संपर्क बना कर कुछ कानून बनाने की अपील करते हैं। विदेशी और कारपोरेट घरानों का धान लेने वाले एनजीओ आधारित जनांदोलनों का आधा बल सामने पड़ते ही सरकार के शरीर में चला जाता है। काफी जद्दोजहद के बाद नवउदारवाद से तबाह जनता की दिखावे की भलाई के कुछ कानून बन जाते हैं। लेकिन इसी बीच परमाणु करार, खुदरा में विदेशी निवेश, शिक्षा के कंपनीकरण, स्वास्थ्य समेत सभी नागरिक सुविधाओं के निजीकरण के कानून भी पास हो जाते हैं। इस तरह नवउदारवाद और उसकी समर्थक राजनीति मजबूत होती चली जाती है और विरोध की राजनीति खड़ी ही नहीं हो पाती।

किशन पटनायक ने जनांदोलनों के राजनीतिकरण का सिद्धांत ही नहीं दिया, उस दिशा में सक्रिय प्रयास भी किए। 1995 में समाजवादी जन परिषद के गठन में समता संगठन के साथ इक्का-दुक्का जनांदोलनकारी समूह शामिल हुए। बाद में लगातार कोशिश की गयी कि वैश्वीकरण के दुष्प्रभावों का विरोध करने वाले ज्यादा से ज्यादा समूह जनपरिषद में शामिल होकर संघर्ष को राजनीतिक बनाएं। जनांदोलनों के राष्ट्रीय समन्वय (एनएपीएम) को राजनीतिक बनाने के लिए किशन जी ने काफी प्रयास किया। ऐसा नहीं हो पाया और हालात बदतर होते चले गये। इसके दो प्रमुख कारण समझ में आते हैं। जनान्दोलनकारियों की व्यक्तिवादिता और विदेशी फंडिंग। इधर मेधा पाटकर ज्यादा जोर से नारा लगवाती हैं- 'राजनीति धोखा है, धक्का मारो मौका है'। लेकिन केजरीवाल की राजनीति से उन्हें परहेज नहीं है। भले ही केजरीवाल की राजनीति मुख्यत: भाजपा और साधारणत: कांग्रेस के साथ जुड़ी हुई है।

भ्रष्टाचार विरोधी आन्दोलन पर अपना पहला लेख 'भ्रष्टाचार विरोध : विभ्रम और यथार्थ' हमने लोहिया के इस कथन से शुरू किया था : "भारतीय समाज के पास अभी तक कोई राजनीतिक मानस नहीं है। जातियों, राजनैतिक परिवर्तनों से अक्षुण्ण जीवनयापन आदि का लम्बा अतीत उस पर मजबूती से हावी है।" (राममनोहर लोहिया, 'एंड पावर्टी', 1950) मोदी और केजरीवाल की राजनीति से अराजनीतिकरण की प्रक्रिया और तेज होगी।

अराजनीतिकरण की इस चुनौती का सामना करना ही होगा। देश में गरीब रहेंगे तो उनके हितों को लेकर संघर्ष करने वाले कुछ लोग और समूह हमेशा बने रहेंगे। भले ही नागरिक समाज उन्हें नेता नहीं मानेगा। गरीब हमेशा पिटते और सहते ही जाएंगे, यह ध्रुव सत्य नहीं माना जा सकता। वर्ग-स्वार्थ की प्रबलता में जो एका शासकवर्ग ने किया है, उससे सबक लेकर हो सकता है मेहनतकश वर्ग भी संगठित होकर सत्ता पर अपना कब्जा जमा ले। किसान मजदूरों के बुद्धिजीवी बेटे, जिनकी जरूरत और महत्व के बारे में हमने एक 'समय संवाद' में किशन पटनायक के हवाले से बताया था, शासकवर्ग का साथ छोड़ कर अपने स्वाभाविक वर्ग के साथ आ जाएं तो उन्हें रोकने का माद्दा कारपोरेट राजनीति में नहीं होगा। धैर्य रखना होगा और देखना होगा कि नव-साम्राज्यवाद प्रेरित कारपोरेट सुनामी से कितने साथी साबुत बच कर निकलते हैं!

17 जनवरी 2013

❑❑